# 新编现代公文写作与范例大全

罗 浩◎编著 （第3版）

清华大学出版社
北京

## 内容简介

本书是一本专门介绍常用公文写作的工具书，书中精选了大量行政机关、企业和个人日常工作生活涉及的各类公文。全书共分 12 章，主要包括 5 部分，依次介绍了公文写作的入门知识、行政规章类公文、企业经营类公文、商务礼仪类公文和法律诉讼类公文的写作格式、要求和范本。

本书采用公文写作的知识点＋范本精讲相结合的方式，让读者充分明确各类公文涉及的理论知识和应掌握的写作格式、写作要点以及写作注意事项，同时为读者提供了大量常用的公文范本，既可学也可用。

本书适合各类行政机关工作人员、公司管理者、办公文秘、人事行政人员以及法律顾问等人群阅读学习。

**图书在版编目 (CIP) 数据**

新编现代公文写作与范例大全 / 罗浩编著 . —3 版 —北京：清华大学出版社，2024.3
ISBN 978-7-302-65610-4

Ⅰ . ①新… Ⅱ . ①罗… Ⅲ . ①公文—写作 Ⅳ . ① H152.3

中国国家版本馆 CIP 数据核字 (2024) 第 045669 号

责任编辑：李玉萍
封面设计：王晓武
责任校对：张彦彬
责任印制：杨　艳

出版发行：清华大学出版社
　　　网　　　址：https://www.tup.com.cn，https://www.wqxuetang.com
　　　地　　　址：北京清华大学学研大厦 A 座　　　　邮　　编：100084
　　　社 总 机：010-83470000　　　　　　　　　　邮　　购：010-62786544
　　　投稿与读者服务：010-62776969，c-service@tup.tsinghua.edu.cn
　　　质 量 反 馈：010-62772015，zhiliang@tup.tsinghua.edu.cn
印 装 者：河北鹏润印刷有限公司
经　　销：全国新华书店
开　　本：170mm×240mm　　　印　　张：22　　字　　数：422 千字
版　　次：2015 年 5 月第 1 版　　2024 年 3 月第 3 版　印　次：2024 年 3 月第 1 次印刷
定　　价：69.80 元

产品编号：102241-01

前　言

公文就是我们常说的公务文书，它广泛地应用于行政机关、企事业单位、团体及其他组织的运作、经营过程中，撰写时可以使用单位的名义，也可以使用个人的名义。只要涉及的事项是公务，就可以将这类文书统称为公文。但需要注意的是，狭义的公文多指行政机关单位出具的公务文书。

实际运用中，究竟哪些公文比较实用呢？如何才能写好公文呢？不同的公文写作格式又是怎样的呢？应该如何写一篇符合要求的公文呢？

为了帮助有公文写作需求的人解决上述问题，熟练掌握公文写作方法，我们特编写了本书，旨在为大家提供一整套公文写作说明，使有公文写作需求的人能快速地了解公文的类型和掌握公文写作格式与要求。与此同时，为大家提供可选的范本，读者可拿来即改即用。

## 本书特点

### ◆ 内容：联系实际，范本实用

本书介绍的各种公文的理论知识都是通俗易懂的，且与实际工作有非常紧密的联系，注重介绍重要的知识点。与此同时，展示的公文范本也是工作和生活中常见的，整体上提高了本书的实用性和读者的学习效率。

### ◆ 版式：分界明确，板块突出

本书采用"理论＋范本展示"的排版方式，详细讲解各类公文的具体写作格式、内容、要求、注意事项以及范本。学理论、做实操先后进行，有利于读者巩固知识点，掌握实用的公文写作流程、方法和技巧。

◆ **结构：布局科学，难易适中**

本书整体的内容结构为公文写作入门→行政规章公文→公司经营类公文→商务礼仪类公文→法律诉讼类公文，结构布局科学，先讲解格式非常严格的行政规章类公文，再讲解格式相对灵活的工作、生活类公文，对一般使用者来说，其实用性逐渐增强。

◆ **资源：类型丰富，拿来即用**

本书除正文讲解的范本外，还专门附带了各类公文的范本文件，读者可在学习理论知识的同时，将其中的模板拿来做修改练习，进一步巩固公文写作的相关知识。除此之外，每章末尾还安排了习题与答案，另外还赠送了海量的相关学习资源，超值超实用。

## 本书内容

全书共 12 章，主要包括公文写作入门知识、行政规章类公文、公司经营类公文、商务礼仪类公文以及法律诉讼类公文 5 个部分，各部分的具体内容如下所示。

| 章　节 | 主要内容 |
|---|---|
| 第1章 | 主要介绍公文写作的必备知识，包括公文的类型、特点、作用、语言要求、一般格式、内容要素、写作步骤、行文规则以及新手如何学写公文等内容 |
| 第2~3章 | 介绍了行政规章类公文的类型、写作格式与要求，主要包括行政公文和规章类公文，如公告、通告、议案、批复、意见、决议、办法和制度等 |
| 第4~8章 | 介绍了企业经营过程中可能用到的公文类型，如工作计划、方案、意向书、合同、收条、聘书、招/投标书、可行性报告、新闻稿和会议记录等 |
| 第9~11章 | 介绍了商务礼仪中经常用到的公文类型，如证明信、邀请函、贺词、表扬信、开/闭幕词以及讲话稿等 |
| 第12章 | 列举了一般使用者工作和生活中可能用到的法律诉讼类公文，如申诉状、答辩状、公证书和仲裁申请书等 |

## 本书导读

为了让读者更好地学习本书的内容，下面针对本书的部分结构进行图示说明。

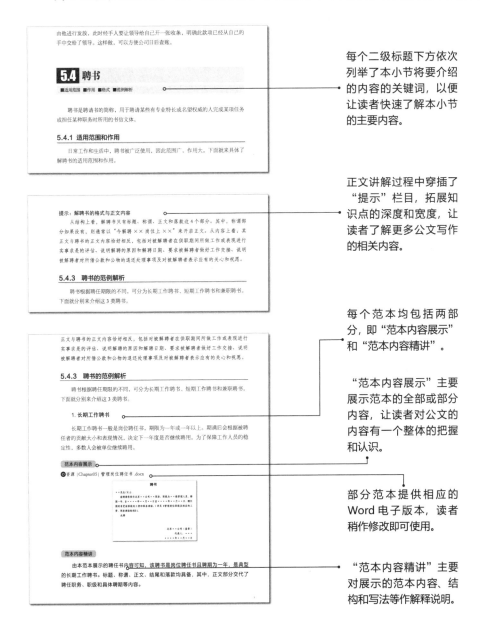

每个二级标题下方依次列举了本小节将要介绍的内容的关键词，以便让读者快速了解本小节的主要内容。

正文讲解过程中穿插了"提示"栏目，拓展知识点的深度和宽度，让读者了解更多公文写作的相关内容。

每个范本均包括两部分，即"范本内容展示"和"范本内容精讲"。

"范本内容展示"主要展示范本的全部或部分内容，让读者对公文的内容有一个整体的把握和认识。

部分范本提供相应的Word电子版本，读者稍作修改即可使用。

"范本内容精讲"主要对展示的范本内容、结构和写法等作解释说明。

## 读者对象

　　本书适合各类行政机关工作人员、各行各业的公司管理者、办公文秘、人事行政人员、法律顾问以及公司公关人员等阅读。最后，希望所有读者都能够从本书中获益。由于编者能力有限，对于本书内容不完善的地方，希望读者批评、指正。本书赠送的资源均以二维码形式呈现，读者可以使用手机扫描下面的二维码下载并观看。

编　者

# 目录

# 公文写作快速入门

对于办公室行政管理人员或者公务员来说，公文写作是其日常工作的一部分。公文看起来死板，写作也有很多规则，那么，我们该如何入门公文写作呢？通过本章的学习即可了解公文写作的入门知识。

公文基础知识概述

公文的语言要求

公文的字体使用要求

公文的结构组成

合格公文需要具备的五大要素

公文的拟写步骤

......

# 1.1 公文基础知识必知

■公文基础知识　　■语言要求　　■字体使用要求　　■结构组成

　　公文，即公务文书，是机关与组织在公务活动中，按照特定的体例、格式，并经过一定的处理程序形成和使用的书面材料，又称公务文件。无论我们从事专业工作还是行政工作，都要通过公文来传达政令政策以及处理公务，以协调各种关系，完成事务，使工作正确、高效地进行。要想熟练地进行公文写作，首先要了解公文的基础知识。

## 1.1.1　公文基础知识概述

　　公文作为信息载体，除了文字文书外，还有电信文书（电报、电话记录）、声像文书（录音、录像）、图形文书（以图表为主，加以简要文字说明）。计算机普及后，又出现了很多电子公文。那么，公文的特点有哪些呢？

- ◆ **目的性**：不论是用于处理公务的文书，还是公司企业的计划书、意向书，抑或是开幕词、讣告，都是根据现实需要，针对实际问题而写就的文书，所以公文有着明确的写作目的。

- ◆ **规范性**：公文不是一般的应用文，每种公文的名称、载体、行文关系和文字表达等都有严格的规范和要求，有其特定的格式和适用范围。

- ◆ **时限性**：公文的效用是受时间限制的，公文所针对的问题及提出的事项，总是存在于特定的时间范围之内，所以，没有一份公文是永远有效的。这也就要求公文的写作、传递和办理都要迅速、及时。

- ◆ **定向性**：公文大多是由某一个特定机构或部门制发的，而公文的受文对象一般是特定的对象，这也使得公文写作有着很强的针对性。

- ◆ **真实性**：公文涉及的事项以及引用的材料和数据必须真实、可靠，不得有任何虚假和错漏。

　　我们进行公文写作时，一定要牢记上述几大特点，如此才不会造成很大的错漏。公文一般分为两大类，一是狭义公文，即行政公文，是按照国务院办公厅的规定制成。常见的行政公文类型如表 1-1 所示。

表 1-1　行政公文类型

| 公文类型 | 适用场合 |
|---|---|
| 命令 | 适用于依照有关法律公布行政法规和规章，或是宣布施行重大强制性行政措施，也可用于嘉奖有关单位及人员 |
| 决定 | 适用于对重要事项或者重大行动做出安排，奖惩有关单位及人员，变更或者撤销下级机关不适当的决定事项 |
| 公告 | 适用于向国内外宣布重要事项或者法定事项 |
| 通告 | 适用于公布社会各相关单位及人员应当遵守或者周知的事项 |
| 通知 | 适用于发布、传达要求下级机关执行和有关单位周知或者执行的事项，批转、转发公文 |
| 通报 | 适用于表彰先进，批评错误，传达重要精神或者情况 |
| 议案 | 适用于各级人民政府按照法律程序向同级人民代表大会或同级人民代表大会常务委员会提请审议事项 |
| 报告 | 适用于向上级机关汇报工作，反映情况，答复上级机关的询问 |
| 请示 | 适用于向上级机关请求指示、批准 |
| 批复 | 适用于答复下级机关的请示事项 |
| 意见 | 适用于对重要问题提出见解和处理办法 |
| 函 | 适用于不相隶属机关之间商洽工作，询问和答复问题，请求批准和答复审批事项 |
| 纪要 | 适用于记录、传达会议情况和议定事项 |
| 决议 | 适用于会议讨论通过的重大决策事项 |
| 公报 | 适用于公布重要决定或重大事项 |

　　二是广义公文，包括党和国家机关常用的应用文，其大到总结、计划，小至条据、便函，种类繁杂。广义公文除了用于行政机关外，还可用于一般的企业，比如，综合性工作总结、计划（包括规划、工作要点、安排、方案、设想等）、调查报告、简报和规章制度（如章程、细则、制度、守则）等，或是用于一些特定的场合，如专用书信、讲话稿、讣告、悼词等。另外，也有专门用于诉讼的公文，如起诉状、申诉状、上诉状等。

根据公文的分类可知，公文使用的场景各有不同，所以公文的作用也各不一样。公文主要有以下几方面作用。

### 1. 指导作用

一般的行政公文，是上级机关对下级机关的工作进行领导与指导的一种工具，能够传达上级机关的命令、意图，并指挥、指导下级的工作。

### 2. 规范作用

规范性公文，作为行政法规来使用的章程、条例和规定等，是法律规范的体现，在一定范围内规范了人们的行为准则。

### 3. 沟通作用

公文作为文书，还有沟通和交流的作用，可在上、下级或平行单位之间互通信息，进行联系和协调，方便开展工作，也能对具体问题及时进行处理，比如，通过公告、通知等公文让读者了解信息。

### 4. 凭证作用

公文还有明显的凭证和依据作用。如上级发布的下行文可作为下级机关开展工作的依据，下级上报的公文也可作为上级决策的依据。在处理日常事务时，也可以通过查找相关的公文找到依据。所以，许多重要的公文都会归档保存一段时间，以方便需要时查找。

## 1.1.2 公文的语言要求

由于公文用于正式场合并传递重要信息，所以公文语言要严谨、准确、简明，因此要注意以下 4 点。

### 1. 规范

公文用语一定要规范，除了语法规范外，还要使用规范的书面语言，一般不使用口语、方言或俗语，要适当地使用一些文言词语和成语。那么，如何让公文语言更规范呢？我们要注意以下几点。

◆ 广泛使用公文专用语，如开端用语、称谓用语、祈请用语、经办用语、征询用语、表态用语、承启用语以及结尾用语等。例如，"惊悉""兹""请予审批"等。

◆ 正确使用介词，如表目、原因的介词（为了、由于）；表依据、方式的介词（按、依照、依据等）；表对象、范围的介词（对于、关于等）；表时间、处所的介词（自、从、由、往等）。这些介词能让文章的逻辑性更强，使文章格式更加规范。

◆ 常用对偶、排比、对照、反复等修辞手法，形成整散结合、骈散相间的语体风格，这样更能突出主题内容，强调重要事项。

◆ 正确使用标点符号、阿拉伯数字，这一点最容易被忽视，却是非常重要的。大家在撰写公文时必须严格按照规范使用。

## 2. 简洁

公文内容要严肃、规范，所以不能写空话或套话，以简洁明了为宜，要在简洁的基础上做到内容表述清楚。那么，要如何做呢？

首先，不要过分铺排，开门见山，将公文的主要内容陈述出来即可。其次，要多用陈述句、祈使句，在交代问题、布置任务或传达信息时用陈述句能表达得史清晰，也能减少不必要的描述。

## 3. 准确

准确不仅指公文的内容要准确，还包括用语准确，即用词造句准确、贴切，所以要注意以下几点。

◆ 尽量不用含义模糊的词语，比如"大约""也许""可能"等。

◆ 避免词语使用不当，如望文生义、俗语误用等错误，以及近义词使用不当。

◆ 掌握好词义的轻重和词性的褒贬，应以中性词为主。

## 4. 得体

因为公文的使用场合都比较正式，所以公文用语必须要严肃、庄重、得体、恰当。一般情况下要多使用书面语，少用口语。例如，口语中的"没有"，可用书面语"未"表示。

以上 4 点就是组织公文语言时应该注意的问题，做到以上 4 点，公文写作时就不会有大的错误。

### 1.1.3  公文的字体使用要求

除了公文的语言要求规范、严谨以外，公文的很多行文细节也都有详细的规定，比如，公文的字体使用要求，它不像我们平时写文章那样可以随意使用想用的字体。一般在一篇公文中，正文部分使用三号仿宋字体。而除去正文外，公文的其他文字均有字体和字号大小要求。

在特殊的情况下可以做适当的调整，公文文字一般使用黑色，字号大小主要有 3 种（二号、三号和四号），具体的规定如表 1-2 所示。

表 1-2  公文字体的使用要求

| 公文内容 | 字体样式 | 字　号 |
|---|---|---|
| 标题 | 小标宋体 | 二号 |
| 密级、保密期限（文字）、紧急程度 | 黑体 | 三号 |
| 份号、保密期限（数字） | 阿拉伯数字 | 三号 |
| 印发日期（数字） | 阿拉伯数字 | 四号 |
| 页码 | 半角宋体阿拉伯数字 | 四号 |
| 正文、签发人 | 仿宋字体 | 三号 |
| 签发人姓名 | 楷体 | 三号 |
| 抄送机关、印发机关、印发日期（文字） | 仿宋字体 | 四号 |
| 附件 | 黑体 | 三号 |

从表 1-2 中可以看出，公文的组成部分较多，而且其字体规定也各不相同，所以书写时我们更要注意字体格式的严谨。除了要严谨外，还要知道根据实际需要更改字体大小和样式，但要注意的是，一定是在合理的情况下进行更改。

## 1.1.4 公文的结构组成

公文的结构组成，是公文外在形式的一个重要体现，直接关系到公文效用的发挥。从整体来看，公文结构包括 3 个部分，分别是版头部分、主体部分和版记部分。每个部分所包含的内容各不相同，下面分别进行介绍。

◆ **版头部分**：份号、密级和保密期限、紧急程度、发文机关标志、发文字号、签发人和红色分隔线。

◆ **主体部分**：标题、主送机关、正文、附件说明、发文机关名称、印章、成文日期、附注和附件。

◆ **版记部分**：抄送机关、印发机关、印发日期和页码。

根据上述内容，我们来看一份完整的公文各组成部分的格式布局，如图 1-1 和图 1-2 所示。

图 1-1　公文格式布局（1）

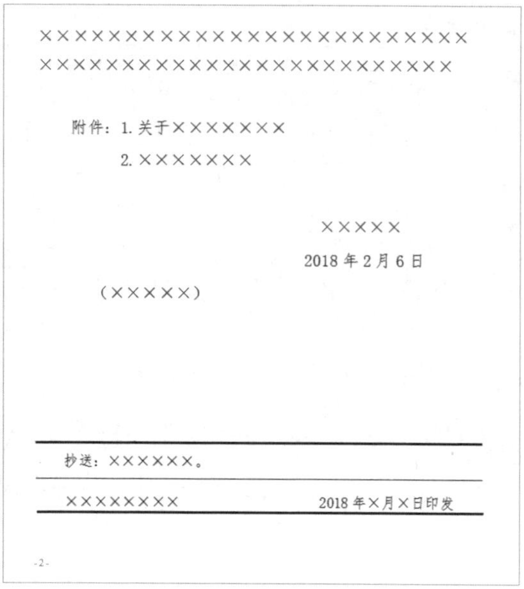
××××××××××××××××××××××××××
×××××××××××××××××××××××××

附件：1. 关于×××××××

2. ×××××××

×××××

2018 年 2 月 6 日

（×××××）

抄送：××××××。

××××××××　　2018 年×月×日印发

-2-

图 1-2　公文格式布局（2）

图 1-1 和图 1-2 展示的机关文件，即我们常说的“红头公文”，其包含的公文内容比较齐全，因此作为范本。但在实际使用中，很多公文不会涉及这些内容，比如，通知中就只有标题、主送对象、正文和落款 4 个部分，这类公文的结构就比较简单。

在了解了公文内容结构之后，我们还要对公文内容及其书写要求有一个基本的了解。具体内容如下。

### 1. 版头部分

置于公文首页红色分隔线（宽度同版心，即 156mm）以上的各要素统称为版头。

#### ◆ 份号

份号是同一件公文印制若干份时每份公文的顺序编号。需要注意的是，并不是所有的公文都需要编制份号，涉密公文一定要标注份号。如需标注份号，一般用 6 位阿拉伯数字，顶格编排在版心左上角第一行。

◆ **密级和保密期限**

涉密公文依据《中华人民共和国保密法》的规定按涉密程度明确标注"绝密"、"机密"或"秘密"，同时注明保密期限。如需标注密级和保密期限，一般顶格编排在版心左上角第二行。

◆ **紧急程度**

紧急程度是对公文送达和办理的时限要求，以确保紧急公文的及时传递和处理。对于明确为"特急"或"加急"的公文，需在公文上标注"特急"或"加急"字样。紧急电报应分别标注"特提""特急""加急""平急"字样。

如需标注紧急程度，顶格编排在版心左上角。如需同时标注份号、密级和保密期限和紧急程度，需按照份号、密级和保密期限、紧急程度的顺序自上而下分行排列。

◆ **发文机关标志**

发文机关标志是公文版头部分的核心，用套红大字居中印在公文首页上半部。发文机关标志主要有两种形式：一是发文机关全称或者规范化简称加"文件"二字；二是发文机关全称或者规范化简称。联合行文时，可并用联合发文机关名称，一般主办机关排列在前，也可单独使用主办机关名称。

发文机关标志一般在上边缘至版心上边缘之间，为35mm，推荐使用小标宋体字，颜色为红色，字号应不大于上级机关的发文机关标志。

◆ **发文字号**

发文字号是发文机关制发公文的编号。发文字号由机关代字、年份和发文顺序号加"号"字组成。如"国发〔20××〕××号"。多个机关联合行文时，只需标注主办机关的发文字号。

发文字号编排在发文机关标志下空两行的位置，居中排布。年份、发文顺序号用阿拉伯数字标注。上行文的发文字号居左空一字编排，与最后一个签发人姓名在同一行。

◆ **签发人**

上行文应当标注签发人姓名，标注签发人应注意只标注姓名，不标注职务。签发人由"签发人"三个字加全角冒号和签发人姓名组成，居右空一字，编排在发文机关标志下空两行的位置。

如公文有多个签发人，签发人姓名按发文机关的排列顺序从左到右、自上而下依次均匀编排，一般每行排两个姓名，回行时与上一行第一个签发人姓名对齐，最后一个签发人姓名应与发文字号在同一行，并距红色分隔线 4mm。

于发文字号下 4mm 处印一条与版心等宽的红色分隔线，即版头的分隔线，其高度一般不小于 0.5mm。

### 2. 主体部分

置于公文首页红色分隔线（不含）以下至公文末页首条分隔线（不含）之间的内容为主体部分。该部分各内容的排版要求如表 1-3 所示。

表 1-3　公文主体部分的排版要求

| 组成要素 | 基本含义 | 排版要求 |
|---|---|---|
| 标题 | 标题由发文机关名称、事由和文种组成，标题中可用的标点符号有书名号、引号、顿号、连接号和括号等 | 标题编排于红色分隔线下空两行的位置，分一行或多行居中排布，标题排列应使用梯形或菱形 |
| 主送机关 | 公文的主要受理机关、主送机关应使用机关全称、规范化简称或同类型机关统称 | 主送机关编排于标题下空一行位置，居左顶格，回行时仍顶格，最后一个机关名称后标全角冒号 |
| 正文 | 正文是公文的主体和核心所在，用来表述公文的内容。公文首页必须显示正文 | 正文编排于主送机关名称下一行，每个自然段左空二字，回行顶格。文中小标题层次序号依次可用"一、""（一）""1."和"（1）"标注 |
| 附件说明 | 附件说明是公文附件的顺序号和名称。若公文存在两个或两个以上附件，需要在公文正文之后标注附件的序号和名称 | 如有附件，在正文下空一行左空二字位置编排"附件"二字，后标全角冒号和附件名称。使用阿拉伯数字标注附件顺序号（如"附件：1.××××"）。附件名称后不加标点符号。附件名称较长需回行时，应与上一行附件名称的首字对齐 |

| 组成要素 | 基本含义 | 排版要求 |
|---|---|---|
| 发文机关署名 | 发文机关署名应当用发文机关全称或规范化简称，而且应与标题中的发文机关名称一致 | ① 单一机关行文时，发文机关署名在成文日期之上、以成文日期为准居中编排；<br>② 联合行文时，应将各发文机关署名按发文机关顺序整齐排列在相应位置，并将印章加盖其上；<br>③ 不加盖印章的公文，单一机关行文时，在正文（或附件说明）下空一行右空二字编排发文机关署名；联合行文时，应先编排主办机关署名，其余发文机关署名依次向下编排 |
| 成文日期 | 成文日期是公文的生效时间。联合行文时，应以最后签发的机关负责人签发的日期为准 | 成文日期一般右空四字编排，用阿拉伯数字将年、月、日标全。加盖签发人签名章时，在签发人签名章下空一行右空四字编排成文日期 |
| 印章 | 印章是体现公文效力的标志，也是公文生效的标志。公文中有发文机关署名的，应当加盖发文机关印章，并与署名机关相符 | ① 单一机关行文时，印章端正、居中下压发文机关署名和成文日期，使发文机关署名和成文日期居印章中心偏下位置，印章顶端应上距正文（或附件说明）一行之内；<br>② 联合行文时，印章之间排列整齐、互不相交或相切，每排印章两端不得超出版心；<br>③ 印章用红色 |
| 附注 | 附注是对公文需要注意的事项加以说明，主要标注公文的发布层次、印发传达范围 | 如有附注，居左空二字加圆括号编排在成文日期下一行 |
| 附件 | 附件是公文正文的说明、补充或者参考资料 | 附件应另面编排，并在版记之前，与公文正文一起装订。"附件"二字及附件序号顶格编排在版心左上角第一行。附件标题居中编排在版心第三行 |

## 3. 版记部分

置于公文末页首条分隔线和末条分隔线之间的各要素为版记部分。版记部分内容的基本介绍和相关规范包括以下几方面。

◆ **抄送机关**：抄送机关是指除主送机关外需要执行或者知晓公文内容的其他机关，可以是上级、平级、下级以及不相隶属的机关。

◆ **印发机关和印发日期：** 印发机关和印发日期是指公文的送印机关和送印日期。

◆ **页码：** 公文页数顺序号。

该部分的排版要求如表 1-4 所示。

表 1-4　公文版记部分的排版要求

| 组成要素 | 排版要求 |
|---|---|
| 抄送机关 | 如有抄送机关，在印发机关和印发日期之上一行，左、右各空一字编排。"抄送"二字后标全角冒号，冒号后标注抄送机关名称 |
| 印发机关和印发日期 | 编排在末条分隔线之上，印发机关左空一字，印发日期右空一字 |
| 版记中的分隔线 | 版记中第一要素之上、各要素之间均加一条分隔线隔开，宽度同版心。第一条和最后一条用粗线（0.35mm），中间的分隔线用细线（0.25mm） |
| 页码 | 页码编排在公文版心下边缘之下，数字左、右各放一条一字线。一字线上距版心下边缘 7mm。单页码居右空一字，双页码居左空一字 |

以上内容是对公文通用格式的大致介绍，除了通用格式外，还有公文的特定格式，是对公文通用格式的补充。如信函格式、命令（令）格式以及纪要格式。这些公文的特定格式如表 1-5 所示。

表 1-5　公文特定格式的排版要求

| 组成要素 | | 排版要求 |
|---|---|---|
| 信函格式 | 发文机关标志 | 使用发文机关全称或规范化简称，居中排布，建议用红色小标宋体字。联合行文时，使用主办机关标志 |
| | 红色分隔线 | 发文机关标志下 4mm 处一条红色双线（上粗下细），距下页边 20mm 处一条红色双线（上细下粗），均以版心为准居中排布 |
| | 份号、密级和保密期限、紧急程度 | 如需标注份号，顶格居版心左边缘编排在第一条红色双线下。如需同时标注密级和保密期限、紧急程度，密级和保密期限顶格编排在份号下一行，紧急程度顶格编排在密级和保密期限下一行 |
| | 发文字号 | 发文字号顶格居版心右边缘编排在第一条红色双线下 |
| | 标题 | 标题居中编排，与其上最后一个要素相距两行 |
| | 页码 | 信函式公文首页不显示页码，从第二页开始标注。只有两页的信函式公文，第二页可以不显示页码 |
| | 版记 | 在公文最后一面版心内最下方，不加印发机关、日期和分隔线 |

| 组成要素 | | 排版要求 |
|---|---|---|
| 命令格式 | 发文机关标志 | 由发文机关名称后加"命令（令）"组成，居中排布，发文机关名称应使用全称，推荐使用红色小标宋体字 |
| | 令号 | 在发文机关标志下空两行居中编排令号，如"第×号" |
| | 正文 | 令号和正文间无红色分隔线，令号下空两行编排正文 |
| | 签名章 | 正文下空两行右空四字编排签发人签名章，签名章左空二字编排签发人职务，相对于签名章上下居中 |
| | 主送机关 | 命令（令）的主送机关置于版记中，抄送机关之上 |
| 纪要格式 | 纪要标志 | 纪要标志由"×××纪要"组成，居中排布，推荐用红色小标宋体字 |
| | 纪要编号 | 纪要标志下空两行居中编排纪要编号"第×号"，并用圆括号括入，不受年度限制；也可按年度编排，如"〔2018〕×号" |
| | 发文机关和成文日期 | 纪要编号下空一行编排发文机关和成文日期，发文机关居左空一字，成文日期居右空一字 |
| | 分隔线 | 在发文机关和成文日期下印一条与版心等宽的红色分隔线 |
| | 标题和正文 | 在红色分隔线下依次标注纪要的标题和正文 |
| | 出席、列席和请假人 | 标注出席人员名单，一般用三号黑体字在正文（或附件说明）下空一行左空二字编排"出席"二字，后标全角冒号，冒号后用三号仿宋体字标注出席人单位、姓名，回行时与冒号后的首字对齐 |

除了了解纪要的各要素排版要求外，还需注意两点。首先，纪要不加盖印章；其次，纪要的特殊格式可以根据实际情况制定。

# 1.2 合格的公文是如何写成的

■五大要素 ■拟写步骤 ■行文规则 ■细节问题 ■标点符号

写好公文是一个长期的过程，不要想自己能够一下子就掌握全部的写作方法，写作能力一定是通过长期地积累与不断地进步，才越来越完善。那么，怎样写成一篇合格的公文呢？当然要通过对公文步骤、行文规则、细节和注意事项有所了解，才能开始初步写作，所以下面我们就来了解这些基本内容。

## 1.2.1 合格公文需要具备的五大要素

在了解了公文的内容、结构之后，就要开始学习如何进行公文的写作。我们要知道一篇合格的公文，有 5 个要素是不可或缺的，它们就是我们首先要了解的，其内容如下。

◆ **主旨（灵魂）**：公文主旨的写作与表述要领。

◆ **材料（血肉）**：公文的材料及特点，围绕公文主旨选材和使用材料的方法。

◆ **结构（骨骼）**：公文的结构特征、公文结构的基本模式及写作要求。

◆ **语言（细胞）**：公文语言的使用原则及要求。

◆ **表达方式（装饰）**：公文的主要表达方式。

下面，我们来看看从以上 5 个要素出发，在进行公文写作时应该注意些什么？又应该如何着手？

### 1. 主旨

公文主旨又称主题，是公文所表达或体现出来的行文用意和目的。公文写作的时候应遵循以下 4 个原则。

一是主旨单一。一篇公文里一般只有一个主题，只阐述一个事项，切忌在一篇公文里提到多个事项，让人无头绪，感觉没有主次。

二是行文直白。在表达公文主旨的时候，要直接地表述出来，并且要经过自己的归纳总结，让人一眼就能看明白你所表达的要点，切忌多加不必要的修饰以致模糊焦点。

三是真实合规。公文主旨必须符合国家法律法规及单位实际情况。

四是意图明确。通过公文要清楚地表达赞成或反对、提倡或禁止等意图。

## 2. 材料

在公文写作时，为了能更好地完成写作，写作者一般会收集一些可以说明公文内容的材料（数字、引语等），以作为主题内容的依据和佐证。材料的分类如表1-6所示。

表1-6　材料的分类

| 分类依据 | 类　型 |
|---|---|
| 性质 | 事实材料、数据材料、理论材料 |
| 重要性 | 重要材料、次要材料、典型材料 |
| 来源 | 直接材料、间接材料 |

在选材时，我们要注意以下几点。

一是切题。要根据主题来选择材料，材料并不是越多越好，所选材料一定要选对阐述主题有帮助的，不然再多的材料也是无用的，只会让公文显得内容杂乱无章。

二是数据真实。写入公文的材料必须是真实可靠、有据可查的，包括每一项数据、每一段引文，都不能弄虚作假。

三是最新数据。在查找材料时，尽量使用最新的材料、最新的数据，这样引用的材料才具有代表性。

四是选材要精。若同一事项可选择的材料有很多，要注意挑选最具代表性、最能表达主旨的。

## 3. 结构

我们知道，任何一篇文章都有其行文结构，比如，总分总、总分等。当然，公文也有其特定的结构，主要包括标题、开头、正文和结尾等。设计恰当的结构能够更好地表现行文主旨，公文内容也会显得层次清楚。

◆ **标题**

公文标题的基本框架是：发文机关（或者是会议名称）+ 事项 + 文种，如"成都市人民政府办公厅关于印发成都市安全生产规划通知"。当然，也可以不加发文机关，直接用事项 + 文种的形式，如"关于规范船舶进口有关税收政策问题的通知"。写标题时，我们应该注意以下 3 点。

一是标题不要太长。能够精简的部分尽量精简，标题越是精简，主题呈现得才越明确。如果不可避免地需要出现太长的标题，也一定要拆行，但要注意不要割裂词组，可采用正梯、倒梯等形式拆分，如图 1-3 所示。

| 关于印发修订《企业会计准则第 30 号<br>——财务报表列报》的通知 | 关于印发《行政事业单位<br>国有资产管理信息系统管理规程》的通知 |
| --- | --- |

图 1-3 拆分标题

二是不要随意省略标题要素。虽然标题可以精简，但是也不要太过精简，比如，有人行文的时候直接将发文机关和事项都省略了，只留文种，这样一来，标题就只剩下《通知》《意见》，读者从标题里看不出任何信息。

三是标题中不使用标点符号。除了规章、法律、条例的名称可以使用书名号以外，标题内都不使用标点。

◆ **开头**

公文开头不像其他文章那样需要铺垫描述，而是用于概括全篇内容和主旨。所以要开门见山，一般有以下几种方式来引领全文：一是引用式，用"根据""按照"等字眼开头；二是目的式，以"为了"等字眼开头；三是原因式，以"鉴于""由于""随着"等字眼开头；四是时间式，以"最近""近年来"等字眼开头。

◆ **正文主体**

正文主体是全文的核心，表达主要的观点和内容，所以正文主体占全文的篇幅最大，可能会分段落展示，通过分段落的方式也能展现主体的结构。公文段落尽量用一个自然段来表达一层意思。段落的篇幅也不要太长或太短，段落与段落之间最好有逻辑关系，或者使用一些连词来连接。

所以，段落层次的安排最好遵循一定的规律或范式，一般来说有以下两种方式。

一是并列。通过排比或并列的方式将一个观点陈述出来，常用于总结、专题报告、会议纪要和意见等公文。

二是递进。按照事件的发展或者内容的深入，一层一层地递进，最后得出结论或主旨。

◆ 结尾

根据公文文种、主旨和目的的不同，结尾方式也会有所不同。一般有以下几种结尾方式：发出号召、强调主旨以及使用专用语，如"特此通知""请从速批示"等。

### 4. 语言

公文语言要准确、简明、平实和庄重，这在前面的小节中也提到过，此处不再赘述。

### 5. 表达方式

语言的表达方式大同小异，一般来说有叙述、议论和说明，当然，还有描写和抒情，不过这两种方式在公文写作中不使用。公文文种不同，公文的表达方式也有所不同。

议论是写作者通过事实材料（论据）和逻辑推理（论证）来阐明观点。一段完整的议论包括论点、论据和论证3个要素，不过，公文一般不需要这3个要素都齐全。常见的使用议论来表达的公文文种有通报（对问题的通报、剖析）、决定和通知。

说明是对事物、事理加以解释、介绍，多用于合同书、意向书等文书。在公务文书中，说明是最主要的表达方式之一，常与叙述同时使用。

## 1.2.2 公文的拟写步骤

公文拟写的步骤和方法与一般的文书差不多，不过由于公文特殊的性质和作用，对写作的要求相对严格一些，这需要我们时刻注意。公文的拟写步骤主要有以下5步。

### 1. 明确主题内容

任何一份公文都是有其目的和需要的，所以任何公文也都一定有其主旨，因此我们行文之前一定要清楚自己的行文目的，即明确主题。很多人以为发文主旨就是文章的内容和观点，其实主题包括以下几点。

◆ **中心内容**：比如，提出相关工作的改善、请求批复问题或通知某事项等。

◆ **文种**：根据中心内容确定文种，比如，汇报工作情况（专题报告、简报），提出解决问题的方法（意见、指示）。

◆ **发送范围和阅读对象**：这一点非常重要，只有弄清楚受文对象，才不会陷入写作误区。比如，是向上级汇报工作，还是向有关单位推广阅读，再决定是采用上行文、下行文还是平行文。

◆ **具体要求**：比如，是要求受文者了解，还是答复；是要求受文者执行，还是参考等。

只有弄清楚以上几点问题，才能在行文的时候心中有数，最终写出主题明确的公文。

### 2. 收集材料，做好准备

在明确发文主题后，接下来要做的就是围绕主题收集材料，当然，这不是必需的步骤。只有涉及面较广、涉及问题较深入的公文，才需要收集相关材料或是做好调查研究。那么，怎样收集材料呢？收集什么样的材料呢？

一是文字材料。查找对往年的报告、文书，找出我们需要的，与主旨相关的材料，加以利用。

二是在实际工作中收集。可在网络上搜寻，或是参考同行业的相关文书，还可以自己调研获得材料等。

收集完材料后并不代表马上就能进行公文的写作了，因为很多材料并不能直接引用到文章中，可能需要进行具体的分析和归纳，或是加工处理后才能使用。那么，有哪些方法可供我们处理收集来的材料呢？

一是分类。通过对收集材料的分类，不仅方便我们查找，还能筛选出最重要的材料，方便我们取舍。

二是删减。通过对材料的删减加工，取其精华，这样不仅能让行文变得简洁，还能帮助我们舍弃没有用的部分，选取真正有价值的内容。

### 3. 拟出提纲

在整理好收集来的材料后，可以草拟一个提纲，这样在正式书写时就不容易跑题或是知道写什么了。一般来说，我们按照"从大到小"的原则来拟写提纲，先将大的框架整理出来，然后在每个大框架下写出小的要点以及使用到的材料。图 1-4 所示就是《关于全力做好 2017 年春运工作的意见》的提纲。

一、准确把握春运新形势新特点
（一）运输需求继续增长。
（二）节前客流相互叠加。
（三）道路交通流量大幅增长。
（四）货运需求十分旺盛。
（五）天气不确定因素较多。
（六）安全风险隐患增加。
二、全力以赴做好运力组织和衔接
（一）千方百计增加运力。
（二）加强不同运输方式衔接。
（三）统筹保障重点物资运输。
三、扎实做好春运安全工作
（一）从紧压实安全责任。
（二）从细排查安全隐患。
（三）从严开展安全检查。

图 1-4　提纲

当然，拟写提纲不是一蹴而就的，需要经过多次修改、不断完善才能列出最终满意的提纲。

### 4. 拟写正文

将文章的结构规划好以后，就可以开始正文的书写了，在进行写作时要注意图 1-5 所示的书写要点。

书写要点

材料与观点统一。不要出现材料和观点相矛盾的情况，也不要出现多余、无用的材料

语言简练，主题突出。既简洁用字，又能交代清楚公文的内容及观点

文种与格式对应。如通知就该按通知的格式来书写

征求意见。不要认为书写公文是一个人的事，尤其是涉及几个单位或部门，需要征求其他部门的意见和建议，以免公文出现纰漏

图 1-5　书写要点

### 5. 检查定稿

拟写好初稿后，还需要进行反复地确认和修改。一些重要的文件，可能要经过好几遍的审查和校对才能通过。那么，主要从哪几个方面来审阅呢？审阅重点如表 1-7 所示。

表 1-7　审阅重点

| 角　度 | 具体说明 |
|---|---|
| 主题 | 通看主题和标题、正文内容等是否表述一致 |
| 观点 | 主要查看观点是否围绕主题书写，观点是否正确、得当 |
| 材料 | 材料是否合适，是否有多余 |
| 结构 | 查看文件结构是否严谨，是否需要修改 |
| 语言 | 修改不通顺的语句、错别字及不规范的标点符号 |

总之，修改工作要认真仔细，审阅合格后就可以定稿了。

## 1.2.3　了解公文的行文规则

行文规则，是指各级机关公文往来时需要共同遵守的制度和原则。行文规则规

定了各级机关的行文关系，即各级机关之间公文的授受关系。它是根据机关的组织系统、领导关系和职权范围来确定的。

通常情况下，党政机关之间的行文关系主要有 4 种：领导关系、指导关系、管理关系和协作关系。一般不得越级行文，特殊情况需要越级行文的，应当同时抄送被越过的机关。向上级机关行文的规则如图 1-6 所示。

> 原则上主送一个上级机关，根据需要同时抄送相关上级机关和同级机关，不抄送下级机关。

> 党委、政府的部门向上级主管部门请示或报告重大事项，应当经本级党委、政府同意或者授权；属于部门职权范围内的事项应当直接报送上级主管部门。

> 下级机关的请示事项，如需用本机关名义向上级机关请示，应当提出倾向性意见后上报，不得原文转报上级机关。

> 请示应当一文一事。不得在报告等非请示性公文中夹带请示事项。

> 除上级机关负责人直接交办事项外，不得以本机关名义向上级机关负责人报送公文，不得以本机关负责人名义向上级机关报送公文。

> 受双重领导的机关向一个上级机关行文，必要时抄送另一个上级机关。

图 1-6　向上级机关行文的规则

向下级机关行文要遵循以下规则。

◆ 主送受理机关，根据需要抄送相关机关。重要行文应当同时抄送发文机关的直接上级机关。

◆ 党委、政府的办公厅（室）根据本级党委、政府授权，可以向下级党委、政府行文，其他部门和单位不得向下级党委、政府发布指令性公文或者在公文中向下级党委、政府提出指令性要求。需要政府审批的具体事项，经政府同意后可以由政府职能部门行文，文中须注明已经政府同意。

- 党委、政府部门在各自职权范围内可以向下级党委、政府的相关部门行文。

- 涉及多个部门职权范围内的事务，部门之间未协商一致的，不得向下级机关行文；擅自行文的，上级机关应当责令其纠正或者撤销。

- 上级机关向受双重领导的下级机关行文，必要时抄送该下级机关的另一个上级机关。

联合行文、部门之间行文和内设机构的行文规则如下。

- 同级党政机关、党政机关与其他同级机关必要时可以联合行文。属于党委、政府各自职权范围内的工作，不得联合行文。

- 党委、政府的部门依据职权可以相互行文。

- 部门内设机构除办公厅（室）外，不得对外正式行文。

同时联合行文应当确有必要，且单位不宜过多。以上规则是行文时普遍适用的，正常有效的行文都应当遵守以上规则。

## 1.2.4  公文写作中应注意的细节问题

虽然了解了公文的写作步骤后我们可以书写一篇完整的公文，但我们还要在很多细节处加以注意，这样才能提高公文的质量。

一是避免文种混合使用。公文文种的使用有一定的规定，切忌自编自造文种，比如"建议"这种。此外，还要避免文种混合使用，让人搞不清主题，如《关于政府购买服务有关预算管理问题的通知意见》，要么是通知，要么是意见，两种文种并行使用是错误的。

二是结构层次不规范。公文中的层次结构是有统一规定的，第 1 层为"一、"，第 2 层为"（一）"，第 3 层为"1."，第 4 层为"（1）"。禁止使用不规范的表述，比如"（1）、"或是"1。"等。

三是用错符号。比如，发文字号的年份要用阿拉伯数字表达，并且用六角括号"〔 〕"括起来，如〔2018〕，用"【 】"或"[ ]"是错误的。

四是错用数字。发文序号应用阿拉伯数字标识，并且不能有虚位，如"财预〔2014〕3 号"，不能写成"财预〔2014〕03 号"。

五是引用文件名格式错误。公文需要引用其他文件材料时，一定要注意文件名在前，文件号在后，如"根据《国务院办公厅关于×××××××××××的指导意见》（国办发〔20××〕××号）有关要求"。

六是用印不规范。需要加盖印章时，要注意印章名与发文机关署名应统一，并且印章要端正清晰，不能单独出现在一个页面。

七是详略不当。这是很多人行文的毛病，我们要掌握详略得当的原则，即实的内容详写，虚的内容略写；新的内容详写，旧的内容略写；有特点的内容详写，一般的内容略写。

以上七点就是我们行文时应该注意的问题，当然，在实际写作时远远不止这七点需要我们注意，还需要在实际写作中慢慢地总结、积累。

## 1.2.5　标点符号用法知多少

通过前面的介绍，我们都知道公文写作规范性强、标准高，而这不仅仅指格式、内容和排版等，对于字号、字体及标点符号都有相应的使用规则，下面，我们一起来了解标点符号的使用方法。

### 1.公文标题中的标点符号

公文标题中一般只出现书名号、引号、括号和顿号，标题末尾虽然通常不用标点符号，但有时也可根据需要使用问号或叹号。相关规则如下所示。

◆　标题中的缩略语、特定称谓和活动名称等，必须用引号。
◆　标题中需要注释或说明的、文件的备注以及需要进行补充的，必须用括号。
◆　标题中并列的名称、词组或短语，中间必须用顿号。
◆　标题中出现报刊名、文件名和法律法规等，必须用书名号。

### 2.公文段落标题的标点符号

在篇幅较长的公文中，如果叙述的问题较为深入，就需要分几个层次来展现，这样就会有段落，有时还会用段落标题来概括每个部分的主要内容或主旨，使公文结构清晰。

段落标题中是否使用标点符号，尤其是句末是否使用句号，这个没有统一的规定。不过，段落标题一般分一级标题、二级标题、三级标题、四级标题……依次类推，公文中的标题层次通常细化到四级。不同层次的标题所用的序号也不一样，第一层用中文序号加顿号，比如"一、"；第二层用中文序号加括号，比如"（一）"；第三层用阿拉伯数字加下脚点（中英文切换），比如"1."；第四层用阿拉伯数字加括号，比如"（1）"，如图1-7所示。注意第二层和第四层是不加顿号的，很多人由于习惯经常写错。

根据党的十八大和十八届二中、三中、四中全会以及中央经济工作会议精神，××

××××××××。具体安排如下：

一、力争年内完成的项目

（一）完善社会主义市场经济制度××××××××××。

1.为了适应商业银行资产×××××××××修订草案。

2.为了适应×××××××××，提请审议计量法修订草案。

图 1-7 段落标题标点符号用法

### 3. 主送机关和抄送机关的标点符号

《公文格式标准》规定了公文中主送机关末尾用冒号，抄送机关末尾用句号。那么，出现多个主送机关或是抄送机关时，该如何使用标点符号将其串联起来呢？一般来说，我们可以用到逗号和顿号，顿号是同级单位之间用来表示并列的符号，逗号是不同层次、级别单位之间用来表示并列关系的符号。比如"税务局，能源局，县委宣传部、发改委"。

除了以上3个主要内容的标点符号的使用规则以外，公文中还存在其他常见的标点符号在使用中不规范的问题，如表1-8所示。

表 1-8 常见标点符号使用不规范的问题

| 序 号 | 问 题 |
| --- | --- |
| 1 | 省略号使用不规范，正确的应该是纵向居中排列的六连点"……"，像"…"或"…………"这种格式都是不规范的 |
| 2 | 图或表的短语式文字说明中间可用逗号，末尾都不用句号 |

续表

| 序　号 | 问　题 |
|---|---|
| 3 | 不能同时使用等、等等和省略号,如"2015 年、2016 年、2018 年……等",这里只能选其一使用 |
| 4 | 不能在标有引号或书名号的并列成分之间使用顿号 |

# 1.3　新手如何学写公文

■打好基础　■逐步完善　■吸取经验

虽然我们对公文写作已经有了一定的了解,但是很多新手在写公文时还是会感到生疏和迷茫。公文写作和平时写作文的确不一样,平时写作可能更强调创意,而公文写作大多严肃、规范,为了提高公文写作能力,我们可以从以下几个方面入手,逐步养成写作习惯。

### 1.打好基础,循序渐进

新手在写公文的时候不用太过于胆怯,也不用对自己要求过于严苛。做任何事都有一个循序渐进的过程,只有通过不断地积累和学习,才能不断进步。我们可以从以下几个方面入手,慢慢地提高自己的公文写作能力。

◆ 从简单文体到复杂文体的过渡。不用一上来就写工作计划或工作总结这种比较复杂的文体,而从简单的文体开始,如通知、公告等,这类文体内容简单、层次单一且篇幅也很小,非常适合新手练习。

◆ 从规范性高的文体过渡到规范性低的文体。比如,细则、章程、守则、制度或条例等文体的规范性和模式化程度很高,写起来容易上手。而讲话稿、演讲稿等文体就不太容易上手。

◆ 一切从自己的工作出发,先从熟悉的领域开始,逐步向其他领域拓展。

### 2.照猫画虎,摸索门道

第一次学写公文的人,可能一时之间不知道该从哪里入手,这时可以找一些范文来套写和模仿。除了在工作岗位上可以找到前辈写的一些公文外，在网络上我们也可以找到各种类别的公文，比如，中国政府网—公文公报（http://www.gov.cn/zwgk/）、中国公文网（http://www.zggww.com.cn/）、第一公文网（http://gongwen.1kejian.com/）。

从这些网站上我们能看到很多别人写的公文，多看多写，摸索门道。看得多了，写得多了，自己也可以整理一些写作的基本规律。当然，在最开始的时候，如果要写一个通知，最好先找到一个已经完稿的通知作为参考样本，这样就能慢慢地照猫画虎，完成自己的写作。

### 3. 改中求精，逐步完善

"罗马不是一天建成的"，没有一篇公文的草稿是不需要修改的，很多公文在定稿之前都要经过三四次校对才能通过审查。只有通过不断地修改，才能将文章写得更准确、内容表达得更清楚。那么，我们要从哪几个方面来修改呢？主要内容有如图1-8所示的4点。

| | |
|---|---|
| 审查主题 | 主题要明确、突出，不能混在文章观点内，并且要看标题与主题是否符合。 |
| 推敲结构 | 结构层次要合理，前后是否有逻辑，衔接是否紧密，过渡是否自然，还要考虑整体的协调性。 |
| 核实材料 | 要时刻注意材料只是正文的补充和依据，并不是主要内容，所以材料一定要真实、有效，恰如其分地说明主题，如果不能，果断替换或删除。 |
| 修改文字 | 以上3点都是遵守"从大到小"原则，而文字的修改是"从小到大"，从字、词、句子、段落入手，修改那些不正确的部分，如错别字或不当的词语搭配等。 |

图 1-8　公文修改

那么，该如何对公文进行修改呢？下面，来看看都有哪些方法？

一是阅读修改。边读边改可以发现书写时不注意的错误，如语句不通顺、句式杂糅或是错别字等。

二是间隔修改。刚刚写完就去修改不是一个最好的时机，先将写完的稿子放置在一旁，然后参考一些其他的范文材料，再对自己的稿子进行修改，此时也许会发现一些以前没有注意的错误。

三是比较修改。其实这是一条万能的修改方式，通过互相比较能更容易找到自己的错误。可以从以下4点入手修改。

（1）将自己的初稿与已经发表的类似的定稿相比较，从中找到不一样的地方，斟酌修改。

（2）与其他同事书写的同类型公文进行比较，取长补短。

（3）多找几份不同人书写的公文进行对比，发现各自的优点和缺点，进行学习。

（4）同一单位肯定有很多同类型的公文，可以通过与上级单位的同类型公文相比较，找出自己所在单位与上级单位在写作上的不同，发现上级单位的立意、用词及范围的特点，有助于我们不断地改进。

### 4. 虚心请教，吸取经验

作为写公文的新手，在书写上自然有很多不熟悉的地方，可能会找不到头绪，甚至会出错。但这些都不重要，遇到不明白的地方，要主动向经验丰富的人请教或和相关同事一起研究讨论。不过请教他人也是有方法的，不是一点小事就去麻烦他人，这样效率既不高，又给别人添麻烦。请教别人可从以下4点做起。

一是通过问题找答案，这样更有针对性。新手可以在写作过程中将自己觉得有问题的地方记录下来，然后统一向别人请教，或是请身边的同事一起讨论研究，这样既不麻烦，又能解决实际问题。

二是直接请求修改整篇文章。这是一个较为简单的方法，就是直接将自己写好的文章交给有经验的前辈，请他们帮自己修改，通过前辈的修改，看到自己的问题并找到改进的方法。这样做可以少走很多弯路，得到最直接的提点，而这些小的提点通过长时间的积累能给我们带来巨大的进步。

三是直接向书本材料求教。现在的公文类书籍和材料非常多，也很容易接触到，特别是一些有关公文写作的专门刊物，通过阅读这类文章，能够给自己带来意想不到的启发。

四是自我总结。在一系列虚心求教后，就要及时进行自我总结，不然即使改了当前的错误，以后难免还会犯同样的错误。只有不断地自我总结完善，才能从根本上解决问题。总结内容应该专门用一个笔记本记录下来，随时阅读回顾，这样才能不断进步。

扫码看习题          扫码看答案

# 行政公文写作与范例

　　行政公文包括公告、通知、议案、请示和批复等，每种公文又包含不同的种类，所以行文方式各有不同。本章将通过范例对常见的公文进行解析和介绍，这样可以了解其写作格式、手法及注意事项，从而帮助我们更好地行文。

# 2.1 公告

■特点 ■注意事项 ■写作格式 ■范例解析

公告，是指政府、团体对重大事件当众正式公布或者公开宣告、宣布。公告是行政公文的主要文种之一，它和通告都属于发布范围广泛的晓谕性文种。公告是向国内外宣布重要事项或者法定事项时使用的公文。具体内容如下所示。

①宣布重要事项，比如，《国务院关税税则委员会关于××××××的公告》。

②宣布法定事项，包括宣布某项法规或规章，宣布国家领导人选举结果。如"关于全面取消《入/出境货物通关单》有关事项的公告"。

## 2.1.1 公告的特点

公告在实际使用中，总是偏离了《国家行政机关公文处理办法》的规定，各机关、单位或团体总是事无巨细地使用公告。公告的庄重性被忽视，只注意到广泛性和周知性，以致公告逐渐演变为"公而告之"，所以，我们在行文的时候一定要注意以下4个特点。

### 1. 发文权力的限制性

由于公告宣布的是重大事项和法定事项，发文的权力被限制在高层行政机关及其职能部门的范围之内。具体来说，国家最高权力机关（人大及其常委会），国家最高行政机关（国务院）及其所属部门，各省、自治区、直辖市行政领导机关，某些法定机关，如税务局、海关、铁路局、人民银行、检察院以及法院等，有制发公告的权力。

其他地方的行政机关，一般不能发布公告。党团组织、社会团体或企事业单位更不能发布公告。

### 2. 发布范围的广泛性

公告是向国内外发布重要事项和法定事项的公文，其信息传达范围有时是全国，有时是全世界。譬如，中国曾以公告的形式公布中国科学院院士名单，一方面确立他们在我国科学界学术带头人的地位，另一方面尽力为他们争取国际科学界的地位。这样的公告肯定会在世界科学界产生一定的影响。中国有关部门还曾在《人民日报》上刊登公告，公布中国名酒和中国优质酒的品牌、商标和生产企业，以便消费者能认清这些名牌。

### 3. 题材的重大性

公告的题材必须是能在国际国内产生一定影响的重要事项，或者依法必须向社会公布的法定事项。公告的内容庄重、严肃，体现着国家权力部门的威严，既要能够将有关信息和政策公之于众，又要考虑在国内和国际可能产生的政治影响。一般性的决定、指示及通知的内容等都不能用公告的形式发布，因为它们很难具有全国性和国际性的意义。

### 4. 内容和传播方式的新闻性

公告还有一定的新闻性。所谓新闻，就是对新近发生的、群众关心的、应知而未知的事实的报道。公告的内容都是新近的、群众应知而未知的事项，在一定程度上具有新闻性。

公告的发布形式也具有新闻性，它一般不用红头文件的方式发布，而是在报刊上公开刊登。

## 2.1.2 公告的注意事项

了解了公告的主要特点后，在书写公告时还要注意以下几点。

◆ 由于公告告知面广，撰写时要注意，事理周密无漏洞，条理清楚不啰唆，语言通俗不鄙俚，文风严肃不做作。做到易读易懂易知。

◆ 公告所公布的为重要事项或法定事项，而且常以报刊、广播、电视及张贴等形式公开发表，所以写作时要直陈其事，一事一告，就实公告。

◆ 语言要严肃、庄重，不发议论，不加以说明，更不能抒情。

◆ 公告一般不编号，但当某一次会议或某一专门事项需要连续发布几个公告时，则应在标题下单独编号。

◆ 有时公告的使用比较混乱，要避免如图2-1所示的情况。

把公告当作"启事"、"声明"或"广告"用，望文生义，以为"公告"就是公开告知有关事项，如声明某业务与本单位无关，有时揭露有人冒充某报记者行骗，也用"公告"。

"公告"代行"通告"，凡公布性事项，事无巨细都用"公告"，甚至街道告知居民领取物价补贴也用"公告"。使用公告必须以"公告适用于向国内外宣布重要事项或者法定事项"的有关规定为适用标准，以避免公告滥用。

图 2-1　公告滥用

## 2.1.3　公告的写作格式

公告的结构一般包括标题、正文、落款和发布日期。

### 1. 标题

公告的标题有多种格式，常见的有以下 4 种。

◆ "发文机关＋事由＋公告"，如《国务院关税税则委员会关于×××
　×××的公告》。

◆ "发文机关＋公告"，如《中国人民银行公告》。

◆ "事由＋公告"，如《关于扩大××××××适用范围的公告》。

◆ 只标文种"公告"。

如果标题无发文机关名称，则在结尾处必须落款。

### 2. 正文

公告内容以简洁为主，不需要描述一堆无关紧要的内容。开头部分讲明原因和目的，正文主体部分讲相关事项或告知的内容，一般分条款来写。最后写结尾内容，主要包括实施的期限、范围以及若违反该如何处罚等，也可以简洁地提出希望，以及对违背者的警告等。一般以"特此公告"和"现予公告"等为结束语。

### 3. 落款和发布日期

公告的署名和日期与其他公文相同，以机关名义发布，如果标题中已有机关名称，结尾可以不再署名。

## 2.1.4 公告的范例解析

根据公告使用范围的不同，可以将公告分为不同的种类，主要有重要事项公告、法定事项公告、专业性公告、强制性公告和会议决议公告。下面来具体看看这几种公告。

### 1. 重要事项公告

凡是用来宣布有关国家的政治、经济、军事、科技、教育、人事、外交等方面需要告知全民的重要事项，都属重要事项公告。常见的有国家重要领导岗位的变动、领导人出访或其他重大活动、重要科技成果的公布、重要军事行动等。如《中国人大常务委员会关于××××××的公告》，或是《新华社受权宣布中国将进行××××××的公告》。

**范本内容展示**

国务院关税税则委员会关于降低汽车整车及零部件进口关税的公告

税委会公告〔2018〕3号

为进一步扩大改革开放，推动供给侧结构性改革，促进汽车产业转型升级，满足人民群众消费需求，自2018年7月1日起，降低汽车整车及零部件进口关税。将汽车整车税率为25%的135个税号和税率为20%的4个税号的税率降至15%，将汽车零部件税率分别为8%、10%、15%、20%、25%的共79个税号的税率降至6%，具体税目及税率调整情况见附件。

特此公告。

附件：进口汽车及零部件最惠国税率调整表

国务院关税税则委员会
2018年5月22日

**范本内容精讲**

这类公告写法一般较单一，只知照事项的本身，没有需要遵守的规定和要求，所以用语要准确、简练。根据本范本可以看出，该篇公告的标题由"发文机关＋事由＋公告"组成。其正文内容由目的和公告内容组成，开门见山，直陈事项，以达到周知的目的。

首先，本范本开门见山，用一句话概括了发此公告的目的，其模板为"目的（为了……）＋日期（自……起）＋公告事项"。这里的公告事项为"降低汽车整车及零部件进口关税"。其次，对公告事项的具体内容进行书写，分别书写了汽车整车税率和汽车零部件税率的降低标准，语言简洁明了，用一句话进行概括。最后一句将附件带了出来，公告在有附件的情况下，正文内容尤其要精简、有概括性。最后，另起一行写结束语"特此公告"，需要注意的是，"特此公告"都要另起一行书写。另外，这类公告在撰写中应用机构、会议的全称，不要用简称。

当然，除了这类模式之外，还可采用其他模式来书写此类公告，可分3个自然段书写正文内容。

◆ 第一自然段为主体内容，采用"目的（为了……）+公告事项（有关部门决定……）+具体内容（现公告如下：……）"的格式。

◆ 第二自然段写实施日期(如上述规定自××××年××月××日起实施)。

◆ 第三自然段写结束语"特此公告"，如图2-2所示。

> ## 关于扩大
> ## 自主申报、自行缴税适用范围的公告
>
> 海关总署公告〔2018〕24号
>
> 为加快推进税收征管方式改革，海关总署决定扩大自主申报、自行缴税（"自报自缴"）适用范围。现公告如下：优惠贸易协定项下进口报关单均可适用"自报自缴"模式。其他事项按照海关总署2016年第62号公告执行。
>
> 上述规定自2018年4月10日起实施。
>
> 特此公告。
>
> 海关总署
> 2018年3月29日

图2-2 公告示例

### 2. 法定事项公告

法定事项公告是依照有关法律法规的规定，以公告的方式向全民公布一些重要事情及其主要环节。例如，《中华人民共和国专利法》第三十九条规定："发明专利申请经实质审查没有发现驳回理由的，专利局应当作出审定，予以公告。"该类公告一般以"根据《×××通知/条例/意见》(编号)，现将……有关事项公告如下，请依照执行"作为开头第一句。

**范本内容展示**

◎资源 |Chapter02| 关于代收建设费的公告 .docx

××市地方税务局关于代收市级城市基础
设施建设费有关事项的公告

××××年第×号

　　根据《××市财政局××市发展和改革委员会××市
住房和城乡建设委员会××市地方税务局关于地方税务部
门代收城市基础设施建设费的通知》(××财综〔××××〕
×××号)规定，××市地方税务局自××××年××月××日
起代收我市市级城市基础设施建设费，现就有关事项公告
如下，请依照执行。

　　一、缴费单位需持以下资料的原件、复印件(1份)至×
×市政务服务中心(××市××区西三环南路1号)地税服
务窗口，办理资料审核和缴费手续。

　　(一) ××区的中央及军队在××建设项目

　　1.建设项目的初步设计批复文件(建设项目不需批复
初步设计文件的，审批类项目应提交主管部门的书面说明，
备案类项目应提交初步设计文件)或年度工程建设计划；

　　2.土地出让合同及补充协议、划拨决定书；

　　3.住宅按每建筑平方米60元，非住宅按每建筑平方米
100元缴费的，应提交关于建设项目类别的证明材料；

　　4.其他相关资料。

　　(二) ××区的其他建设项目

　　1.建设项目的立项文件；

　　2.工程规划许可证、设计方案审查意见；

　　3.土地出让合同及补充协议、划拨决定书；

　　4.建设项目设计说明；

　　5.住宅按每建筑平方米60元，非住宅按每建筑平方米
100元缴费的，应提交关于建设项目类别的证明材料；

　　6.建设项目建筑面积及用途说明(缴费单位在××
市地方税务局网站www.******.gov.cn自行下载表样)；

　　7.其他相关资料。

　　二、缴费单位上门办理审核和缴费手续前可拨打预约
电话(×××-××××××××)进行预约。

　　三、税机关向缴费单位开具《××市非税收入一般
缴款书》。《××市非税收入一般缴款书》共六联，一至四
联为缴费凭证，缴费单位持缴费凭证到市财政局指定的非
税收入收缴代理银行进行缴费，持盖有银行收讫章的《×
×市非税收入一般缴款书》(第一联)至××市政务服务中
心税服务窗口换取《××市非税收入一般缴款书》(第五
联)后，至市发展改革委、市住房城乡建设委办理后续建设
项目审批手续。

　　四、城市基础设施建设费的减、免、缓微，依据《××
市人民政府批转市计委关于加强基础设施专项资金审
批管理意见的通知》(××政发〔××××〕××号)等有关
规定执行。

　　五、本公告自××××年××月××日起实施。

××市地方税务局
××××年××月××日

**范本内容精讲**

　　上述公告采用的是"年份＋序号"的方式进行编号的。正文按总一分的格式进行书写，并且层次较多，主要包括5个大点。

　　总括部分的写作格式为：根据某条例，相关机构将……，现就有关事项公告如下，请依照执行。或是"为贯彻落实某条例，为了……，相关机构将对……进行调整/修改/取消，现公告如下："，如图2-3所示。

为贯彻落实《国家税务总局关于进一步深化税务系统
"×××"改革 优化×××的若干意见》(税总发〔×
×××〕×××号)精神，进一步优化××服务，减轻纳税
人负担，国家税务总局对××税纳税申报有关事项进行了
调整，现公告如下：

图2-3 公告示例

　　接着分点书写公告内容，依照"一、""（一）""1."的格式顺序行文。除了准确、真实地书写公告内容外，还有两点需要注意。

　　◆ 注意分层次书写，格式不要出错。

◆ 实施日期一般归在几大点之内，不单独说明。如"三、本公告自××××年
　××月××日起施行"。

### 3. 专业性公告

有一类公告是属于专业性的或向特定对象发布的，例如，经济上的招标公告、
按专利法规定公布申请专利的公告；也有按国家民事诉讼法规定，法院无法将诉讼
文书送达本人或代收人时，可发布公告间接送达，这些都是向特定对象发布的公告。

**范本内容展示**

◎资源 |Chapter02| 国家司法考试办公室公告 .docx

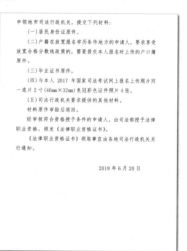

**范本内容精讲**

本范本就是典型的专业性公告，是向特定的对象公告特定的事项，即向"参加
2017 年国家司法考试成绩合格的普通高等学校 2018 年应届本科毕业生"公告"申
请授予法律职业资格、颁发《法律职业资格证书》事宜"。

全文分为两部分：一是申请办法；二是申请材料。第一部分的内容采用平铺直
叙的叙述方式分段讲明了不同情况和要点，可以一目了然地看出有 4 段内容，分别
写明了针对不同申请条件的不同要求，具体内容如下所示。

◆ 参加××××年国家××考试成绩合格的普通高校××××年应届本
　科毕业生。

◆ 户籍在放宽报名学历条件地方、考试成绩达到放宽合格分数线的申请人。

◆ 在内地就学的 ××、××、×× 地区申请人。

◆ 逾期申请的。

第二部分通过分点列举的方式，列明了需要的材料，需要注意的是分点列举不能跨层次，必须按照规定的格式标准进行行文。由于标题中提及了发文机关为中华人民共和国 ×× 部国家 ×× 考试办公室，所以最后没有署名也是可以的。

### 4. 强制性公告

强制性公告，即向某当事人或有关机关发布公告，并要求其无条件执行的公文。比如，法院送达的诉讼文书，自发布公告之日起，经过 60 日，即视为送达。不管受文者是否看到公告内容，只要送达期满就视为送达。或是国家发布的一些硬性规定，要求相关企业或社会成员按发布的规定办事。也有人民政府向企业作出强制要求，并以公告的形式发出。

**范本内容展示**

中华人民共和国国家发展和改革委员会
中华人民共和国公安部
中华人民共和国环境保护部
中华人民共和国商务部
国务院国有资产监督管理委员会
国家工商行政管理总局
国家质量监督检验检疫总局
国家能源局
公告

2016 年 第 29 号

为贯彻落实《国务院关于印发大气污染防治行动计划的通知》(国发〔2013〕37 号)和国务院第 90 次常务会议有关要求和部署，应对严峻的大气污染形势，加快推进成品油质量升级，改善空气质量，现将有关事项公告如下：

一、严格按时供油

2017 年 1 月 1 日起，全国全面供应符合第五阶段国家标准(以下简称国 V 标准)的车用汽油(含 E10 乙醇汽油)、车用柴油(含 B5 生物柴油)，同时停止国内销售低于国 V 标准车用汽油(含 E10 乙醇汽油)、车用柴油(含 B5 生物柴油)。

二、保障油品质量

成品油生产、销售企业按照现行国家标准进一步加强油品质量管理和控制，保障清洁油品市场供应。

三、规范油品标示

加油站(点)按照相关法规和标准要求，明确标注所售汽油、柴油产品名称、牌号和等级(如：92 号汽油(V)、0 号车用柴油(V)等)，以便于消费者选择、政府监管和社会监督。

四、加强有效监管

国家和地方有关职能部门加强成品油质量监督检查，依法严厉查处生产、销售不合格油品，非法生产、销售油品，非法流动加油罐车等违法违规行为，确保成品油质量升级取得实效，促进成品油市场健康有序发展。

特此公告。

国家发展改革委
公　安　部
环 境 保 护 部
商　务　部
国　资　委
工　商　总　局
质　检　总　局
国 家 能 源 局
2016 年 12 月 20 日

范本内容精讲

　　本范本是国家各部门联合发布的一篇强制性公告，主送单位是国家发展和改革委员会，主要内容是关于全国全面供应符合第五阶段国家强制性标准车用油品。

　　标题格式是"发文机关＋文种"，由于该篇公告的发文机关较多，所以要依次按顺序列明，不能有所遗漏。另外还要注意，每个机关单位要在一行书写，以方便阅读。不能写成如图 2-4 所示的格式，这样看起来非常杂乱。

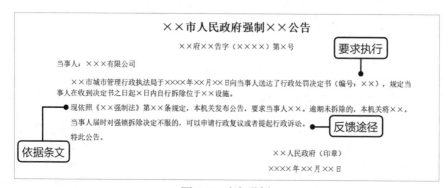

中华人民共和国国家
发展和改革委员会
中华人民共和国公安部
中华人民共和国环境保护部
中华人民共和国商务部
国务院国有资产监督管理委员会
国家工商行政管理总局
国家质量监督检验检疫总局国家能源局

图 2-4　杂乱的公文格式

　　正文开头开门见山书写了发布此公文的目的，即"加快推进 ××× 质量升级，改善 ×× 质量"。接着分四点阐述公告内容，每一点都有一个标题来进行概述。遇到要点较多的情况，可以用此方法来书写公文，这样就不会出现长篇大论，否则显得毫无头绪。

　　最后署名的时候一定要注意首尾呼应，标题提及的有关部门在落款时一定要一个不少，而且顺序一致。在落款时可用简称。

　　除了国家机关进行强制性规定而发布公告外，人民政府也会发布公告，要求社会组织强制执行某些事项。这类公文的写作和本范本又有所不同，如图 2-5 所示。

××市人民政府强制××公告

××府××告字（××××）第×号

要求执行

当事人：×××有限公司

　　××市城市管理行政执法局于××××年××月××日向当事人送达了行政处罚决定书（编号：××），规定当事人在收到决定书之日起×日内自行拆除位于××设施。

　　现依照《××强制法》第××条规定，本机关发布公告，要求当事人××。逾期未拆除的，本机关将××。

　　当事人届时对强锁拆除决定不服的，可以申请行政复议或者提起行政诉讼。

反馈途径

　　特此公告。

依据条文

××人民政府（印章）

××××年××月××日

图 2-5　公文示例

如图 2-5 所示，这类强制性公告的写法又略有不同，首先是受文人的书写方式，关于强制拆除的公告，其受文人都以"当事人："＋"受文人"为基本格式。正文又分 3 个自然段来写，第一自然段写发布行政处罚决定书并要求当事人执行，第二自然段写该公告依据的法律条文，第三自然段写当事人的反馈途径。

## 5. 会议决议公告

会议决议公告是根据某次会议作出的决议而发出的公告，常见的会议决议公告有公司董事会会议决议公告及股东大会会议决议公告。

**范本内容展示**

◉ 资源 |Chapter02| 公司董事会会议决议公告 .docx

**范本内容精讲**

本范本是 × × × × × × 股份有限公司董事会发布的会议决议公告，公告编号为"临 × × × ×-× ×"，为临时编号，并按年份来编排。可以看出，会议决议公告的排版格式和其他公告有所不同，多了两个要素：证券代码和证券简称，以及包括编号在内的全部内容都书写在标题上方。

标题以"发文机关＋年份次数＋文种"的格式进行书写，当然，还有其他书写格式，比如"发文机关+会议届数+会议次数+文种"（××股份有限公司第×届董事会第×次会议决议公告）这种格式。本范本的正文分以下3个要点陈述公告内容。

◆ 董事会会议召开情况。

◆ 董事会会议审议情况。

◆ 备查文件。

第一点说明会议的召开情况，书写过程中可以用"时间+地点+方式"来讲明会议基本情况。当然，这些要点都不是固定的，具体书写时可采用罗列筛选法，先罗列该会议的所有要素，再筛选可用的、直观的内容将其串联起来。如本范本，交代了会议的时间（××××年××月××日）、方式（书面传签）、符合规定（《中华人民共和国公司法》和《中国××××股份有限公司章程》）。

第二点主要书写了审议决议，这也是本篇公告的核心内容。先用一句话过渡到决议内容（过渡语不宜过长，一句话就行，如本范本），再通过分层次的方式来叙述通过的决议。其层次结构如图2-6所示。

> （一）审议通过《关于公司所属×××国际投资有限公司参与加拿大×××项目一期投资的议案》
> （二）审议通过《关于阿布扎比××××项目和加拿大×××项目×××管道建设涉及相关担保事项的议案》
> 1.××。
> 2.××。

图2-6　公文层次结构

# 2.2 通告

■基本格式　■相关公文的区别　■范例解析

通告，是适用于一定范围内公布应当遵守或者周知事项的周知性公文。通告的使用比较广泛，一般机关、企事业单位甚至临时性机构都可以使用，但强制性的通告必须依法发布，其限定范围不能超过发文机关的权限。通告是知照性下行文，具有鲜明的告知性和一定的制约性等特点，因其内容多涉及具体的业务活动或工作，所以，通告在内容上还具有专业性的特点。

## 2.2.1 通告的基本格式

通告的基本结构为标题、事由、通告事项和结语。下面，我们一起来看看这几部分的基本格式和要求。

### 1. 标题

通告的标题有多种写法，常见的有4种，具体内容将分别介绍如下。

◆ "发文机关＋文种"，如"××市人民政府通告"。

◆ "事由＋文种"（关于××的通告），如"关于公布《××市道路交通事故简易程序处理规定》（修订）的通告"。

◆ "发文机关＋事由＋文种"（××关于××的通告），如"××市人民政府关于在本市部分区域试鸣防空警报的通告"。

◆ 只写"通告"二字，如遇特别紧急的情况，可在通告前加上"紧急"二字。

### 2. 事由

事由一般在正文部分的开头进行书写，主要说明发布通告的背景、根据、目的及意义等。通告中说明事由的常用特定承启句式有以下内容。

◆ "为……，特通告如下"。

◆ "根据……，决定……，特此通告"。

◆ "为……，提高……，根据……现就有关事项通告如下"。

◆ "按照……标准，对……进行了修订，现予以公布"。

通过这样的句式可以引出通告的事项。

### 3. 通告事项

通告事项是通告全文的核心部分，涉及的内容包括周知事项、执行要求及措施。通告事项是面向大众的，所以在阐述这部分内容时，要做到条理清晰、层次分明、简洁精练。内容较多的情况下多采用分条列项的方法，这样使人一目了然。

如果内容简单且单一，可通过贯通式方法来说明。最重要的是使受文对象清楚要执行的事项，所以行文要明确具体，以便于受文人理解和执行。

### 4. 结语

一般来说，通告都有结语，虽是一句简短精练的话，却不可缺少，多用"特此通告"或"本通告自发布之日起实施"来表达。

## 2.2.2　通告与通报、通知的区别

通告与通报、通知这两个文种看起来十分相似，都有沟通情况、传达信息的作用，不过这 3 种公文各有不同。下面通过表 2-1 所示的内容向大家说明通告与其他两种公文的区别。

表 2-1　通告与通报、通知的区别

| 文　　种 | 受文对象和作用 | 适用性 | 发文时间 | 目　　的 |
|---|---|---|---|---|
| 通告 | 全部组织和群众；传达信息 | 一般要通过新闻媒体大力宣传，并要求人们遵照执行 | 发文于事前，预先告知相关信息 | 通过公布在一定范围内必须遵守的事项，有较强的约束力，也通过通告明确有关单位应执行的事项 |
| 通报 | 制发机关的所属单位或部门；用于奖惩有关单位或人员 | 适用于上级机关把工作情况或带有指导性的经验教训通报下级单位或部门 | 发文于事后，往往是对已发生的事情进行分析、评价，或表扬或惩罚，并通报有关单位，从中吸取经验、教训 | 通过典型事例或重要情况的传达，向全体下属进行宣传教育或沟通信息，以指导和推动今后的工作，没有具体的部署与工作安排 |
| 通知 | 传达至有关部门、单位或人员；交流沟通 | 一般只通过某种公文交流渠道，所以其告知的对象是有限的 | 发文于事前，希望有关人员了解相关消息 | 通过具体事项的安排，要求下级机关在工作中照此执行或办理 |

## 2.2.3　通告的范例解析

通告的中心是晓谕告语，就是把欲使接收者知晓的情况、事体、规定或要求发布出去，或者说是告知、关照到有关方面。通告的使用机关范围最大，各机关单位

都可以发布。

通告的内容有时具有专门性（如银行、交通方面的）。而事项则更一般化，发布方式多种多样，具体内容如下。

①张贴。

②在报纸发布。可省略日期，因为报纸有日期。

③在电台、电视台发布。

### 1. 周知性通告

周知性通告，即在一定范围内公布需要周知或需要办理的事项，政府机关、社会团体和企事业单位均可使用。如建设征地通告、更换证件通告及施工通告等。周知性通告用于传播信息，一般不会要求受文人执行事项，仅供其知晓。这是周知性通告与规定性通告的最大不同。

**范本内容展示**

◉ 资源 |Chapter02| 关于试鸣防空警报的通告 .docx

**××市人民政府关于在本市部分区域试鸣防空警报的通告**

××发〔××××〕××号

为增强市民的国防观念和防空防灾意识，提高对防空警报信号的识别和认知度，根据《中华人民共和国人民防空法》《中华人民共和国国防教育法》及《××市人民防空条例》有关规定，市政府决定，××××年××月××日（全民国防教育日）在本市部分区域试鸣防空警报。现就有关事项通告如下：

一、警报试鸣时间

××××年××月××日(星期六)上午 10 时 00 分至 10 时 23 分。

二、警报试鸣范围

本市五环路以外区域。

三、警报试鸣形式

防空警报鸣放按照"预先警报""空袭警报""解除警报"的顺序进行，每种警报鸣放时间 3 分钟、间隔 7 分钟。

预先警报：10 时 00 分至 10 时 03 分，试鸣预先警报，鸣 36 秒、停 24 秒，反复 3 遍，时间 3 分钟。

空袭警报：10 时 10 分至 10 时 13 分，试鸣空袭警报，鸣 6 秒、停 6 秒，反复 15 遍，时间 3 分钟。

解除警报：10 时 20 分至 10 时 23 分，试鸣解除警报，连续鸣放，时间 3 分钟。

防空警报试鸣期间，除部分参加相关演练的人员外，请其他市民和临时来×人员在听到警报后保持正常的工作和生活秩序。

特此通告。

××市人民政府

××××年××月××日

**范本内容精讲**

本范本主题为国防建设，受文对象范围很广，包括市民、约束人员和相关演练的人员，除有关人员外，对其余人员不作任何要求，并且只是用于传播"国防建设"这一消息，仅供受文者知晓，不要求受文者执行具体事项。因此，本范本展示的是典型的周知性通告。

正文分两部分行文：第一部分为总括语，第二部分为通告的具体事项。

第一部分的内容一般用一段来书写就够了，此部分由于不是核心部分，切忌长篇大论地进行说明。当然，其也有一定的模式，按照模式来行文可保障内容的简洁。本范本的模式为"为……，根据……，市政府决定……，现就有关事项通告如下："。

第二部分的内容是分点叙述，按照通告的具体内容分为警报试鸣时间、警报试鸣范围和警报试鸣形式3点，内容明确清楚、格式清晰。

除了本范本外，周知性通告还可以用于对相关手续进行通告，如图2-7所示。该通告发布了受文对象需要了解和注意的相关事宜。

> 依据《××的有关规定，按照全市常态化疫情防控要求，为了××，现将办理××××年度养犬年检手续的有关事宜通告如下：
>
> 一、××××年度养犬年检时间为××月××日至××月××日。
>
> 二、凡×××年度办理了养犬登记×××××××。
>
> 三、重点管理区内每只犬第一年缴纳管理服务费×××元，以后每年年检缴纳×××元。一般管理区内每只犬管理服务费的缴纳标准，由各区人民政府确定。
>
> 四、在重点管理区内，每户只准养一只犬，禁止饲养兽医行政主管部门公布的禁养品种和超过体高标准的犬。对于不符合规定的犬，不予办理年检手续。
>
> 五、养犬人住所地发生变更的，养犬人应当自变更之日起30日内，持原养犬登记证，到新住所地公安机关办理变更登记后，再办理年检手续。
>
> ……
>
> 十二、×××××××。
>
> 特此通告

图2-7 通告正文格式

## 2. 规定性通告

规定性通告用于公布应当遵守的事项，只限行政机关使用。

**范本内容展示**

# ××市××区人民政府关于加强烟花爆竹安全管理工作的通告

××发〔××××〕×号

各镇人民政府、街道办事处，区政府各委、办、局(公司)：

为加强烟花爆竹安全管理工作，防止因燃放烟花爆竹引发爆炸、火灾事故以及造成的次生空气污染和噪音污染，保障国家、集体财产和公民人身财产安全，改善大气环境质量，确保居民正常生产生活秩序，根据《中华人民共和国消防法》、《烟花爆竹安全管理条例》(国务院令第×××号)、《××市大气污染防治条例》、《××市烟花爆竹安全管理规定》等法律法规，现就××区行政区域内烟花爆竹禁放限放地点、时间等有关事项通告如下：

一、禁止下列区域、地点及其周边销售和燃放烟花爆竹：

(一)××城区：东至内环西路—南营路(含整体路面)，南至××引水渠南岸，西至××高速公路，北至××线铁路以北200米；

(二)×××、×××地区：自××河、××水库、××河沿线以南，至与××、××、××交界；

(三)文物保护单位；

(四)车站、机场等交通枢纽；

(五)油气罐、站等易燃、易爆危险物品储存场所和其他重点消防单位；

(六)输变电设施；

(七)医疗机构、中小学校、幼儿园、敬老院；

(八)山林、苗圃等重点防火区；

(九)重要军事设施；

(十)区政府根据维护正常工作、生活秩序的要求，确定和公布的其他禁止燃放烟花爆竹的地点。

二、禁止下列区域、地点内在任何时间销售、储存、燃放烟花爆竹：

(一)依据其他相关法律法规规定的禁止明火的区域和场所；

(二)广播电台、电视台和报社等重要新闻单位；

(三)电信、邮政、金融单位；

(四)城市路网的桥梁(含立交桥、过街天桥)、地下通道及地下空间；

(五)大型文化体育场所、集贸市场、商场、超市、影(剧)院、商业步行街等人员密集的公共场所及大型停车场；

(六)建筑工地，房屋走廊、楼道、屋顶、阳台、窗口；

(七)设有外墙外保温材料的建(构)筑物全部列入烟花爆竹禁放范围，其中属于重点消防单位的高层建(构)筑物及其周边60米范围内为禁放区域，其他10层以上或高于24米以上的建(构)筑物周边30米范围内为禁放区域；

(八)消防救援难度大的平房密集区，停放车辆多、燃放空间狭小的居民小区。

三、××区行政区域内除上述禁止燃放烟花爆竹区域以外的其他限制燃放区域内(除禁放的地点外)，除农历除夕、正月初一全天24小时和正月初二至十五每日的7时至24时外，其他时间禁止燃放烟花爆竹。

四、在空气重污染预警一级(红色)或二级(橙色)期间，××区行政区域内禁止燃放和销售烟花爆竹。

五、禁放限放区域内涉及的各机关、团体、企事业单位和居民小区物业公司，以及经营场所，要严格落实主体安全管理责任，设置明显的禁放限放烟花爆竹警示标志，明确具体人员进行看护，及时劝阻违规燃放烟花爆竹的行为人；对不听劝阻的，立即向公安机关报告。

六、宾馆、酒店、婚庆服务经营等单位应当在各自经营活动范围内承担烟花爆竹安全管理责任，按照国家和本市、区的规定做好安全防范工作。

七、各镇政府(街道办事处)要严格落实属地管理责任，负责本辖区内禁放限放烟花爆竹安全管理工作的总体组织实施，按照"网格化管理"的原则，将禁放限放区域明确到各主责部门。

八、单位或个人储存、携带、燃放的烟花爆竹不符合本市公布的规格和品种的，以及在上述禁放限放烟花爆竹的时间、区域和地点燃放烟花爆竹的，由公安部门依法责令改正，收缴其烟花爆竹，对单位处1000元以上5000元以下罚款，对个人处100元以上200元以下罚款；情节严重的，对单位处5000元以上3万元以下罚款，对个人处200元以上500元以下罚款。

九、在禁放限放烟花爆竹时间和区域内燃放行为人拒绝、阻碍执法人员依法执行公务的，由公安机关依法对行为人进行处理。

本通告自发布之日起施行。

特此通告。

本范本是典型的规定性通告，主题为市场监管及安全生产监管。标题和正文的第一段都是按照基本格式进行书写的。由于正文写明了"本通告自发布之日起施行"，所以该通告最后省略了落款，这是可以的。

因为规定性通告是用于公布应当遵守的事项，所以该公文的主要内容就是与主题有关的禁止事宜。本范本从以下几个方面阐述了烟花爆竹禁放限放的有关事项。

◆ 禁放区域和地点、禁放时间、禁放情况（空气重污染）。

◆ 相关管理责任(各机关、团体、企事业单位和居民小区物业公司；宾馆、酒店、婚庆服务经营等单位；各镇政府）。

◆ 违规罚款标准。

◆ 拒绝、阻碍执法人员依法执行公务的，由公安机关依法对行为人进行处理。

## 3. 交通通告

交通通告一般发布的是交通信息，如遇到交通道路拥挤，或是工程改造、举办活动需要交通管制等，就可通过通告告知大众。

### ××市人民政府关于实施工作日高峰时段区域限行交通管理措施的通告

××发〔××××〕××号

为有效降低机动车污染物排放，持续改善首都空气质量，市政府决定自××××年××月××日至××××年××月××日，继续实施工作日（因法定节假日放假调休而调整为上班的星期六、星期日除外)高峰时段区域限行交通管理措施。现就有关事项通告如下：

一、本市行政区域内的中央国家机关，本市各级党政机关，中央和本市所属的社会团体、事业单位和国有企业的公务用车按车牌尾号每周停驶一天(0时至24时)，范围为本市行政区域内道路。

二、根据《中华人民共和国道路交通安全法》和《××市大气污染防治条例》有关规定，除上述第一条范围内的机动车外，本市其他机动车实施按车牌尾号工作日高峰时段区域限行交通管理措施，限行时间为7时至20时，范围为五环以内道路(不含五环路)。

三、按上述要求限行的机动车车牌尾号(含临时号牌)分为5组，每13周轮换一次限行日。具体如下：

(一)自××××年××月××日至××××年××月××日，星期一至星期五限行机动车车牌尾号分别为:3和8、4和9、5和0、1和6、2和7(机动车车牌尾号为英文字母的按0号

管理，下同)；

(二)自××××年××月××日至××××年××月××日，星期一至星期五限行机动车车牌尾号分别为:2和7、3和8、4和9、5和0、1和6；

(三)自××××年××月××日至××××年××月××日，星期一至星期五限行机动车车牌尾号分别为:1和6、2和7、3和8、4和9、5和0；

(四)自××××年××月××日至××××年××月××日，星期一至星期五限行机动车车牌尾号分别为:5和0、1和6、2和7、3和8、4和9。

四、外省区市进×机动车的交通管理，按照××市交通委员会、××市环境保护局、××市公安局公安交通管理局有关规定执行。

五、以下机动车不受上述措施限制:

(一)警车、消防车、救护车、工程救险车；

(二)公共电汽车、省际长途客运车辆及大型客车、×B号段号牌出租汽车(不含租赁车辆)、小公共汽车、邮政专用车、持有市交通运输管理部门核发的旅游客车营运证件的车辆、经市公安交通管理部门核定的单位班车和学校校车；

(三)车身喷涂统一标识并执行公务的行政执法车辆和清障专用作业车辆；

(四)环卫、园林、道路养护的专项作业车辆，殡仪馆的殡葬车辆；

(五)悬挂"×"字头车牌车辆及经批准临时入境的车辆；

范本内容精讲

本范本正文第一自然段交代了该通告的背景，即缘由和依据。书写模式为"为……市政府决定……现就有关事项通告如下："。正文通过列举的方式展示主要内容，有以下5点。

◆ 政府机关和国有企业公务用车的限行标准。

◆ 其他机动车的现行规定。

◆ 限行的机动车车牌尾号的轮换规则。

◆ 进×机动车的交通管理。

◆ 不受限制的机动车。

该通告的主要层次结构如图2-8所示。

```
一、本市行政区域内××××××。
二、根据××××××。
三、按上述要求限行的××具体如下：
(一)自×××年××月××日×××××××××。
(二)自×××年××月××日×××××××××。
……
四、外省区市进×机动车的交通管理×××××××。
五、以下机动车不受上述措施限制：
(一)警车、消防车、救护车、工程救险车；
……
(六)纯电动小客车×××××××××。
```

图2-8 通告层次结构

# 2.3 通知

■写作要求 ■写作格式 ■范例解析

通知是运用比较广泛的知照性公文，用来发布法规、规章，转发上级机关、同级机关和不相隶属机关的公文，或批转下级机关的公文，要求下级机关办理某项事务等。

### 2.3.1　通知的写作要求

通知的应用较为广泛，下达指示、布置工作、传达有关事项、传达领导意见、任免干部以及决定具体问题等事项都可以用通知。由于通知适用广泛，所以我们经常可以在学校、企业单位、公共场所等场合看到。但是见得多并不代表能够顺利地书写通知，下面来看看书写通知需要注意的一些要求。

①上级机关对下级机关可以用通知，平行机关之间有时也可以用通知。

②发文机关广泛，不受过多的限制，无论是国家级行政机关，还是基层事业单位，抑或是学校都可以发布通知，如表2-2所示。

表2-2　通知的发文机关

| 通知标题 | 发文机关 |
| --- | --- |
| ××市人民政府办公厅关于印发《××市全面推开"证照分离"改革工作方案》的通知 | ××市人民政府办公厅 |
| 国务院关于支持××××××的通知 | 国务院 |
| ××科技园区管理委员会关于印发《关于进一步支持××××××的若干措施》的通知 | ××科技园区管理委员会 |
| 国家税务总局关于实施××××××若干措施的通知 | 国家税务总局 |
| ××市住房和城乡建设委员会关于加强房屋建筑和市政基础设施工程施工技术管理工作的通知 | ××市住房和城乡建设委员会 |

③慎用介词，很多新手在行文时滥用介词，从而造成文题不通。如"有关"和"关于"，通知的事由一般用"关于"，而"有关"就缩小了文题的内容含义。

④要明确上、下级的关系，越是对象广泛，越是要明确受文对象。

### 2.3.2　通知的写作格式

根据适用范围的不同，通知可以分为转发性通知、指示性通知和任免性通知。由于通知的功能多、种类多，这里先概括介绍通知写作的基本格式。

### 1. 通知标题和主送机关

通知由标题、主送机关和正文 3 部分组成。那么，如何书写标题和主送机关呢？下面，我们一起来看看。

◆ **通知的标题**

通知的标题一般采用公文标题的常规写法，由“发文机关 + 主要内容 + 文种”组成，如《国务院办公厅关于调整 ×××××× 的通知》。

也可以省略发文机关，由“主要内容 + 文种”组成标题。如“关于印发《××市工程建设领域 ×××××× 管理工作程序》的通知”。值得注意的是，发布规章的通知，所发布的规章名称要在标题的主要内容中出现，并使用书名号。

批转和转发文件的公文，所转发的文件内容要在标题中出现，但不一定使用书名号，如《国务院办公厅关于转发 ×××××× 的通知》。

◆ **通知的主送机关**

由于通知的发文对象比较广泛，因此，主送机关较多，那么，主送机关排列的规范性就显得尤为重要。主送机关的排列方式如图 2-9 所示。

**国家税务总局关于实施进一步支持和服务**
**民营经济发展若干措施的通知**

国家税务总局各省、自治区、直辖市和计划单列市税务局，国家税务总局驻各地特派员办事处，局内各单位：

党中央、国务院高度重视民营经济发展。××××××××××××。为深入贯彻落实××××××重要讲话精神，切实履行好税务部门职责，现就进一步支持和服务民营经济发展提出如下措施：

图 2-9　主送机关的排列方式

图 2-9 所示通知的主送机关为：国家税务总局各省、自治区、直辖市和计划单列市税务局，国家税务总局驻各地特派员办事处，局内各单位。其共分了 3 层，由于级别、名称不同，主送机关的称法和排列非常复杂，这个序列是经过考虑后才列出的。

### 2. 通知的正文

通知的正文一般包括通知缘由、通知事项和执行要求等内容。

◆ 通知缘由

发布指示、安排工作的通知，其写法和决定的写法很接近，主要书写有关背景、根据、目的和意义等。晓谕性的通知也可参照这种写法。

◆ 通知事项

通知事项是通知的主体部分，所发布的指示、安排的工作、提出的方法、措施和步骤等，都在这一部分有条理地予以表达。内容复杂的，需要分条列款。

◆ 执行要求

发布指示、安排工作的通知，可以在结尾处提出贯彻执行的有关要求。如无必要，也可以不写这部分内容。

其他篇幅短小的通知，一般不需要专门的结尾部分。

## 2.3.3 通知的范例解析

不同类型的通知，其写法各有不同，接下来通过一些范例来看看该如何书写不同类型的通知。

### 1. 任免性通知

任免性通知，上级机关任免下级机关的领导人或上级机关的有关任免事项需要下级机关知道时使用的文书。其主要内容包括任免和聘用干部。

范本内容展示

国务院办公厅关于调整中国人民银行货币政策委员会组成人员的通知

国办函〔2017〕29 号

人民银行：

你行《关于任免货币政策委员会委员的请示》（银发〔2017〕60 号）收悉。根据《中国人民银行货币政策委员会条例》的有关规定，经国务院领导同意，现就调整货币政策委员会组成人员通知如下：

同意丁学东、郭树清担任货币政策委员会委员，肖捷、尚福林不再担任货币政策委员会委员职务。

国务院办公厅

2017 年 3 月 16 日

范本内容精讲

一般的任免性通知都是"红头文件"，这样可以体现通知的权威性和严肃性。这里没有做具体的展示，不过，我们在第一章已经讲过"红头文件"的基本格式，所以这里不再赘述。从上述范例可知，任免性通知的具体内容很简单，而标题也是围绕任命或任免相关人员进行的。

例如，本范本中的标题用了"调整……人员"这样的书写方式，一看就知道是任免性通知。除此之外，标题中还会使用"任免""任职""聘任"等词汇表明通知内容，如"××市人民政府关于××同志职务任免的通知"。任免通知的正文应写清楚决定任免的时间、机关、会议或依据文件以及任免人员的具体职务。如本范本正文分为两部分：一是任命根据，二是任命人员。

◆ 第一部分按照"根据……，经国务院领导同意，现就调整××人员通知如下："的一般格式来书写。

◆ 第二部分按照"同意××担任××委员，××不再担任××委员职务"的格式展示任命的人员、职位。

任命性通知中涉及的人员可能是一个人，也可能是很多人，其书写格式要根据具体情况有所变化，如图2-10所示。

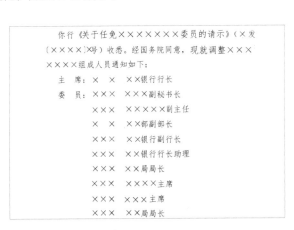

图 2-10　多人任命的任命通知

### 2. 转发性通知

转发性通知用于转发上级机关和不相隶属机关的公文给所属人员，让他们周知或执行。转发性通知与批转类通知不同，转发性通知可以转发上级机关、同级机关或不相隶属机关的公文。

转发性通知的常见形式有两种：一是职能部门转发上级业务部门的公文，二是综合部门代上级机关以转发的形式批转下级机关的报告、意见等。最常见的形式是国务院及各级政府的办公厅（室）转发部门的报告、请示和意见等。

**范本内容展示**

<table>
<tr><td>

**国务院办公厅关于转发教育部等部门**
**教育部直属师范大学师范生**
**公费教育实施办法的通知**

国办发〔2018〕75号

各省、自治区、直辖市人民政府，国务院各部委、各直属机构：

教育部、财政部、人力资源社会保障部、中央编办《教育部直属师范大学师范生公费教育实施办法》已经国务院同意，现印发给你们，请认真贯彻执行。2007年5月9日经国务院批准、国务院办公厅转发的《教育部直属师范大学师范生免费教育实施办法（试行）》和2012年1月7日经国务院批准、国务院办公厅转发的《关于完善和推进师范生免费教育的意见》同时废止。

国务院办公厅

2018年7月30日

</td><td>

**教育部直属师范大学师范生公费**
**教育实施办法**

教育部　财政部　人力资源社会保障部　中央编办

**第一章　总　则**

**第一条**　为贯彻落实《中共中央 国务院关于全面深化新时代教师队伍建设改革的意见》，建立健全师范生公费教育制度，吸引优秀人才从教，培养大批有理想信念、有道德情操、有扎实学识、有仁爱之心的"四有"好教师，进一步形成尊师重教的浓厚氛围，特制定本办法。

**第二条**　本办法所称师范生公费教育是指国家在北京师范大学、华东师范大学、东北师范大学、华中师范大学、陕西师范大学和西南大学六所教育部直属师范大学（以下简称部属师范大学）面向师范专业本科生实行的，由中央财政承担其在校期间学费、住宿费并给予生活费补助的培养管理制度。

**第三条**　接受师范生公费教育的学生（以下称公费师范生）由部属师范大学按照《师范生公费教育协议》进行教育培养，在校学习期间和毕业后须按照有关协议约定，履行相应的责任和义务。

</td></tr>
</table>

**范本内容精讲**

批转、转发文件的通知，根据情况可以在开头表述通知缘由，但多数是以直接表达转发对象和转发决定为开头，无须说明缘由。一般转发性通知的正文内容都很简单，本范本也是如此，正文格式为："××文件已经国务院同意，现印发给你们，请认真贯彻执行。××文件同时废止。"

当然，正文虽然简单，但语言表达也各有不同，图2-11所示的是其他表达方式的正文范例。

---

现将《××通知》（财税〔2017〕××号）转发给你们，请遵照执行。

---

图2-11　其他转发性通知

转发性通知的标题格式一般为"发文机关＋转发＋文件的发文机关＋转发文件＋通知"。如本范本，发文机关为国务院办公厅，文件的发文机关为教育部等部门（这里概括了具体的部门，实际部门有教育部、财政部、人力资源和社会保障部、中央编办），转发文件为教育部直属师范大学师范生公费教育实施办法。

转发性通知中的转发文件要另起一页随文发布，如本范本所示。当然，也可以在正文中以附件的形式标明。

### 3. 指示性通知

指示性通知，是上级机关对下级机关的工作进行部署、指示与指导的一种公文。内容较为重要、丰富，一般要求说明工作背景、工作内容与工作要求。这种通知要把要求和措施部分交代清楚，可以分条，也可以用小标题的形式，这样便于下级执行。指示性通知重在宏观指导，具有政策性、指导性，主要用于对重要工作、重大问题阐明方针政策，提出工作原则。它对现实工作的针对性较强，有一定的权威性。

**范本内容展示**

**××市××和××委员会**
**关于取消居民×××××**
**××××××办事证明的通知**

××改〔××××〕×××号

各有关单位：

为贯彻国务院减证便民、优化服务的要求，根据市政府审改办《关于取消×××××××××办事创业证明的通知》（××××发〔××××〕××号），现就有关要求通知如下：

一、取消居（村）委会对多人口家庭开具证明规定。将市发展改革委发布的《关于××市×××××××××的通知》（××改〔××××〕×××号）和《关于建立××××××××××××的通知》（××改〔××××〕×××号）中原来由供水、供气企业根据用户提供的居民户口簿或居（村）委会提供的实际居住证明，直接认定用水、用气阶梯量的要求，修改为申请人向供水、供气单位提交居民户口簿或由供水、供气单位调查核实办理。居民用水、用气阶梯价格多人口家庭优惠政策不作调整。

二、取消居住地相关部门开具的优惠停车证明。按照××市××和××委员会、××市××委员会、××市××和××××委员会《关于本市×××××××××的通知》（××改〔××××〕×××号）规定，停车资源紧张、停车矛盾突出的部分居住区，经区有关部门确认并公示，可以

在居住区周边占道停车场划定一定区域，当地居住区的居民凭有效证明在此停车，收费标准按照不高于夜间收费标准执行，具体实施操作细则按各区规定执行。其中，相关证明由申请人按照各区要求提交身份证、小客车行驶证、居住房屋产权证等能够确认居住地真实信息的相关证件（凭证），各区交通部门内部调查核实后办理。

三、各供水、供气企业应当及时制定相关多人口家庭办理工作流程，并在企业各营业网点、服务窗口进行公示，做好工作衔接，主动服务，方便群众。

本通知自××××年××月××日起执行。

特此通知。

××市××和××委员会
××××年××月××日

范本内容精讲

指示性通知的标题与一般公文的标题没有太大区别,本范本标题的格式也是"发文机关 + 事由 + 文种"。

正文内容主要包括缘由、事项和要求 3 部分。其中,缘由部分一般简要说明发文的背景、依据或目的,然后以"特通知如下"、"特作如下通知"或"现就有关要求通知如下"的用语格式转入通知的事项。本范本的开头部分书写了目的和根据,模式为"为……,根据……,通知如下",是非常简单的发文方式。

通知的事项部分是公文的核心部分,大多采用分条列项法,提出具体的工作要求、措施和办法。也有通过提出小标题来行文,当然,这还要根据通知的具体内容和要点来选择行文方式。

要求部分一般有固定的模式,由两个要点组成:一是执行日期(本通知自××××年××月××日起执行),二是结束语"特此通知"。有的通知也可不写结尾,落款也比较灵活,如果发文机关的名称已经出现在标题中,正文之后就不必再写,但须加盖机关印章。发文日期可写在全文末尾的右下方,也可放置在标题之下。

# 2.4 通报

■特点　■注意事项　■写作结构　■范例解析

通报,是上级把有关的人和事告知下级的公文。通报的使用范围很广,各级党政机关和单位都可以使用。它的作用是表彰先进,批评错误和歪风邪气,通报应引以为戒的恶性事故,传达重要情况以及需要各单位知道的事项。

## 2.4.1　通报的特点和注意事项

通报是各级机关、企事业单位和团体经常使用的文种,其目的是交流经验、吸取教训以及教育干部、职工群众等推动工作的进一步开展。通报的基本特点如表 2-3 所示。

表 2-3　通报的特点及具体内容

| 特　点 | 具体内容 |
|---|---|
| 内容的真实性 | 通报的任何情况、事实都必须是真实的，不能出错，更不能编造虚假内容。因此，写通报时无论是正面事实，还是反面事实，都要认真核实，据实阐述，不掺加水分 |
| 教育性 | 通报可以让受文对象了解相关重要情况及正、反两方面的典型材料，使大家从中得到启发，以正面材料为榜样，以反面材料为警戒 |
| 公开性 | 通报的公开性是很明显的。通过通报可以让有关单位和人员知晓先进的或反面的事迹并号召大家学习或引以为戒 |

在书写通报时，撰稿人要注意以下写作要求，对我们写作会有很大帮助。

◆ 通报一定要恰如其分，无论哪种通报，都要做到态度鲜明（表扬、批评或传达），分析中肯，不要夸张或过度地渲染事实，讲求实事求是。否则通报不但会缺乏说服力，而且会产生副作用。

◆ 通报的语言要简洁、庄重，其中表扬和批评的通报还应注意用语分寸，不要讲空话、套话。

## 2.4.2　通报的写作结构

通报一般由标题、主送机关、正文和落款 4 部分组成。

### 1. 标题

标题一般由发文机关、对象（表彰或被批评）和文种构成。标题通常有以下 4 种形式。

◆ 发文机关 + 事由 + 文种，如《国务院办公厅关于对国务院 × × × × × × 做法给予表扬的通报》。

◆ 事由 + 文种，如《× × × × 年第 × 季度全国政府网站抽查情况通报》。

◆ 机关单位名称 + 文种，如《中共 × × 市纪律检查委员会通报》。

◆ 只有文种，即《通报》。

### 2. 主送机关

不是所有的通报都要求标注主送机关。有的特指某一范围内，可以不标注主送机关，如图 2-12 所示。

**××××年第二季度全国政府网站
抽查情况通报**

为深入贯彻习近平新时代中国特色社会主义思想和党的十九大精神，落实全国网络安全和信息化工作会议要求，按照工作安排，国务院办公厅政府信息与政务公开办公室(以下简称国办信息公开办)近期组织开展了 2018 年第二季度全国政府网站抽查。现将有关情况通报如下：

一、总体情况

截至××××年×月×日，全国正在运行的政府网站 22206 家(含中国政府网)。

图 2-12 不标注主送机关的通报

### 3. 正文

通报的正文根据内容的不同会有所变化，主要说明通报对象、通报性质、具体事项以及号召等内容。对具体事件的描述可以详细，也可以简略。不同通报的写作方式将在后面的范例解析中进行详细讲解。

### 4. 落款

通报的落款由署名和日期组成，如果通报的标题中已写明了发文机关，落款时也可以不用署名。成文日期的写法与其他公文一样。

## 2.4.3 通报的范例解析

根据通报的用途可以把通报分为表彰性通报和情况性通报两类。

### 1. 表彰性通报

表彰性通报是表彰先进集体和个人，树立典型，总结成功经验，并号召大家学习的通报。表彰性通报正文结构一般分为 3 部分。

◆ 第一部分说明表彰原因，即先写清楚优秀事迹的经过、情况，直接叙述，不用铺垫，最重要的是，一定要真实客观地反映事实。

◆ 第二部分要对所叙述的事件准确地进行分析，给出中肯的评价，使大家能从好的人和事件中得到鼓舞。

◆ 第三部分一般是对表彰的先进人或事进行嘉奖，通报表扬。最后根据现实情况，发出号召或提出要求。

**范本内容展示**

**国务院办公厅关于对××××年落实有关重大政策措施真抓实干成效明显地方予以表扬激励的通报**

国办发〔××××〕××号

各省、自治区、直辖市人民政府，国务院各部委、各直属机构：

为充分发挥中央和地方两个积极性，进一步健全正向激励机制，鼓励地方因地制宜、大胆探索，竞相推动科学发展，根据《国务院办公厅关于对认真抓实干成效明显地方加大激励支持力度的通知》(国办发〔××××〕××号)，经国务院同意，对2016年落实推进供给侧结构性改革、适度扩大总需求、促进创新驱动发展、保障和改善民生等有关重大政策措施真抓实干、取得明显成效的26个省(区、市)、90个市(地、州、盟)、127个县(市、区)予以通报表扬，并采取相应措施予以激励支持。希望受到表扬激励的地方珍惜荣誉，发扬成绩，再接再厉，作出新的更大贡献。

××××年是实施"十三五"规划的重要一年，是供给侧结构性改革的深化之年。各地区、各部门要更加紧密地团结在以习近平同志为核心的党中央周围，认真贯彻落实党中央、国务院决策部署，坚持稳中求进工作总基调，牢固树立和贯彻落实新发展理念，适应把握引领经济发展新常态，敢于担当、主动作为，勇于创新、狠抓落实，扎实做好

稳增长、促改革、调结构、惠民生、防风险各项工作，促进经济平稳健康发展和社会和谐稳定，以优异成绩迎接党的十九大胜利召开。

附件：××××年落实有关重大政策措施真抓实干成效明显的地方名单及激励措施

国务院办公厅
××××年×月××日

**范本内容精讲**

表彰性通报的标题中一般不使用处置性动词，如《××自治区人民政府关于××的通报》。本范本中的标题格式为"发文机关＋事由＋文种"。

表彰性通报的目的是通过对被表彰单位的通报，让大家学习其优秀的品质和精神，从而受到教育，如本范本的出发点是"为充分发挥中央和地方两个积极性，进一步健全正向激励机制，鼓励地方因地制宜、大胆探索，竞相推动科学发展"。

表彰性通报文中经常出现这类话语，如"表扬先进，树立典型"和"进一步激励各部门"等。该篇通报内容比较简洁，先写明出发点，然后直接进行通报表扬，再在第二自然段中发出号召。

表彰性通报也有正文结构比较复杂的。先叙述事实经过，再表明通报发出单位对事件的态度并提出要求，如图2-13所示。

图 2-13　正文结构复杂的通报

## 2. 情况性通报

情况性通报是传达情况、沟通信息，指导当前工作的通报。这类通报具有沟通和知照的双重作用。

范本内容展示

**××市人民政府办公厅关于×××年第×季度全市××××普查情况的通报**

各区人民政府，市政府各委、办、局，各市属机构：

为全面深入学习贯彻×××××精神，落实《国务院办公厅关于印发×××发展指引的通知》（××发〔××〕××号，以下简称《指引》）、《国务院办公厅××局关于××××年第×季度全国××抽查情况的通报》（×××函〔××××〕××号）和《××市人民政府办公厅关于贯彻落实〈×××发展指引〉的实施意见》（京政办发〔2017〕51号，以下简称《实施意见》），不断提升×××管理水平和服务能力，市政府办公厅于近期组织开展了××××年第×季度全市×××普查。经市政府同意，现将有关情况通报如下：

一、总体情况

（一）×××运行及普查情况。按照《国务院办公厅关于×××××的通知》（××发〔××〕××号）确定的检查标准，市政府办公厅对全市×××个×××进行了普查，总体合格率为100%。其中，××区、××区、××区、××区、××区、××区、××区连续七个季度普查合格率达100%。

根据各区政府、市政府各部门和各单位报送的××××年第×季度×××自查报告统计，各区政府、市政府各部门和各单位共自查所属×××455个，占全市×××总

数的99.6%。经复核，自查情况整体真实准确。

（二）网民留言办理情况。截至××××年×月××日，网民通过"×××××××"监督举报平台共反映本市×××问题641条，相关×××主管单位对网民留言进行了核实、处理和反馈，按期办结率为97%。其中，市公安局、市住房城乡建设委等2家单位收到网民留言数量合计占全市留言总数的37.7%，按期办结率均为100%。全市×××首页添加"×××××××"监督举报平台入口比例达100%，其中97%的网站规范嵌入"×××××××"监督举报平台代码，较上季度提升2.3个百分点。

（三）×××规范管理情况。全市×××底部功能区相关标识规范性持续提升，党政机关网站标识、政府网站标识码、ICP备案编号和公安机关备案标识添加比例分别达到95.5%、97.2%、92.8%和94.8%。其中，77.5%的网站能够按照《指引》要求在底部功能区列明上述全部标识。

（四）×××集约整合情况。各区政府、市政府各部门和各单位以"减量提质增效"为目标，积极推进所属×××集约整合工作。截至××××年×月××日，全市×××数量从×××××第×季度的845个降至457个。市政府各部门和各单位已完成所属×××集约整合工作，实现"×××××"；××区、××区、××区、××区已完成区属×××集约整合工作，实现"一区一网"。

（五）×××功能优化情况。各区政府、市政府各部门

范本内容精讲

一般来讲，情况性通报的正文结构大体包括"开头+总体情况（主要做法和成绩）+存在的主要问题+今后的打算或要求"。本范本是标准的情况性通报，分为4个部

分：开头、总体情况、存在的问题和下一步工作要求。除了开头部分，其他部分都是采用分点式叙述的方法。结构简洁、一目了然。常见的通报结构和写法还有以下几种。

①只介绍情况，正文为两分式，首先开头写概括，然后写具体事实或情况。

②正文三分式，正文开头写概况，主体写具体事实或情况，然后对情况加以分析并得出结论。

③还有四分式，即本范本所示的这种，相比三分式多出了提出要求或希望的部分。

写作时到底采用哪种方式，可根据制文意图或发文内容而定。事实或情况的叙述和分析是情况性通报的核心。而要想写好情况性通报，还需努力把握以下几点。

### 1. 开头简洁，概括评价

情况性通报的开头很简单，不必长篇大论，一般以一段为最佳。一般写目的、缘由和具体情况。例如，本范本开头首先写"为……"，然后写"落实……"，接着写"市政府办公厅于近期组织开展了××××年第×季度全市××××普查"，最后以一句结束语（经市政府同意，现将有关情况通报如下：）过渡到下一段。

### 2. 列举叙述，总分叙述

在叙述总体情况时，通常是讲明事实，直接叙述，可以在具体内容前用一句话来总结。比如本范本的"(一)××××运行及普查情况。……"。

除了列举式的写法，还可以采用先总叙后分叙的写作方式，这种写作方式可用于书写上、下级各单位的不同情况，先写"大多数单位"或"有的单位"等，再写比较典型的单位。

### 3. 鲜明有分寸

在阐述"存在的问题"时，需要注意两点：一是问题鲜明，不需要去阐述那些模棱两可的问题；二是要注意分寸，可以在叙述问题时加一些限定词，像"有的""有些""不同程度"等。

### 4. "打算"和"要求"有取舍

情况性通报的结尾，一般写"今后的打算或要求"，在一篇通报文章中，不会同时写"打算"和"要求"，都是二者取其一。

# 2.5 报告

■特点 ■基本格式 ■易错点 ■范例解析

报告的使用范围很广，按照上级部署或工作计划，每完成一项任务，一般需要向上级写报告，反映工作中的基本情况、工作中取得的经验与教训、存在的问题以及今后工作设想等，以获得上级部门领导的指导。

## 2.5.1 报告的特点

由报告的定义可知，报告属于公文中的上行文，那么，报告有哪些特点呢？

### 1. 内容的汇报性

一切报告都是下级机关向上级机关或业务主管部门汇报工作，让上级机关掌握基本情况并及时对自己的工作进行指导。所以，汇报性是报告的第一大特点。

### 2. 语言的陈述性

因为报告具有汇报性，是向上级讲述做了什么工作，或工作是怎样做的，有什么情况、经验、体会，存在什么问题，今后有什么打算，对领导有什么意见、建议。所以报告的行文一般使用叙述的方式，即陈述其事，而不像请示那样采用祈使、请求等写作方式。

### 3. 行文的单向性

报告是下级机关向上级机关行文，是为上级机关进行宏观领导提供依据的，一般不需要得到文机关的批复，属于单向行文。

### 4. 成文的事后性

多数报告是在事情做完或发生后，才向上级机关汇报，是事后或事中的行文。

### 5. 双向的沟通性

报告虽然不需要批复，却是下级机关取得上级机关的支持或指导的桥梁。同时上级机关也能通过报告获得信息、了解下情。报告成为上级机关决策指导和协调工作的依据。

## 2.5.2　报告的基本格式和易错点

报告一般用作汇报工作、反映情况以及答复上级机关询问等。报告的基本结构为标题、主送机关、正文和落款 4 个部分。

### 1. 标题

报告的标题有两种格式：一种是"事由和公文名称"，如《关于 ×× 市 2016 年预算执行情况和 2017 年预算草案的报告》《关于 ×× 市 2016 年国民经济和社会发展计划执行情况与 2017 年国民经济和社会发展计划草案的报告》；另一种是"发文机关＋事由＋公文名称"，如"×× 市人民政府关于高铁建造情况的报告"。

### 2. 主送机关

报告是上行文，所以主送机关一般是发文单位的直属上级领导机关，并且数量只有一个。若要报告多个上级单位，可将主送机关定为直属上级机关，并对其他机关进行抄送。

### 3. 正文

报告的正文结构与一般公文相同。一般在开头部分说明报告的原因、根据或目的，多使用导语式、提问式的总结语或过渡语，如"并请市政协各位委员提出意见""现将 ×× 具体情况报告如下"。

报告的内容各有不同，所以主体部分的格式也会有所不同，内容较多时可通过设置二级标题或分条逐项的方式进行书写。

结尾是正文的最后一部分内容，可从书写展望、预测，也可以省略，不过，结语不能省略。一般会使用以下较规范的用语。

◆ 以上报告如无不妥，请批转各地参照执行。

◆ 特此报告。

◆ 以上报告如有不妥，请批示。

**4. 落款**

在行文最后，要写明发文机关、日期，再盖上印章。

行文的时候要注意情况真实、观点明确以及用语得体，除此之外，还要注意如图2-14所示的一些易错点。

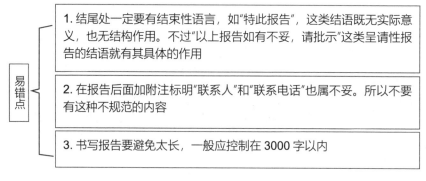

易错点

1. 结尾处一定要有结束性语言，如"特此报告"，这类结语既无实际意义，也无结构作用。不过"以上报告如有不妥，请批示"这类呈请性报告的结语就有其具体的作用

2. 在报告后面加附注标明"联系人"和"联系电话"也属不妥。所以不要有这种不规范的内容

3. 书写报告要避免太长，一般应控制在3000字以内

图2-14　报告书写易错点

## 2.5.3　报告的范例解析

我们日常工作中最常书写的报告有工作报告和情况报告。

**1. 工作报告**

工作报告，是指党的机关、行政机关、企事业单位和社会团体按照有关规定，定期或不定期地向上级机关或法定对象汇报工作。汇报的内容包括最近一段时间的工作情况和接下来的工作部署。比如，党代会、人代会或政协全会上的工作报告，各机关、单位的年度工作报告、阶段性工作报告等。

## 范本内容展示

资源 |Chapter02| 公司年度工作报告 .docx

坚定信念 开拓进取
为推动××公司战略调整快速发展而努力奋斗

——××公司××××年工作报告

×××
（××××年×月×日）

同志们：

这次会议是××公司深入贯彻党的××××××××××××××××精神，以实现集团公司总体发展战略为目标，站在新的历史起点上召开的一次十分重要的会议。这次会议的主要任务是：总结××××年工作，分析当前及今后一个时期的形势和任务，部署明年工作，动员广大干部职工抓住机遇、奋发图强，主动把握和积极适应新常态，不断提高发展质量和效益，进一步坚定信念、开拓进取，为推动××公司战略调整快速发展而努力奋斗。下面，我向大会做工作报告。

第一部分 ××××年工作回顾

××××年，面对错综复杂、跌宕起伏、较为艰难的经营形势，××公司在燃气板块的正确领导下，在董事会的科学决策和监督指导下，坚持以管理为核心，牢牢把握发展机遇，及时抢抓市场先机，适时调整经营策略，努力改善经营局面，在全省 LNG 行业中努力打造公司自有的核心竞争力。

（一）安全工作保持稳定局面

××××年全年安全生产保持平稳，未发生死亡事故、重大非伤亡事故或造成重大社会不良影响的安全事件，主要工作有以下方面：

1. 加气站管理方面

建立了加气站 HSE 生产检查情况汇总表等 30 多个安全检查表格，定期对各站进行安全常规检查及不定期抽查，累计检查 37 次，发现问题 31 项，下发整改通知单 17 次，提出的整改措施和方法已全部落实到位；编制了加气站泄露、冻伤、火灾和爆炸等事故应急预案并定期组织演练，完善加气站安全管理流程，确保加气站安全运营。

2. 工程管理方面

与各施工单位签订《工程施工 HSE 管理合同》，保障施工过程安全；编制了站内施工一二三级动火、动土、动电、高空作业、有限空间等作业票制度，并严格执行，不断完善安全管理制度，建立健全安全标准化管理体系。

3. 教育培训方面

加大对全体员工安全管理知识、安全操作规程、安全操作技能和特种作业操作等方面的培训教育，努力提高全员安全素质。组织 20 人次参加省安监局举办的危化品经营安全资格证培训，全部通过考试并取得相关证件，为依法规范安全生产管理，促进公司安全有序稳定发展起到了保障作用。

（二）主要经济指标完成情况

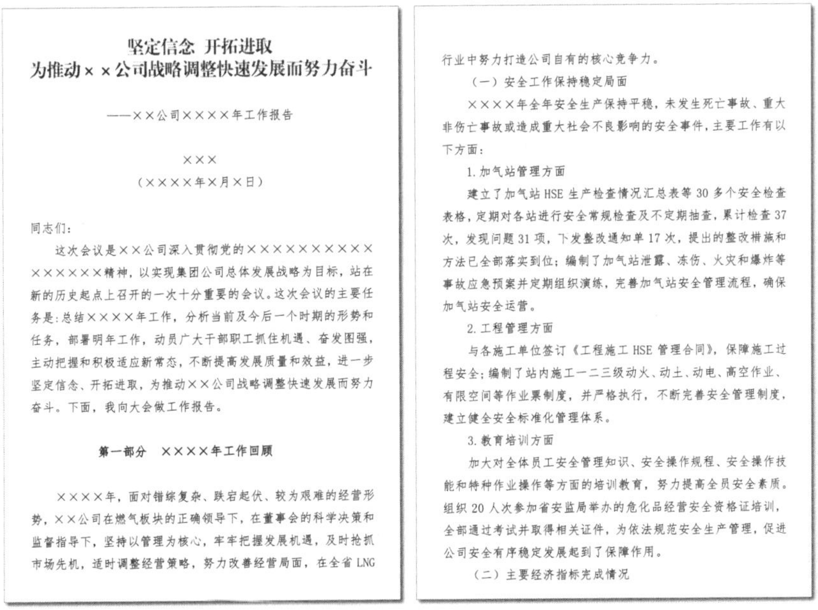

## 范本内容精讲

**一般情况下，工作报告的标题采用完整式的公文标题，即由发文机关、事由和文种构成。以上范本是某公司负责人在年度会议上进行的工作报告，其标题为“坚定信念 开拓进取　为推动 ×× 公司战略调整快速发展而努力奋斗”，再加上副标题“×× 公司 ×××× 年工作报告”。发文机构为“×× 公司”，结尾没有落款。**

工作报告的正文一般由报告缘由、报告事项和报告结语组成。本范本中的正文内容由工作回顾、明年工作思路和奋斗目标、明年重点工作组成。正文开头非常简洁，由一句开头语总起下文，即“下面，我向大会做工作报告。”

正文主要内容采用“略—详—略”的方式进行叙述，核心内容是明年重点工作，通过 8 个点来介绍，在这 8 个点下又通过列小标题的方式行文，将层次分得很清楚。如图 2-15 所示。

为全面完成明年目标任务，将重点做好以下八个方面的工作。

（一）强化红线意识，落实安全生产监管

……

（二）狠抓手续审批，加快工程建设

……

1.项目审批和储备方面

2.站点建设方面

……

（三）继续做实贸易采购

图 2-15　分清正文层次

## 2. 情况报告

情况报告，是指向上级机关反映某种临时性情况、事故的报告。

【范本内容展示】

◉ 资源 |Chapter02| 关于执行工作情况的报告 .docx

**关于执行工作情况的报告**

××县人民法院院长　×××

（××××年××月××日）

县人大常委会主任、各位副主任、各位委员：

我代表县人民法院，向本次会议作关于执行工作情况的报告，请予审议。

去年以来，在县委坚强领导下，在县人大及其常委会有力监督支持下，我院坚持司法为民公正司法主线，不断规范执行权力运行，完善执行联动机制，加大执行工作力度，各项执行工作取得新进展、新突破，为化解社会矛盾、推动经济发展作出积极努力。特别是去年以来，我院按照最高人民法院周强院长"用两到三年时间基本解决执行难"工作目标要求，完善机制，强化措施，狠抓落实，最大限度实现当事人的胜诉权益，为全力打赢基本解决执行这场硬仗奠定坚实的基础。××××年至今，共受理各类执行案件 281 件，实际执结 227 件，结案率 80.8%，位居全市第三位，执行到位标的 2747.8 万元。现将有关情况汇报如下：

一、凝聚共识合力，推动形成"基本解决执行难"工作格局

（一）积极争取县委领导和人大监督支持。去年以来，渭南市"基本解决执行难"工作会议召开，市委、市人大、

市政协相继听取市中院"基本解决执行难"工作汇报。今年××月××日，在县委的领导和县人大积极支持下，召开了全县"基本解决执行难"工作会议。县人大副主任×××出席会议，县委、县人大、县政协、县委政法委、县检察院、县公安局、各银行、各镇（办）等 40 多家单位 80 余人参加会议。会上，我院汇报了"基本解决执行难"工作情况，并成立全县"基本解决执行难"工作领导小组，明确各方责任，对"基本解决执行难"工作进行再部署、再安排。同时，县委、县政府联合下发×字[×××]××号《关于加强和改进××××××工作的意见》，明确"基本解决执行难"工作的总体目标、主要任务和具体要求，对法院今后一段时间"基本解决执行难"工作提出具体部署，在全县形成县委领导、人大监督、各部门联合攻克执行难题的新局面。之后，我们加强与县检察院、县公安局等的联系沟通，协调建立打击拒执罪长效联动机制，进一步加大打击拒执行为的力度，维护了县域的和谐稳定。初步形成"基本解决执行难"工作的合力。

（二）完善信息化建设，建立健全执行监控网络平台。我院所有执行案件已经全部联网接入，加强与银行、房管、国土、车管等单位的对接，建成了覆盖包括信合、工行、农行等全国 40 多家银行和车辆、工商登记等单位的查控系统，实现了财产的全方位查询、部分冻结、扣划一体化的执行新态势，实现执行工作质的飞跃。为 153 件案件查询银行存款 208 万元、各类车辆 30 余辆。其中，冻结银行存款 24 笔，冻结

【范本内容精讲】

实事求是、实情准确，分析有据、详略得当，是写好情况报告的关键。情况报告的标题一般采用完整式的公文标题，即由发文机关、事由和文种构成，如《××

市贸易局关于×××××事故的报告》。有的报告省略发文机关，即由事由和文种构成，如《贯彻实施××××工作情况报告》，本范本也是如此。

该篇公文的发文机关是××县人民法院，公文最后没有落款，但在标题下方书写了签发人的署名、职称及发文日期。

情况报告的正文是报告的核心内容，一般由报告的缘由、报告事项及报告结语组成。

情况报告缘由部分通常交代起因或基本情况，常以"现将有关情况报告如下"等惯用语开启下文。本范本中，是以"我代表县人民法院，向本次会议作关于执行工作情况的报告，请予审议"为报告缘由，然后总结性地介绍执行工作的情况，再通过过渡语"现将有关情况汇报如下"过渡到正文的核心内容。

情况报告事项部分是情况报告的主体部分，一般包括3个层次的内容，结构顺序为：基本情况—问题及原因—办法及措施。有的情况报告也可以将"情况"及"分析"结合起来写。本范本分了5个大点来书写正文，仅基本情况就占了3个大点，可见正文是全文的重中之重。

# 2.6 议案

■特点 ■格式 ■写法 ■范例解析

议案又称"提案"，通常由具有提案权的机关或议员（代表）提出，但其内容必须是属于议事机关职权范围内的事项，如此才能成为议案。自议案提出后，一般先交由某个专门机构进行审议，然后再提交议事委员会进行讨论，最后通过会议表决以决定其是否成立。

## 2.6.1 议案的特点

议案，人大《办法》中的定义是："适用于根据法定程序，有关机构向人大及其常委会提请审议的事项。"行政《办法》中议案的定义是："适用于各级人民政府按照法律程序向同级人民代表大会或人民代表大会常务委员会提请审议事项。"

这两个议案定义有一个共同特点：都是围绕人大这个中心进行行文。不同的是，人大议案的行文主体是多元化的，适用范围广泛；行政议案的行文主体只有政府一家，适用范围单一。那么，议案都有哪些特点呢？

◆ **制发机关的法定性**：议案的制发机关只能是各级人民政府，政府的职能部门无制发权。

◆ **内容的特定性**：人民政府所提议案的内容，必须属于同级人民代表大会或常务委员会职权范围内的有关事项。

◆ **时效的规定性**：各级人民政府的议案应当且必须在同级人民代表大会或其常务委员会举行会议规定的限期内提出，否则不能列为议案，超过期限提交的议案一般改作"建议"处理，或移交下次人大会议处理。提交大会审议的议案必须限期审议表决或提出处理意见。

◆ **行文的定向性**：议案只能由各级人民政府向同级人民代表大会或其常务委员会行文，不能向其他部门单位行文，主送机关也只有一个。

◆ **事项的必要性和可行性**：适合提交人大议案审议的事项，必须是重要事项，符合人民群众的意愿和要求，而且议案中提出的方案、办法或措施也必须切实可行，如此才有可能获得通过。

## 2.6.2 议案的格式与写法

议案一般由公文常规的标题、主送机关、正文和落款4部分组成，落款亦分上款与下款。

### 1. 标题

议案的标题采用常规公文标题模式，有两种写法。一是发文机关＋事由（提请审议事项）＋文种，如《××市人民政府关于提请审议〈××市乡镇企业条例〉的议案》，或是《国务院关于提请审议〈×××××（草案）的议案〉的议案》，发文机关是国务院，"事由"是"关于提请审议《×××××（草案）》"，"文种"即"议案"。

二是省略发文机关，案由＋文种，如《关于提请审议修改后的 ××××××

的议案》。议案标题不能采用"发文机关＋文种"或者只有文种的写法。

### 2. 主送机关

议案的主送机关只能是同级人民代表大会及其常务委员会，不能有其他并列机关。主送机关要采用全称或规范化简称，不得随意简化。

### 3. 正文

从内容上看，正文可由提请审议内容、说明（缘由、目的、意义及形成过程等）和要求组成。从形式上看，除了多以要求结尾外，可以提出审议事项开头，然后加以说明；也可以在开头说明议案的缘起或目的意义或形成过程，然后提出审议事项，再结尾。

议案的结尾部分即为结语，主要用于提出审议请求。一般采用模式化写法，言简意赅，如"这个草案已经市政府同意，现提请审议"。

### 4. 落款

一般行政公文，最后签署的是发文机关的名称，而议案则有所不同，要由政府首长签署。国务院提交给全国人大的议案要由总理签署；各省、自治区、直辖市提交给同级人民代表大会的议案要由省长、直辖市市长或自治区主席签署。日期格式与一般行政公文相同。

## 2.6.3　议案的范例解析

常见的议案类型有任免性议案和决策性议案。

### 1. 任免性议案

行政机关向权力机关提请任命、免去或撤销行政机关工作人员及职务，请求人民代表大会审议批准的议案，就是任免性议案，如《国务院关于提请 ×× 等同志职务任免的议案》。

范本内容展示

**关于提请决定任免国务院若干组成人员的议案**

全国人民代表大会常务委员会

为了适应国务院所属组织机构调整的情况和必要变动，国务院组成人员需要有部分的改变，现在提出：

任命：

陈毅兼外交部部长，

沙千里为粮食部部长，

姚一昆为第二商业部部长，

赵尔陆为第一机械工业部部长，

傅作义为水利电力部部长，

余秋里为石油工业部部长，

季焕尘为轻工业部部长，

王首道为交通部部长，

张奚若为对外文化联络委员会主任，

杨秀峰为教育部部长。

免去：

周恩来兼任外交部部长职务，

王鹤寿兼任国家建设委员会主任职务，

赖际发现任建筑材料工业部部长职务，

黄敬兼任第一机械工业部部长职务，

赵尔陆现任第二机械工业部部长职务，

刘澜波现任电力工业部部长职务，

李聚奎现任石油工业部部长职务，

万里现任城市建设部部长职务，

沙千里现任轻工业部部长职务，

季焕尘现任食品工业部部长职务，

傅作义现任水利部部长职务，

杨秀峰现任高等教育部部长职务，

张奚若现任教育部部长职务。

请大会决定。

国务院总理 周恩来

1958 年 2 月 6 日

范本内容精讲

　　议案的落款与其他行政公文不同，不仅要由政府首长签署，还分上款和下款。上款，即收文机关，某人民代表大会或其常务委员会，有的要写明某次或第几届第几次会议。下款，即发文机关和行政首长签名，另起一行写提请审议的年月日。

　　本范本是关于提请决定任免国务院若干组成人员的议案，所以由国务院总理签署该议案。并且将会议名称（全国人民代表大会常务委员会）书写在标题下面，最后落款为行政首长职称和姓名，再另起一行书写年月日。

　　该议案的内容是关于任命和免去相关人员及职务，所以行文格式与其他议案不同。可以将该议案的内容分为两部分，开头即写清楚议案的根据和缘由，然后直接过渡到主要内容。该部分的内容简洁明了，只有一两句话。新手书写议案时也要记住，不要累赘，毕竟开头并不是重点。任免性议案的重点非常突出，就是免去和任命的人员及职务。这部分内容遵循"一人一行"的规则，不连续书写，否则容易给别人造成误读的困扰。如果一篇议案里既有任命的内容，又有免去的内容，则要分开书写，"任命"和"免去"分别单独另起一行，如本范本所示。

最后结语也非常简单：请大会决定。一般用这种请示语句来结尾就可以了，当然，结语也要另起一行。

## 2. 决策性议案

关于财政预算决算、城乡发展规划、重大工程上马以及政治、经济、文化、教育、科技和卫生等领域的重大事项的决策，需要提请人民代表大会审议批准使用的议案，就属于重大事项的决策性议案。如《国务院关于提请审议兴建××××工程的议案》《××市人民政府关于××××××综合治理开发建设××××城市段的议案》。

**范本内容展示**

### 国务院关于提请审议兴建长江三峡工程的方案

国函(××××)××号

全国人民代表大会：

长江是我国第一大河，流域面积占全国总面积的19%，养育着全国三分之一的人口，工农业总产值约占全国的40%，在我国国民经济发展中占有重要地位。长江中下游的洪水灾害历来频繁而严重。新中国建立以来，国家在长江流域进行了大规模的治洪建设，对保障中下游地区的经济建设和人民生命财产安全，发挥了很大作用。但由于多方面的原因，长江资源还没有很好开发利用，水患尚未根治，上游洪水来量大与中下游河道特别是荆江河段过洪能力小的矛盾，依然十分突出，两岸地面高程又普遍低于洪水位，一旦发生特大洪水，堤防漫溃，将直接威胁荆江两岸江汉平原和洞庭湖区的一千五百万人口和二千三百万亩良田，人民群众的生命财产和一批大中城市、工矿企业和交通设施，将会遭受巨大损失，严重影响国民经济全局。这是我们国家的心腹大患。

如何解决长江的防洪问题，更好地开发长江资源，中共中央和国务院一直很重视，社会各界也十分关注。经过几十年来的治理实践和对各种意见、方案的反复研究和论证，解决长江中下游的防洪问题，必须采取综合治理措施。兴建三峡工程是综合治理的一项关键性措施。三峡工程兴建后，可将荆江河段的防洪标准由目前的十年一遇提高到百年一遇；配合其他措施，可以防止荆江河段发生毁灭性灾害；还可减轻洪水对武汉地区及下游的威胁。同时，三峡工程还有发电、航运、灌溉、供水和发展库区经济等巨大的综合经济效益和社会效益。三峡工程建成后年发电量八百四十亿千瓦·时，占目前我国年发电量的八分之一，可为华东、华中和川东地区的经济发展提供重要的能源；可以大大提高川江航道通过能力，万吨级船队有半年时间可直达重庆，为发展西南地区的经济和繁荣长江航运事业创造条件。三峡工程还有利于长江中下游城镇的供水，有利于南水北调。总之，三峡工程的兴建，对加快我国现代化建设进程，提高综合国力，具有重要意义。

国务院对兴建三峡工程历来采取既积极又慎重的方针。近四十年来，有关部门和大批科技人员对三峡工程做了大量的勘测、科研、设计和试验工作。特别是一九八四年以来，社会各界提出了许多新的建议和意见。一些同志本着对国家、人民和子孙后代高度负责的精神，对库区百万移民的安置、生态与环境的保护、上游泥沙的淤积、巨额投资的筹措和回收等疑难问题，从不同角度提出了各自的意见。这些意见对于开拓思路，增进论证深度，完善实施方案，起到了十分有益的作用。

经过多年的研究、论证和审查，三峡工程坝址选在湖北省宜昌县三斗坪镇。工程的拦河大坝 全长一千九百八十三米，坝顶高达一百八十五米，最大坝高一百七十五米。水库

**范本内容精讲**

本范本是关于提请审议兴建长江三峡工程的议案，是典型的决策性议案，其全文重点都在正文上，本范本正文可分为3个部分。

**◆ 案据**

议案的第一部分叫作案据，即提出议案的根据。由于内容不同，这部分的篇幅

在不同议案中会有很大差异。本范本中的案据内容比较复杂，文字字数已超过正文的一半。因为对于这样一个耗时耗资十分巨大的工程，将理由阐述得充分一些，是很有必要的。有时案据可以写得很简短，就是一个比较常见的目的式写法，和常规的根据、目的、意义式的公文开头很相似。案据的篇幅根据实际需要来定，没有定法。

◆ **方案**

方案就是对提请审议的事项或问题提出解决的途径或方法，如果是提请审议已制定的法律法规，解决问题的方案就在法律法规中。因为本范本是提请审议重大决策事项的，所以要把决策的内容——列出，供大会审阅。不能只指出问题，却没有解决问题的方案。

◆ **结语**

本范本的结语不仅是结束语那么简单，还就最终的结果进行了简短的总结，即国务院常务会议经过认真讨论，同意建设 ×× 工程。然后另起一行写结束语"请审议"。

# 2.7 请示

■条件　■与报告的辨析　■结构写法　■范例解析

请示，是适用于向上级请求指示、批准的公文，是应用写作实践的一种常用文体。凡是本机关无权、无力决定和解决的事项都可向上级请示，上级应及时回复。

## 2.7.1 请示的条件及特点

请示行文时要注意几大特点，如此才不至于犯一些低级错误，具体内容如下。

### 1. 一文一事

为了便于领导批复，请示行文必须一文一事。每则请示只能要求上级批复一个事项，解决一个问题。

### 2. 请批对应

一请示，一批复，没有请示就没有批复。请示所涉及的问题一般比较紧迫，所以没有及时批复，下级机关就无法正常工作。因此，下级机关应及时就有关问题向上级机关请示，上级机关也应及时批复。

### 3. 事前行文

请示应在问题发生或处理前行文，不可"先斩后奏"。请示属于上行文，所以其必须具备以下 3 个条件：①必须是下级机关向上级机关的行文；②请示的问题必须是自己无权作出决定和处理的；③必须是为了向上级请求批准。

## 2.7.2　请示与报告的区别与联系

请示与报告都属于上行文，既有很多相通的地方，也有不少区别。这两种公文之间具体有哪些区别呢？如图 2-16 所示。

| 是否批复 | 请示：用于向上级机关请求指导、批准，上级机关接文后一定要给予批复<br>报告：用于向上级机关汇报工作、反映情况或提出建议，上级机关接文后，不一定给予批复 |
| --- | --- |
| 内容单一与否 | 请示：内容具体单一，要求一文一事<br>报告：内容较广泛，可一文一事，也可反映多方面情况，但不能在报告中写入请示事项，也不能请求上级批复 |
| 结构安排 | 请示：起因、事项和结语缺一不可<br>报告：行文较长，结构安排不拘一格，因文而异 |
| 行文时间 | 请示：其涉及事项是没有进行的，只有等上级批复后才能处理，因此必须事前行文<br>报告：涉及事项大多已过去或正在进行中，可以事后行文，也可以事中行文 |

图 2-16　请示与报告的区别

请示与报告虽然文种不同，但两者之间仍有某些相同之处，具体内容如下。

◆ **主送单位相同**：请示、报告的主送单位都是上级机关。因此，两者都是上行文，都是下级机关向上级机关呈送的报请性公文。

◆ **行文手法相同**：请示、报告都是用具体的事实和确凿的数据行文，禁止言过其实、弄虚作假，混淆上级机关领导视听。

◆ **表达方式相同**：请示、报告都要求把有关事实叙述得清楚、明白，这种叙述并非记流水账式地罗列材料，而是对有关事实进行系统的归纳和概括。

◆ **用语要求相同**：请示、报告都是处理问题、指导工作的依据，使用语言时都要求通俗易懂，一目了然。

了解了请示与报告的联系和区别后，下面来看看请示的结构和写法。

### 2.7.3　请示的结构和写法

请示一般由标题、主送机关、正文、落款和附注 5 部分组成。请示各部分的格式、内容和写法要求如下。

#### 1. 标题

请示的标题一般有两种形式：一种是由"发文机关名称 + 事由 + 文种"构成，如《××县人民政府关于××的请示》；另一种是由"事由 + 文种"构成，如《关于××××××未参加基本医疗保险人员有关问题的请示》。

#### 2. 主送机关

请示的主送机关是指负责受理和批复该文件的直属上级机关，每篇请示只能写一个主送机关，不能多头请示。

#### 3. 正文

请示的正文主要由请示的原因、内容和要求 3 部分组成，从结构上来看，可分为开头、主体和结语。

开头主要交代请示的缘由，它既是请示事项能否成立的前提条件，也是上级机关批复的根据。原因讲得客观、具体，理由讲得合理、充分，上级机关才好及时决断，作出有针对性的批复。

主体主要说明请求事项，它是向上级机关提出的具体请求，这部分内容要单一，只请求一件事，但要写得具体、明确且条项清楚，以便上级机关给予明确批复。

结语应另起一段，习惯用语一般有"当否，请批示"、"妥否，请批复"、"以上请示，请予审批"或"以上请示如无不妥，请批转各地区、各部门研究执行"等。

### 4. 落款

落款一般包括署名和成文时间两个内容。如果标题写明发文机关的名称，这里可不用署名，但须加盖单位公章。

### 5. 附注

使用"请示"这一文种时，应出具附注。附注写法是在成文时间下一行居左空两格，加圆括号注明发文机关联系人的姓名和电话号码。

除了了解请示的基本结构外，正式书写时还要注意以下事项。

- ◆ 请求的内容若涉及其他部门或地区，正常情况下应事先进行协商，必要时还可联合行文，如有关方面意见不一致，应如实地在请示中反映出来。
- ◆ 如请求拨款，应附预算表。
- ◆ 如请求批准规章制度，应附规章制度的内容。
- ◆ 请示处理问题的，本单位应先明确表态。
- ◆ 正式印发请示送上级机关时，应在文头注明签发人姓名。

## 2.7.4　请示的范例解析

常见的请示类型有政策性请示和嘉奖性请示，下面具体来了解一下。

### 1. 政策性请示

政策性请示，是指下级机关需要上级机关对原有政策规定作出明确解释，对变通处理的问题作出审查认定，对如何处理突发事件、新情况或新问题作出明确指示等的请示。

**范本内容展示**

◉ 资源 |Chapter02| 关于申请专项活动经费的请示 .docx

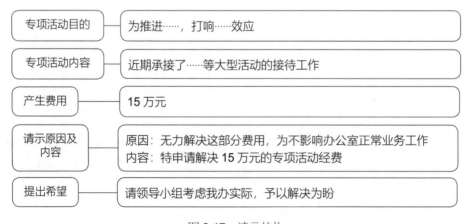

> **关于申请专项活动经费的请示**
>
> 县财经领导小组：
>
>   为推进我县经济社会发展，打响××××效应。近期我办相继承接了×××届×××旅游文化活动、××卫视"××××"剧组、×××—×××县公路开工仪式、××市××产业"互观互学"、××××××等大型活动的接待工作，产生各类费用合计15万元（壹拾伍万元整）。现因我办经费较少无力解决这部分费用，为不影响办公室正常业务工作的开展，特申请解决15万元（壹拾伍万元整）的专项活动经费，请领导小组考虑我办实际，予以解决为盼。
>
>   妥否，请批示！
>
>          ×××县××××办公室
>          ××××年××月××日

**范本内容精讲**

  本范本是关于申请专项活动经费的请示。请示的内容只有一项，所以篇幅不会过长，本范本也是如此。本范本的标配是"事由＋文种"的格式，没有写明发文机关，所以在落款时将发文机关（×××县××××办公室）注明了。

  本范本请示的主送机关只有一个，即县财经领导小组。正文内容只有一段，再加上一句结语，结语也是另起一行的。正文首先书写了专项活动目的，其次书写了专项活动的具体内容，接着书写了产生的费用，然后书写了请示的原因和具体内容，最后提出了希望。具体结构如图 2-17 所示。

| | |
|---|---|
| 专项活动目的 | 为推进……，打响……效应 |
| 专项活动内容 | 近期承接了……等大型活动的接待工作 |
| 产生费用 | 15 万元 |
| 请示原因及内容 | 原因：无力解决这部分费用，为不影响办公室正常业务工作<br>内容：特申请解决 15 万元的专项活动经费 |
| 提出希望 | 请领导小组考虑我办实际，予以解决为盼 |

图 2-17 请示结构

### 2. 嘉奖性请示

嘉奖性请示，是下级机关需要上级机关批准对相关人员进行嘉奖的请示。

◉资源 |Chapter02| 省经济研究中心关于嘉奖罗 × 的请示 .docx

从本范本的标题就可以看出这是一篇嘉奖性请示，标题格式为"发文机关＋嘉奖人＋请示"。正文层次清晰，主要分为 3 部分，外加一句结束语。

第一个部分讲的是请示嘉奖的原因或背景，即参加总工会正在全省开展的评奖活动。第二个部分讲的是相关人员的嘉奖条件，包括他获得过哪些荣誉，取得了哪些成绩。第三个部分是对其表示嘉奖。最后请求上级机关批示。

## 2.8 批复

■特点 ■写法 ■范例解析

批复，是指答复下级机关的请示事项使用的文种，是机关应用写作活动的一种常用公务文书。

## 2.8.1 批复的特点及写法

批复有哪些特点呢？具体如表 2-4 所示。

表 2-4 批复的特点及具体内容

| 特 点 | 具体内容 |
|---|---|
| 被动性 | 批复以下级的请示为前提，先有上报的请示，后有下发的批复，属于被动行文 |
| 针对性 | 批复要针对请示事项表明是否同意或是否可行的态度，不能另找与请示内容不相关的话题 |
| 权威性 | 批复表示的是上级机关的结论性意见，下级机关对上级机关的批复必须认真贯彻执行，不得违背 |
| 明确性 | 批复的内容要具体明确，不能有模棱两可的语言 |

批复一般由标题、主送机关、正文和落款构成。

### 1. 标题

标题的写法最常见的是完全式标题，即由发文机关、事由和文种构成。事由中一般将下级机关及请示的事由和问题写进去。

不过，批复中最常用的一种标题格式是"发文机关+表态词+请示事项+文种"，如《国务院关于同意建立 ××××× 会议制度的批复》。也有的批复只写事由和文种，如《关于对 ××××× 待遇问题请示的批复》。

### 2. 主送机关

请示的主送机关一般只有一个，是报送请示的下级机关，需要注意的是，批复不能越级行文。如果批复的内容同时涉及其他机关和单位，则要通过抄送的形式送达。

### 3. 正文

正文包括批复引语、批复意见和批复要求 3 个部分。

批复引语要点出批复对象，一般称收到某文或某文收悉。要写明是对于何时、何号、关于何事请示的批复，时间和发文字号可省略。

批复意见是针对请示中提出问题所作出的答复和指示，意思要明确，语气要适当，什么同意，什么不同意，为什么某些条款不同意以及注意事项等都要写清楚。

批复要求（其实可以单独算作结尾），是从上级机关的角度提出的一些补充性意见，或是表明希望、提出号召。若同意，可写要求；若不同意，亦可提供其他解决办法。

### 4. 落款

这部分写在批复正文右下方，署成文日期并加盖公章，成文日期使用阿拉伯数字。

## 2.8.2　批复的范例解析

根据批复的内容和性质，批复可以分为指示性批复和审批性批复。

### 1. 指示性批复

指示性批复可针对下级请示的事项或提出的问题提出处理意见，具有指导下级工作的性质。

范本内容展示

**国务院关于同意建立国务院职业教育工作**
**部际联席会议制度的批复**

国函(××××)××号

教育部：

　　你部《关于提请调整完善职业教育工作部际联席会议制度的请示》(教职成(××××)××号)收悉。现批复如下：

　　同意建立由国务院领导同志牵头负责的国务院职业教育工作部际联席会议制度。联席会议不刻制印章，不正式行文，请按照国务院有关文件精神，认真组织开展工作。

　　撤销职业教育工作部际联席会议，其职能并入国务院职业教育工作部际联席会议。

　　附件：国务院职业教育工作部际联席会议制度

国务院
××××年××月××日

范本内容精讲

本范本的标题格式为"发文机关 + 表态词 + 请示事项 + 文种",从"同意"二字可以知道上级机关的基本态度。

该批复的主送机关是教育部,在批复引语中用"你部"来表示。正文引语中关于主送机关的写法大多是这样,比如,"××区××××××××局"可称为"你局"。一般引语有以下几种写法。

- ◆ "你部……收悉。现批复如下:"。
- ◆ "你们关于……的请示(发文字号)收悉。现批复如下:"。
- ◆ "你局……收悉,经研究,现批复如下:"。

省略号的部分为下级机关请示的内容或是文件,一般要写明发文字号。

接着就直接书写批复意见,是同意还是不同意,直接叙述,做到简洁、明确就可以了。一般书写格式是"同意……"。最好一段一事项,若是批复的内容有多项,则要分段叙述。本范本分两段叙述,一是同意"建立由国务院领导同志牵头负责的国务院职业教育工作部际联席会议制度",二是撤销"职业教育工作部际联席会议"。

### 2. 审批性批复

审批性批复要求上级机关进行审核后再作出批复。

范本内容展示

◎资源 |Chapter02| 关于××省撤销××县设立××市的批复 .docx

范本内容精讲

审批性批复与指示性批复的不同是其批准机关往往是发文机关的上级机关。本范本中批复的发文机关是×××，受文机关是××省人民政府，而作出批准的却是×××。

所以，审批性批复的引语中会直接表明批复态度和批复决定，本范本也是如此，通过"经×××批准，同意……"来代替"现批复如下"。有的批复内容较多，引语里不能全部说清楚，此时就要分段书写。木范木内容简单，直接表明了批复内容。还有一些审批性批复在表明批复决定后，还会提出批复要求，最后再进行结尾的写作。

# 2.9　意见

■写作方法　■范例解析

意见是上级领导机关对下级机关部署工作，并指导下级机关工作活动的原则、步骤和方法的一种文体，可以是上行文、下行文，也可以是平行文。

## 2.9.1　意见的写作方法

意见的指导性很强，有时是针对当时具有普遍性的问题发布的，有时是针对局部性的问题发布的，适用于对重要问题提出见解和处理办法。其特点有以下几点。

◆ **灵活性**：意见既可以作为上行文，也可以作为下行文或平行文。

◆ **广泛性**：意见广泛适用于各级行政机关、企事业单位和人民团体，它对行文机关没有限制。

◆ **参考性**：上行文和平行文的意见具有参考和协商的功能。

意见一般由标题、主送机关、正文和落款4部分组成。

### 1. 标题

意见的标题一般采用完全式标题，有时也可省略发文机关名称，只写明事由和文种，如《关于推进 ×× 市物流业 ×× 的实施意见》。

### 2. 主送机关

意见的主送机关为应知照的单位或群体，如果是涉及面较广的普发性意见，可以不写主送机关。

### 3. 正文

意见的正文一般由前言、主体和结尾 3 部分组成。

前言一般写明发文原因，或是交代提出意见的背景、依据、目的或意义等，陈述"为何提意见"或"为什么发布实施意见"等。常用"现提出如下意见"、"特制定本处理方法"或"特提出如下实施意见"等过渡语转入主体部分。

主体部分阐述意见办法，这也是意见的核心部分，主要是对有关问题阐明观点、表明态度，提出相关的见解、建议或规范性的解决办法。

结尾提出希望、要求，如果是报请上级批转或转发的意见，结尾要另起一行，并以"以上意见如无不妥，请批转各地区、各部门执行"作结尾用语。

### 4. 落款

意见的落款与一般公文一样，写明发文机关和发文时间。

## 2.9.2  意见的范例解析

意见的行文方式与其他公文略有不同，下面通过两个范例来展示。

### 1. 指导性意见

指导性意见一般是下行文，是指领导机关直接对重要问题发表意见。

**范本内容展示**

国务院办公厅关于保持基础设施领域补短板力度的指导意见

国办发〔××××〕××号

各省、自治区、直辖市人民政府，国务院各部委、各直属机构：

补短板是深化供给侧结构性改革的重点任务。近年来，我国固定资产投资结构不断优化，为增强经济发展后劲、补齐基础设施短板、带动就业和改善民生提供了有力支撑。但今年以来整体投资增速放缓，特别是基础设施投资增速回落较多，一些领域和项目存在较大投资缺口，亟需聚焦基础设施领域突出短板，保持有效投资力度，促进内需扩大和结构调整，提升中长期供需能力，形成供需互促共进的良性循环，确保经济运行在合理区间。为贯彻落实党中央、国务院决策部署，深化供给侧结构性改革，进一步增强基础设施对促进城乡和区域协调发展、改善民生等方面的支撑作用，经国务院同意，现就保持基础设施领域补短板力度提出以下意见。

一、总体要求

（一）指导思想。

以习近平新时代中国特色社会主义思想为指导，全面贯彻党的十九大和十九届二中、三中全会精神，坚持稳中求进工作总基调，坚持以供给侧结构性改革为主线，围绕全面建成小康社会目标和高质量发展要求，坚持既不过度依赖投资也不能不要投资，防止大起大落的原则，聚焦关键领域和薄弱环节，保持基础设施领域补短板力度，进一步完善基础设施和公共服务，提升基础设施供给质量，更好发挥有效投资对优化供给结构的关键性作用，保持经济平稳健康发展。

（二）基本原则。

——聚焦短板。支持"一带一路"建设、京津冀协同发展、长江经济带发展、粤港澳大湾区建设等重大战略，围绕打好精准脱贫、污染防治攻坚战，着力补齐铁路、公路、水运、机场、水利、能源、农业农村、生态环保、公共服务、城乡基础设施、棚户区改造等领域短板，加快推进已纳入规划的重大项目。

——协同发力。充分发挥市场配置资源的决定性作用，积极鼓励民间资本参与补短板项目建设，调动各类市场主体的积极性、创造性。更好发挥政府作用，加强补短板重大项目储备，加快项目审核进度，积极发挥政府投资引导带动作用，为市场主体创造良好的投资环境。

——分类施策。加大对储备项目的协调调度力度，加快推进前期工作，推动项目尽早开工建设。在依法合规的前提下，统筹保障在建项目合理资金需求，推动在建项目顺利实施，确保工程质量安全，早日建成发挥效益，避免形成"半拉子"工程。

——防范风险。坚持尽力而为、量力而行，根据地方

**范本内容精讲**

本范本的标题格式为完全式写法，不过，更特殊的是在意见前加了"指导"二字，是典型的指导性意见。

正文开头部分书写了行文的背景，用"经国务院同意，现就……提出以下意见"这样的句式引出正文的核心内容。正文的核心内容分为三大板块，分别是总体要求、重点任务和配套政策措施。这三大板块之下还继续分层次，然后进行相关阐述，可谓有条有理。

结尾部分本范本用一个段落进行结尾，表达了对各部门的要求和希望。当然，有的指导意见不另写结束语，也可以直接结束。那么，结束语的模板有哪些呢？下面来看一些范例。

◆ 各地区、各有关部门要充分认识……，细化、实化本意见各项政策措施，确保各项工作任务落到实处。

◆ 各地区、各部门要把……的重要举措，按照职责分工抓好贯彻落实，加强……，确保各项政策及时落地生效。

### 2. 反馈性意见

反馈性意见，是有关部门对下级机关的相关问题提出的意见或建议。

**范本内容展示**

◎资源 |Chapter02| 关于××××巡察情况的反馈意见 .docx

**范本内容精讲**

本范本的标题格式为"事由＋反馈意见"，通过标题可以看出这是反馈性意见。反馈性意见的发文机关既可以署在标题下方，也可以署在公文右下方。

正文与其他意见的书写有所不同，大致分为 4 个部分，如图 2-18 所示。

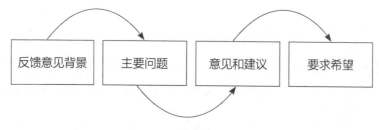

图 2-18　反馈意见的书写

首先，描述一下大致情况，比如，本范本是 ×× 第二巡察组对 ×××× 开展了巡察，然后通过过渡语"现将巡察情况反馈如下"引出正文核心内容。其次，书写巡察发现的主要问题，分点逐条书写；再次，书写具体意见，也是分点逐条书写，简洁明确；最后，提出希望有关部门进行整改的建议。

除此之外，反馈性意见还有图 2-19 所示的书写方式。

我们的联系方式：

通信地址：××市东城区××路 2 号××公报编辑室，邮编：100010

电话：010-×××××××

传真：8610-×××××××

邮箱：×××××@×××.com.cn

图 2-19　反馈意见书写方式

最后一栏的注意事项是对整改过程中的相关问题进行补充说明，希望下级部门注意。

# 2.10 函

■写作方法　■范例解析

函，是指不相隶属的机关之间商洽工作、询问和答复问题，请求批准和答复审批事项所使用的公文。函是一种平行文，不能用于上、下级机关之间。

## 2.10.1　函的写作方法

函作为公文中唯一的平行文种，其适用范围相当广泛，主要有如下 3 方面。

◆ **相互商洽工作**：如调动干部，联系参观、学习，联系业务，邀请参观指导等。

◆ **询问和答复问题**：如天津市民政局向民政部门询问的"关于机关离休干部病故抚恤问题"的问题以及民政部对此问题的答复，都是用"函"的形式。

◆ **向有关主管部门请求批准**：如《民政部关于××××××专用车的函》就是为向国家计划委员会请求批准而发的。

函的类别较多，从制作格式到内容表述均有一定的灵活性。不过，规范性公函由标题、主送机关、正文和落款 4 部分组成。

### 1. 标题

公函的标题一般有两种形式：一种是由发文机关名称、事由和文种构成，如《国务院办公厅关于同意调整 ×××××× 会议制度的函》；另一种是"事由＋文种"，如《关于调整本市 ×××××× 有关事项的函》。

### 2. 主送机关

主送机关，即受文并办理来函事项的机关单位，在文首顶格写明全称或者规范化简称，其后用冒号。

### 3. 正文

公函的正文结构一般由开头、主体、结尾和结语 4 部分组成。

开头主要说明发函的缘由，一般要求概括地交代发函的目的、根据及原因等内容，然后用"现将有关问题说明如下"或"现将有关事项函复如下"等过渡语转入下文。复函的缘由部分，一般首先引叙来文的标题、发文字号，再交代根据，以说明发文的缘由。

主体内容主要说明致函事项，一函一事，行文要直陈其事。如果属于复函，还要注意答复事项的针对性和明确性。

结尾一般用礼貌性语言向对方提出希望、请对方协助解决某一问题、请对方及时复函或者请对方提出意见或请主管部门批准等。

结语通常根据函询、函告、函商或函复的事项，选择运用不同的结束语。如"特此函询（商）"、"请即复函"、"特此函告"和"特此函复"等。

### 4. 落款

公函的落款署名机关单位名称，写明成文时间，并加盖公章。

## 2.10.2　函的范例解析

由于函的应用比较广泛，所以分类方式也各有不同，主要可从以下几个角度进行分类。

①按性质，可以将函分为公函和便函两种。公函用于机关单位正式的公务活动

往来；便函用于日常事务性工作的处理。便函不属于正式公文，没有公文格式的要求，甚至也可以不要标题和发文字号，只需要在结尾署上机关单位名称、成文时间并加盖公章。

②按发文目的，可以将函分为发函和复函两种。发函，即主动提出公事事项所发出的函；复函，则是为回复对方所发出的函。

③按内容和用途，还可以将函分为通知事宜函、催办事宜函、请示答复事宜函及转办函等。

下面我们以两个常用的例子来解析函的写作方式和要求。

### 1. 告知函

告知函和答复函十分相似，它们的主要区别在于答复函是答复对方所询问的问题；而告知函则是告知对方有关情况。

**范本内容展示**

◎ 资源 |Chapter02| 关于调整 ××××× 有关事项的函 .docx

> **关于调整本市×××××××××**
> **有关事项的函**
>
> ×发改〔××××〕××××号
>
> 市交通委运输管理局：
> 　　贵局《关于商请启动××××动态调整机制的函》（×交运函〔××××〕××号）收悉。按照《××市××××××××动态调整办法》，经研究，并报市政府批准，现将本市×××××××××调整有关事项函告如下：
> 　　一、本市××××（不含××××）每运次加收××××1元。
> 　　二、请贵局做好政策实施前后的配套工作，加强政策宣传解释和督查落实，指导×××企业及时做好××××明码标价和驾驶员培训工作，确保政策平稳实施。同时，加强行业管理，规范驾驶员运营行为，强化运营服务质量监管，切实提升行业服务水平。
> 　　三、本函自××××年××月××日执行。在×××××计价器调整期间，新旧××××政策并行，已调整计价器的××××方可收取××××，未调整计价器的仍按现行政策执行。××市发展和改革委员会《关于调整本市×××××××××有关事项的函》（×发改〔×××××〕××号）同时废止。
> 　　专此函达。
>
> 　　　　　　　　××市发展和改革委员会
> 　　　　　　　　××××年××月××日

告知函的正文通常包括两项内容：一是告知缘由，说明制发本函的原因；二是告知事项，简明扼要地告知对方有关事项的具体内容及应注意的问题。告知函也分去函和复函，本范本就是复函，所以一开头引用了对方来文的标题及发文字号。

通过"现将本市×××××××××调整有关事项函告如下"引出正文主体内容，本范本的告知事项不多，比较简单，一共有 3 点，即×××× 费用、管理问题和执行时间，分条列出，让人一目了然。

## 2. 征求意见函

征求意见函，顾名思义，即向相关单位或社会群众征求工作意见和建议，力求得到改进或解决问题的方法。

**××××年《××市人民政府公报》满意度**
**征求意见函**

各位读者：

为了认真贯彻《中华人民共和国××××××条例》，充分发挥政府公报主动公开政府信息为基层服务的作用，现征求您对政府公报的意见建议，以便我们改进工作，不断提高服务质量。如有意见建议，请于××××年×月××日前将反馈单以传真、邮寄的方式反馈给我们，或者通过邮箱、电话等方式留下您的宝贵意见。

感谢您的支持！

××市人民政府公报编辑室
××××年××月××日

通过本范本，我们能知道，征求意见函一般可以从标题看出来，本范本明确写出了"征求意见函"这几个字，当然还有别的书写格式，比如"××× 办公厅关于征求《国家××××××办法（草案）》意见的函"。

征求意见函由于面对的受文对象不同，所以主送机关也有可能不是政府部门，而是如本范本所写的"各位读者"。征求意见函的内容一般比较简单，这里只用了一个段落就完成了行文。首先写明该函的目的，其次写"现向相关人员征求意见"，最后写收集意见的方式、时间期限，并表明期待收到意见。

因为要向相关单位和人员提供联系方式，所以有的征求意见函还会在公文后写上通信地址、电话或邮箱。书写这些最好一项一行，这样才能展示清楚，如图 2-20 所示。

我们的联系方式：

通信地址：××市东城区××路 2 号××公报编辑室，邮编：100010

电话：010-××××××××/×××××××（传真）

邮箱：××××@×××.com.cn

图 2-20 函的联系方式

征求意见函的回函一般有固定的格式，如图 2-21 所示。

对于你局草拟的《××××草案》收悉，经广泛征求×××单位意见，现提出如下意见：

1. ××××××。

2. ××××××。

3. ××××××。

此复。

××××年××月××日

图 2-21 回函格式

# 2.11 纪要

■结构形式 ■范例解析

纪要，是指用文字记录的要点。会议纪要是在会议记录的基础上加工、整理出来的一种记叙性和介绍性的文件。多人会议需要明确会议谈论的内容，并由与会人员共同签字确认。

## 2.11.1 纪要的结构形式

会议纪要的行文方向比较灵活，可以是上行文、下行文，也可以是平行文，通常由标题、正文和落款 3 部分构成。

## 1. 标题

标题有两种格式：一是会议名称＋纪要，如《全国财贸工会工作会议纪要》《××省工商行政管理局长会议纪要》。会议名称可以写简称，也可以用开会地点作为会议名称，如《××会议纪要》。二是将把会议的主要内容在标题中展示出来，类似文件标题式的，如《关于加强土地统一管理的会议纪要》。

文号写在标题的正下方，办公会议纪要对文号一般不作硬性要求，但是在办公例会中一般要有文号，如"第×期"和"第×次"，写在标题的正下方。会议纪要的时间可以写在标题的下方，也可以写在正文的右下方，即主办单位的下面。

## 2. 正文

正文一般包括开头、主体和结尾3部分。开头简要地介绍了会议概况，主要包括以下内容。

◆ 会议召开的形势和背景。

◆ 会议的指导思想和目的要求。

◆ 会议的名称、时间、地点、与会人员以及主持者。

◆ 会议的主要议题或要解决什么问题。

◆ 对会议的评价。

纪要的主体部分是对会议的主要内容、主要精神、主要原则以及基本结论和今后任务等进行具体的综合和阐述。要想写好主体内容，可按照以下要点来行文。

◆ 从会议的客观实际出发，叙述重要内容，抓住会议中心思想，对此进行条理化的纪要。

◆ 概括会议的共同决定，反映会议的全貌。凡是没有形成一致意见的问题，则需要分别论述并写明分歧之所在。

◆ 为了叙述的方便，常用"会议认为"、"会议指出"、"会议强调"或"与会人员一致表示"等话语作为段落的开头语。

◆ 引用性文字必须忠于发言者原意，不能随意修改。

结尾一般提出号召和希望，但要根据会议的内容和纪要的要求来书写。

### 3. 落款

落款包括署名和时间两项内容。只有办公会议纪要会署上召开会议的领导机关全称，并在下面写上成文时间，加盖公章，而一般会议纪要不用署名，只写成文时间。

## 2.11.2 纪要的范例解析

会议纪要根据内容的不同，可分为指示型会议纪要和通知型会议纪要两种。

### 1. 指示型会议纪要

指示型会议纪要，是指某一较大范围或重要的工作会议所整理的会议纪要。

**范本内容展示**

◉ 资源 |Chapter02| 关于协调解决房屋使用权问题的会议纪要 .docx

**关于协调解决××大街××号首层房屋使用权问题的会议纪要**

第××号

××××年××月××日上午，市政府办公厅××主任主持召开会议，协调解决××大街××号首层房屋使用权问题。参加会议的有省政府办公厅交际处、××××宾馆、市商委、市国土房管局、二商局、市外轮供应公司等有关部门的负责同志。

会议认为，××大街××号首层房屋使用权的问题，是在过去计划经济和行政决定下形成的历史遗留问题。早几年曾多次协调，虽有进展，但未有结果。最近，按照省、市领导同志"向前看""了却这笔历史旧账"的批示精神，在办公厅的协调下，双方本着尊重历史，面对现实，互谅互让的原则，合情合理地提出解决这宗矛盾的方案。

经过协商、讨论，双方达成了一致的认识。会议决定如下事项：

一、市外轮供应公司应将××大街××号房屋的使用权交给胜利宾馆。

二、考虑到市外轮供应公司在××号经营了 30 多年，已投入了不少资金，退出后，办公地方暂时难以解决，决定给予其商品损耗费、固定资产投资和搬迁费等一次性补偿费用共 95 万元。其中省政府办公厅和××××宾馆负责 80 万元；

考虑到省政府领导曾多次过问此事和省、市关系，另 15 万元由××市政府支持补助。

三、省政府办公厅和××宾馆的补偿款于××××年××月××日前划拨给市外轮供应公司。市政府的补助款于××月××日左右划拨，市外轮供应公司应于××月××日开始搬迁，××月××日前搬迁完毕并移交钥匙。

四、市外轮供应公司原搭建的楼阁按房管部门规定不能拆迁。空调器和电话等××月××日前搬迁不了的，由××宾馆协助做好善后工作。

会议强调，双方在房屋使用权移交中要各自做好本单位干部群众的工作，团结协作，增进友谊，保证移交工作顺利进行。

××市政府办公厅
××××年××月××日

**范本内容精讲**

指示型会议纪要的内容甚广，可以书写一些方针政策，或是对重要工作或重大事项统一书写，抑或是对今后工作的具体计划与安排。

本范本正文首先写了会议的基本情况,包括时间、地点、主要问题和与会人员。一般来说,会议纪要的开头格式如图 2-22 所示。

> ××××年××月××日下午,××区长在××会议室主持会议,专题研究××。参加会议的有××(职位+名字),××,×
> ×,××,××。现将会议讨论明确事项纪要如下:

图 2-22 会议纪要开头格式

接着分析了此次会议讨论的主要问题,然后书写了讨论结果,结果主要有 4 点,分条列出。一般来说,会议纪要的事项都要按照本范本的格式来书写,如图 2-23 所示。

> 经过协商、讨论,×××××。会议决定如下事项:
> 一、×××××。
> 二、×××××。
> 三、×××××。

图 2-23 会议纪要格式

### 2. 通知型会议纪要

通知型会议纪要,也称为办公会议纪要,主要用于记载和传达领导的办公会议决定和决议事项。如果其中涉及有关部门的工作,可将会议纪要发给它们,并要求其执行。如《县政府 ×××× 年第 ×× 号常务会议纪要》《×××× 年第 ×× 号县长办公会议纪要》《×× 省人民政府省长办公会议纪要》。

**范本内容展示**

**×××年第××号县长办公会纪要**

第××号

（××××年××月××日）

　　××月××日上午，县长×××同志主持召开县长办公会议，安排部署万只奶山羊育种示范场项目建设工作。纪要如下：

　　会议认为：

　　万只奶山羊育种示范场项目是一个集奶山羊养殖、良种繁育、奶山羊巴氏奶和酸奶加工销售于一体的大项目、好项目。该项目的实施，对于完善奶山羊全产业链、促进养殖产业换代升级，加快农业产业结构调整，做大做强"中国羊奶城"品牌都具有重要意义。××镇及各相关部门要高度重视，按照各自职责，加强协作、通力配合，确保项目早日开工建设。

　　会议确定：

　　一、×××同志牵头，××局负责，××镇及各相关部门配合，做好项目的实施工作。

　　二、××局负责，××局、××办配合，对框架协议进一步细化完善，尽快形成正式合同，提交××××研究；做好中省市各项奖补资金的争取、落实工作。

　　三、××局负责，按照单井出水量不小于 $30m^3$/小时的标准，赶10月底前在项目区打2眼深水井。项目建设所需资金从农业项目建设资金中统筹解决。

　　四、××局负责，赶9月底前完成380V、180KVA的项目配套电力设施建设工作。

　　五、××、××等部门负责，做好项目区固定电话、宽带安装等工作。

　　六、××、××、××、××、××、××××局等部门负责，按照项目建设审批相关要求，尽快完成项目立项、环评批复、规划定点、用地手续等前期各项手续办理工作，确保项目尽快开工建设。

　　七、××局、××局负责，做好项目各项奖补资金的筹措、兑付工作。

　　八、××镇负责，做好项目建设服务及环境保障工作。

　　（一）在严格遵守土地流转相关政策法规，充分尊重群众意愿的基础上，积极与项目区内涉及村组对接，扎实做好土地流转相关工作，为项目顺利推进提供用地保障。

　　（二）待项目规划定点完成后，立即做好项目区围墙围建工作。

　　（三）赶10月底前，完成1600米通场道路建设工作。

主持召集人：×××
参 加 人 员：×××
列 席 人 员：×××　　×　　×　　×　　×××
　　　　　　　×××　　×××　　×××
　　　　　　　×××　　×××　　×××

**范本内容精讲**

　　通知型会议纪要内容主要是关于会议的自然情况，所以其写作格式与其他的会议纪要有所不同。比如，本范本中的成文时间不在正文最后，而在发文字号下方，而且最后也并未署名。

　　通知型会议纪要正文涉及的因素包括时间、地点、主持人、出席人、列席人、议题以及会议决定等。本范本将时间、地点用正文的形式书写出来，然后写了会议决定。主持人、出席人和列席人在正文结束后，用罗列的方式展示了出来。基本上，主持人、出席人和列席人都不会在正文中书写，而是放到正文结束后。就像本范本所展示的那样。

除了红头文件外，商务工作中也会书写会议纪要，不过其涉及的内容与格式就与行政公文的写法完全不一样了。一般的商务会议纪要包括的内容有：时间、地点、主持人、参会人员、记录人及会议内容等。其基本的格式如图2-24所示。

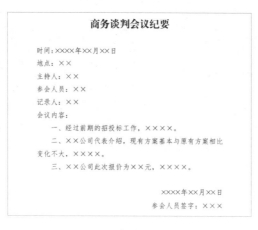

图2-24　商务会议纪要格式

# 2.12 决议

■写法　■范例解析

决议，是指党的领导机关就重要事项经会议讨论通过其决策，并要求贯彻执行的重要指导性公文。

## 2.12.1　决议的写法

决议一般具有权威性和指导性，其具体特点如下。

◆ **权威性**：决议是经过党的会议讨论通过才能生效并由党的领导机关发布的，是党的领导机关意志的反映。决议的内容事关重要决策事项，一经公布，全党、全国上下都必须坚决执行。

◆ **指导性**：决议表述的观点和对事项的评价都具有指导意义。

决议一般由首部和正文两部分组成。

### 1. 首部

首部包括标题和成文时间两部分。

决议的标题有两种格式：一种是由发文机关（或会议名称）、事由和文种构成，如《××省第××届人大常委会第×次会议关于××××××的决议》；另一种是由事由和文种构成。

成文时间，即决议正式通过的日期，一般放在标题下，在小括号内注明会议名称及通过时间，也可只写年月日。

### 2. 正文

正文由决议根据、决议事项和结语3部分组成，如表2-5所示。

表2-5　正文的组成部分

| 组　成 | 具体内容 |
| --- | --- |
| 决议根据 | 一般简要说明有关会议审议决议涉及事项的情况，陈述作出决议的原因、根据、背景、目的或意义 |
| 决议事项 | 写明会议通过的决议事项，或会议对有关文件、事项作出的评价、决定，或对有关工作作出的部署安排、要求和采取的措施 |
| 结语 | 一般紧扣决议事项有针对性地提出希望、号召和执行要求。有的决议可不单列这部分 |

## 2.12.2　决议的范例解析

常见的决议有批准性决议和阐述性决议两种，下面，我们通过范例来看看决议具体的写作手法。

### 1. 批准性决议

批准性决议是决议公文的一种，它是国家或党政机关会议对议案表示肯定或否定意见的文件，目的是要公布议案审议的进程和结果。

**范本内容展示**

### 第七届全国人民代表大会第四次会议关于国民经济和社会发展十年规划和第八个五年计划纲要及关于《纲要》报告的决议

(1991年4月9日七届全国人大四次会议通过)

第七届全国人民代表大会第四次会议,讨论和审查了国务院提出的《中华人民共和国国民经济和社会发展十年规划和第八个五年计划纲要(草案)》,审议了李鹏总理代表国务院所作的《关于国民经济和社会发展十年规划和第八个五年计划纲要的报告》。会议认为,《纲要》和报告提出的今后十年的主要奋斗目标和基本指导方针,国民经济和社会发展的任务和政策,深化经济体制改革和扩大对外开放的部署和措施,是符合建设有中国特色的社会主义的总要求的,反映了全国各族人民的共同愿望和根本利益,经过各级人民政府和全国人民的努力奋斗是能够实现的。会议决定批准《国民经济和社会发展十年规划和第八个五年计划纲要》,批准李鹏总理的报告。

会议认为,全国各族人民在中国共产党领导下,以经济建设为中心,坚持四项基本原则,坚持改革开放,全面开创了社会主义现代化建设的新局面,较好地完成了国民经济和社会发展第六个五年计划和第七个五年计划,提前实现了现代化建设的第一步战略目标,取得了举世瞩目的巨大成就。同时,还必须看到,我国是发展中国家,处在社会主义初级

阶段,在经济和社会发展中还存在着许多困难和问题,对此必须高度重视,决不能掉以轻心。

会议认为,从1991年到2000年,在我国社会主义现代化建设的历史进程中是非常关键的时期。我们能不能在90年代巩固和发展80年代取得的巨大成就,进一步促进经济振兴和社会进步,直接关系到我国社会主义制度的巩固和发展,关系到中华民族的前途和命运。国民经济和社会发展十年规划和第八个五年计划纲要,是我国各族人民实现现代化建设第二步战略目标的行动纲领。全国各族人民、一切国家机关和武装力量、各政党和各社会团体、各企业事业组织,都必须保证其贯彻实施。国务院在编制年度计划时,可以根据实际情况,对《纲要》规定的指标进行必要的调整,提交全国人民代表大会审查批准。

会议要求,要继续坚持以经济建设为中心,下大力气提高经济效益,大力调整产业结构,进一步改善我国的地区经济布局,努力保持国民经济持续、稳定、协调发展。要保持经济总量的基本平衡;要加强和发展农业,积极扶持乡镇企业,促进农业全面发展;要加强基础工业和基础设施,改组改造和提高加工工业,积极发展建筑业和第三产业;要把发展教育科技事业放在突出位置,加快教育和科技事业的发展;要在生产发展的基础上改善人民生活,使人民生活逐步由温饱达到小康。在发展经济的同时,要加强国防现代化建设。

会议要求,必须努力保证国民经济和社会各项事业协调发展。要采取切实有效的措施,坚定不移地贯彻物质文明建

---

**范本内容精讲**

从本范本中可以看到,决议的写作格式与其他行政公文有很大的不同,文件标题下方书写的是决议通过的会议名称和时间,而不是发文字号。正文结束后也没有落款。

批准性决议的内容,或是批准负责人在某次会议上所做的工作报告,或是批准会议上审议讨论的文件,抑或是会议上讨论处理的工作事项等。批准性决议的正文要分几个层次来书写:首先,写某次会议已审议了某个议案,如本范本中第 × 届全国人民代表大会第 × 次会议,讨论和审查了……,审议了……。

其次,写会议的基本态度,要么是批准,要么是否定,常用句式为"会议决定批准……"。再次,写对被审议议案的具体评价。最后,用"指出"或"认为"等话语发起号召。本范本中用了"会议认为""会议要求""会议指出""会议号召"来表达会议的态度和观点。批准性决议正文一般较短,语言力求准确简明,评价要恰当全面。

## 2.阐述性决议

阐述性决议是对某些重大结论的具体内容进行展开阐述的文件，是针对某一专题性的问题做充分说明的大型公文。

中共中央关于社会主义精神文明建设
指导方针的决议

（中国共产党第十二届中央委员会第六次全体会议
1986年9月28日通过）

中国共产党第十二届中央委员会第六次全体会议，根据党的第十二次全国代表大会关于在建设物质文明的同时努力建设社会主义精神文明的战略决策，以及1985年党的全国代表会议的精神，根据我国全面改革发展的要求，回顾和讨论了几年来精神文明建设的成就和面临的问题。全会认为，适应新的形势，进一步明确社会主义精神文明建设的指导方针，加强这方面的工作，对于保证社会主义现代化建设事业的顺利发展，具有重大的现实意义和长远意义。

一、社会主义精神文明建设的战略地位

我国社会主义现代化建设的总体布局是：以经济建设为中心，坚定不移地进行经济体制改革，坚定不移地进行政治体制改革，坚定不移地加强精神文明建设，并且使这几个方面互相配合，互相促进。全党同志必须从这个总体布局的高度，正确认识社会主义精神文明建设的战略地位。

以马克思主义为指导的社会主义精神文明是社会主义社会的重要特征。在社会主义时期，物质文明为精神文明的

发展提供物质条件和实践经验，精神文明又为物质文明的发展提供精神动力和智力支持，为它的正确发展方向提供有力的思想保证。社会主义精神文明建设，是关系社会主义兴衰成败的大事。

十一届三中全会以来，随着拨乱反正的胜利和全面改革的展开，随着物质文明建设的发展，社会主义精神文明建设取得了重大进展。我们解放思想，坚持实事求是的思想路线，发挥马克思主义的科学精神和创造活力，对社会主义的认识突破一系列僵化观念而提高到新的水平；全国安定团结，民主制度逐步健全，广大干部和群众的积极性显著提高；群众性的精神文明建设活动广泛展开，积累了许多新鲜经验；尊重知识、尊重人才的社会风尚开始树立，教育科学文化日趋繁荣；党的优良传统在发扬，党风和社会风气在好转。这是主流。同时必须看到，精神文明建设在许多方面同社会主义现代化建设、同改革和开放的形势不相适应，对精神文明建设的重要性还缺乏足够的认识，实际工作中指导方针的问题还没有完全解决，党内和社会上一些严重的消极现象还有待我们用很大努力去消除。全面地估计精神文明建设的现状，充分地认识加强精神文明建设的紧迫性和长期性，才能坚持不懈地把这方面工作抓上去，否则就会贻误全局。

改革是社会主义制度的自我完善和发展，它的全面展开，是近几年来我国形势发生巨大变化的一个重要标志。全面改革和对外开放给社会主义事业带来强大活力，对精神文明建设是巨大的促进。随着社会主义商品经济的发展和社会主义

阐述性决议的标题由发文机关（或是会议名称）+事由+文种（决议）组成，并在标题下面圆括号内写清"××会议××××年××月××日通过"字样。从标题来看，关于指导方针方面的，或是关于若干历史问题的都属于阐述性决议，均用以总结或阐述某种精神和重大历史经验、教训。

一般来说，阐述性决议的正文篇幅比较长，本范本也是如此，这里只展示了前两页。不过，对具体内容进行阐述时仍有一定的结构规则，首先要进行一些回顾，如之前的会议，或是目前存在的历史问题及事实，然后陈述决策或知道方针等的作用、目的或意义，从而顺利地引出主体部分。主要还是通过总—分的形式来行文，先概述，再分写。

分写的时候可以进行理论分析，也可以对事件进行评价和论断，本范本是通过8大点进行阐述、分析的。阐述性决议对事实的叙述部分要求全面而概括，理论分析要简洁而精辟。

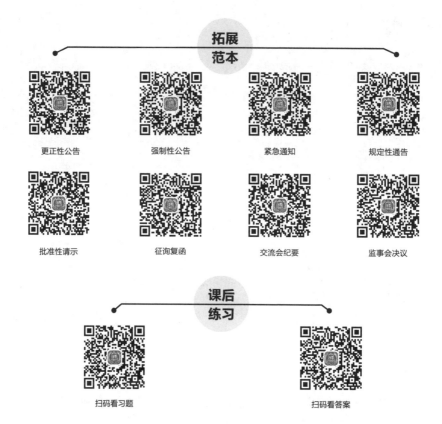

拓展范本

更正性公告　　　强制性公告　　　紧急通知　　　规定性通告

批准性请示　　　征询复函　　　交流会纪要　　　监事会决议

课后练习

扫码看习题　　　　　　　扫码看答案

# 规章类公文写作与范例

规章类公文包括办法、规定、章程和制度等文种，这类公文的作用是为相关事宜的执行提供依据，或者对相关受众的行为守则提供执行标准。

办法的特点和结构
规定的结构和注意问题
细则的写法及写作要求
章程的写法及写作要求
章程的范例解析
制度的特点和写法
……

# 3.1 办法

办法是有关机关或部门根据党和国家的方针、政策及有关法规和规定，就某一方面的工作或问题提出具体做法或要求的文件。

## 3.1.1　办法的特点和结构

从结构上来说，办法由首部和正文两部分组成。

### 1. 首部

首部包括标题、制发时间和依据等内容。标题有两种格式，一种是由发文机关＋适用范围＋文种构成，如《××××××部门实施按日连续处罚办法》；另一种是由适用范围＋文种构成，如《××××××生产企业及产品准入管理办法》《慈善组织信息公开办法》《居住证及流动人口服务管理办法》。

办法的制发时间一般在标题之下，用括号注明规定制发的年月日和会议，或通过的会议、时间及发布的机关、时间，或批准的机关、时间等。有的办法随"命令""令"等文种同时发布，就不写这一项目内容了。

### 2. 正文

正文一般由依据、规定和说明3部分组成，可分章、分条叙述，有的办法还会分为总则、分则和附则。办法中的各条规定是办法的主体部分，要将具体内容和措施逐条写清楚。

办法的结尾一般是交代实施的日期和对实施的说明。如"第八条 本办法自公布之日起施行""第二十六条 本办法自2018年9月1日起施行"。另外，书写时还要注意以下两点内容。

- ◆ 办法的法规约束性侧重于行政约束力。
- ◆ 办法的条款要具体、完整，不能抽象、笼统。

## 3.1.2 办法的范例解析

根据内容和性质的不同，办法可分为实施文件办法和管理办法两种。

### 1. 实施文件办法

实施文件办法一般有相应的政策法规与其对应，为了更好地落实相关的政策法规，特制定实施办法。

范本内容展示

◉ 资源 |Chapter03| ××省水资源税改革试点实施办法 .docx

**××省水资源税改革试点实施办法**

第一条 为全面贯彻党的××大精神，按照党中央、国务院决策部署，进一步加强水资源管理和保护，促进水资源节约和合理开发利用，根据《××部国家税务总局关于××××××的通知》(×税〔××××〕××号)和《××部国家税务总局水利部关于×××××××实施办法》(×税〔××××〕××号)，结合本省实际，制定本办法。

第二条 本办法适用于本省水资源税征收管理。

第三条 除本办法第四条规定的情形外，其他直接取用地表水、地下水的单位和个人，为水资源税的纳税人，应当按照本办法规定缴纳水资源税。

相关纳税人应当按照《中华人民共和国水法》《××××××收收管理条例》等规定申领取水许可证。

第四条 下列情形，不缴纳水资源税：

(一)农村集体经济组织及其成员从本集体经济组织的水塘、水库中取用水的；

(二)家庭生活和零星散养、圈养畜禽饮用等少量取用水的；

(三)水利工程管理单位等为配置或者调度水资源取水的；

(四)为保障矿井等地下工程施工安全和生产安全必须进行临时应急取用(排)水的；

(五)为消除对公共安全或者公共利益的危害临时应急取水的；

(六)为农业抗旱和维护生态与环境必要时临时应急取水的。

第五条 水资源税的征税对象为地表水和地下水。

地表水是陆地表面上动态水和静态水的总称，包括江、河、湖泊(含水库)等水资源。

地下水是埋藏在地表以下各种形式的水资源。

第六条 水资源税实行从量计征，除本办法第七条规定的情形外，应纳税额的计算公式为：

应纳税额=实际取用水量×适用税额

其中城镇公共供水企业的计税依据为实际售水量。

疏干排水的实际取用水量按照排水量确定。疏干排水是指在采矿和工程建设过程中破坏地下水层、发生地下涌水的活动。

第七条 水力发电取用水应纳税额的计算公式为：

应纳税额=实际发电量×适用税额

第八条 适用税额是指取水口所在地的适用税额。具体适用税额按本办法所附《××省水资源税适用税额表》执行。

水力发电取用税适用税额按国家规定的税额标准执行，试点期间水力发电取用税额为每千瓦时0.005元。

第九条 严格控制地下水过量开采。对取用地下水从高确定税额。同一类型取用水，地下水税额要高于地表水，水资源紧缺地区地下水税额要大幅高于地表水。

超采地区的地下水税额按非超采地区适用税额的2倍执行，严重超采地区的地下水税额按非超采地区的3倍执行。

范本内容精讲

本范本的标题由"适用范围＋实施办法"构成，从标题就可以看出是哪一类的公文。该办法对应的相关文件是《××部国家税务总局关于×××××× 的通知》。

开头就写了制定该办法的依据或是目的，一般的表述方式是：为……，根据××文件（发文字号），……，制定本办法。这部分内容一般在办法的第一条，而办法的第二条内容一般为适用范围，就如本范本所展示，如图3-1所示。

第二条　本办法的适用对象是烈士遗属、因公牺牲军人遗属、病故军人遗属（以下统称"三属"）家庭和中国人民解放军现役军人（以下简称现役军人）家庭、退役军人家庭。

图 3-1　办法的第二条内容

实施办法的内容一般与上级的政策、文件相吻合，但又更加具体、切合实际。其写法也有两种：一种是将上级的政策原封不动照搬，再加上一些补充说明，便于他人更好地实施和理解；另一种是根据上级的政策提出一些切实可行的措施。

有的实施办法分总则、分则和附则来书写，其具体的格式如图 3-2 所示。

**第一章　总　则**

第一条　为××××，特制定本办法。
第二条　××××。

**第二章　选拔录取**

第三条　××××。
第四条　××××。
………………

**第四章　附　则**

第七条　本办法适用于××××；违反××××，不适用本办法。
第八条　本办法自印发之日起施行。

图 3-2　办法格式

## 2. 管理办法

管理办法是一种管理规定，通常用来约束和规范市场行为或特殊活动的一种规章制度。

**范本内容展示**

◎资源 |Chapter03| ××市营利性民办学校监督管理办法 .docx

××市营利性民办学校监督管理办法

**第一章 总则**

**第一条** 为贯彻落实××部、××××××部、××总局印发的《营利性民办学校监督管理实施细则》,规范营利性民办学校办学行为,促进民办教育健康发展,根据《中华人民共和国教育法》《中华人民共和国民办教育促进法》《全国人民代表大会常务委员会关于×××××的决定》《中华人民共和国公司法》等法律法规,结合我市实际,制定本办法。

**第二条** 社会组织或者个人可以依据法律法规和相关规定设立营利性民办学校,但不得设立实施义务教育的营利性民办学校。

社会组织或者个人不得以财政性经费、捐赠资产举办或者参与举办营利性民办学校。

**第三条** 营利性民办学校的举办者可以取得办学收益,学校的办学结余应按《中华人民共和国公司法》等有关法律法规的规定处理。

**第四条** 营利性民办学校从事教育教学活动,应当遵守法律法规,全面贯彻党的教育方针,坚持党的领导,坚持社会主义办学方向,坚持教育的公益性,始终把培养高素质人才、服务经济社会发展放在首位,实现社会效益与经济效益相统一。

营利性民办学校及其举办者、校长、教职工和受教育者的合法权益受法律保护,不受侵犯。

**第五条** 审批机关、市场监管部门和其他相关部门在职责范围内,依法对营利性民办学校行使监督管理职权。

**第六条** 营利性民办学校须建立健全学校风险防范、安全管理制度和应急预警处理机制,保障学校师生权益、生命财产安全,维护学校安全稳定。学校法定代表人是学校安全稳定工作的第一责任人。

**第二章 学校设立**

**第七条** 设立营利性民办学校应当具备《中华人民共和国教育法》《中华人民共和国民办教育促进法》及其他有关法律法规规定的条件,符合××协同发展战略和××城市总体规划,符合我市经济、社会和教育发展需要,符合新增产业的禁止和限制目录。设立营利性民办高等学校,应当纳入本市高等学校设置规划,按照学校设置标准、办学条件和学科专业数量等严格核定办学规模。中等及中等以下层次营利性民办学校办学规模由区级政府根据当地实际制定。

**第八条** 举办营利性民办学校的社会组织或个人应当具备与举办学校的层次、类型、规模相适应的经济实力,其净资产或者货币资金能够满足学校建设和发展的需要。

**第九条** 举办营利性民办学校的社会组织,应当具备下列条件:

**范本内容精讲**

一般来说,管理办法是具有法律效力的,是根据宪法和法律制定的,属于法律的规范性文件,大家应该遵守。比如,以下管理办法:《互联网信息服务管理办法》《居住证管理办法》《中华人民共和国发票管理办法》《药品注册管理办法》《网络发票管理办法》和《信贷资产证券化试点管理办法》,都具有一定的法规性。

本范本是依据总则、分则和附则的格式书写的,第一条首先写了依据。新手行文时,要注意无论办法是按什么格式来写的,办法条例的顺序是连贯的,不会因为不同的章而重新排序。图 3-3 所示为办法书写的正确格式与错误格式。

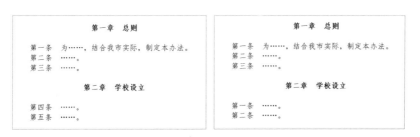

图3-3 办法书写的正确格式与错误格式

管理办法的具体内容为工作规范和措施，有时从各个机关部门入手分章书写，也有根据不同的工作入手书写。

附则最后两条书写了该公文的最终解释和实施日期。

## 3.2 规定

■结构 ■注意问题 ■范例解析

规定是规范性公文使用范围最广、使用频率最高的文种。它是领导机关或职能部门对特定范围内的工作和事务制订的相应措施，要求所属部门和下级机关贯彻执行的法规性公文。

### 3.2.1 规定的结构和注意问题

规定是为了落实某一法律、法规，加强某项管理工作而制定的，具有较强的约束力，而且内容细致，可操作性较强。规定由首部和正文两部分组成。

#### 1. 首部

规定的首部包括标题、制发时间和依据等内容。其中，标题一般有 3 种构成形式，具体内容如下。

◆ 第一种是由发文单位＋事由＋文种构成，如《××法院速裁案件要素式审判若干规定（试行）》。

◆ 第二种是由事由＋文种构成，如《城市轨道交通运营管理规定》。

◆ 第三种是由地区（或职能部门）＋文种构成，如《××××互联网安全监督检查规定》《××市查处非法客运若干规定》。

签发的时间和依据用括号在标题之下注明，有的规定是随"命令""令"等文种同时发布的，如图 3-4 所示。

---

**中华人民共和国公安部令**

第 151 号

《公安机关互联网安全监督检查规定》已经 2018 年 9 月 5 日公安部部长办公会议通过，现予发布，自 2018 年 11 月 1 日起施行。

部长赵克志

2018 年 9 月 15 日

**公安机关互联网安全监督检查规定**

第一章总则

第一条　为规范公安机关互联网安全监督检查工作，预防网络违法犯罪，维护网络安全，保护公民、法人和其他组织合法权益，根据《中华人民共和国人民警察法》《中华人民共和国网络安全法》等有关法律、行政法规，制定本规定。

---

图 3-4　"规定"随"令而下"

## 2. 正文

在内容较多的情况下，正文由总则、分则和附则 3 部分组成。总则交代制定规定的缘由、依据、指导思想、适用原则和范围等；分则即规范项目，包括规定的实质性内容和要求具体执行的依据；附则则说明有关执行要求等。

正文的表述一般采用条款式或章条式。在具体行文的时候还要注意以下问题。

◆ 规定具有一般性和普遍性，并非针对少数或特定的人和事。

◆ 规定具有强制约束力，其效力由法定作者的法定权限与规范的公文内容决定，包括效力所及的时间、范围、人员、机关等。

◆ 规定的产生需要履行严格的审批手续和正式公布的程序。

◆ 规定要求语言准确、概括、简洁和规范。

## 3.2.2　规定的范例解析

规定分为政策性规定和事宜性规定两种。

### 1. 政策性规定

政策性规定是由有条件制定法规的机构制定，适用于对某一方面的行政工作作出规定。

范本内容展示

### 国家公务员职务升降暂行规定

#### 第一章 总 则

第一条 为了规范国家公务员的职务升降工作，保证公正合理地任用国家公务员，根据《国家公务员暂行条例》，制定本规定。

第二条 国家公务员的职务升降工作，必须贯彻革命化、年轻化、知识化、专业化的方针，坚持德才兼备，群众公认，注重实绩和公开、平等、竞争、择优的原则。

第三条 本规定适用于各级人民政府组成人员及驻外全权大使以外的国家公务员。

#### 第二章 晋 职

第四条 晋升国家公务员的职务，应在国家规定的职务名称序列和职数限额内进行。

第五条 晋升国家公务员的职务，应逐级晋升。个别确因工作需要，德才表现和工作实绩又特别突出的，可以越一级晋升领导职务。

第六条 晋升职务的国家公务员，必须能坚定地贯彻执行党的基本路线和国家的各项方针、政策；有较强的事业心和责任感，努力为人民服务，工作实绩突出；能廉洁奉公，遵纪守法，作风正派，团结共事；具有拟任职务所需要的文化专业知识和工作能力。晋升领导职务的，还必须具有胜任领导工作的理论政策水平和组织领导能力，并符合领导集体在年龄结构等方面的要求。

第七条 晋升职务的国家公务员，除符合第六条规定的条件外，还应符合下列资格条件：

（一）在近两年年度考核中定为优秀或近三年年度考核中定为称职以上。

（二）晋升科、处、司（厅）级正职，应分别任下一级职务两年以上；晋升科、处、司（厅）部级副职和科员、副主任科员、主任科员职务，应分别任下一级职务三年以上；晋升助理调研员、调研员职务，应分别任下一级职务四年以上；晋升助理巡视员、巡视员职务，应分别任下一级职务五年以上。

（三）晋升处级副职以上领导职务，一般应具有五年以上工龄和两年以上的基层工作经历；晋升县级以上人民政府工作部门副职和国务院各工作部门司级副职，应具有在下一级两个以上职位任职的经历。

（四）晋升科级正副职和科员、副主任科员、主任科员职务，应具有高中、中专以上文化程度；晋升处、司（厅）级正副职和助理调研员、调研员、助理巡视员、巡视员职务，应具有大专以上文化程度；晋升部级副职，一般应具有大学本科以上文化程度。

（五）身体能坚持正常工作。

（六）符合任职回避规定。

范本内容精讲

本范本的标题结构是"政策内容＋规定"，不过，规定有暂行的、试行的或补充的，这些一般会在标题中体现出来，如《××法院速裁案件要素式审判若干规定（试行）》、《××市外地来×人员××××××办理补充规定》和《国有金融企业××××管理暂行规定》等。

本范本采用的是章条式写法，结构由总则、分则和附则组成。在第一章总则里提到了目的和适用对象，附则里提到了最终解释权和实施时间。有时，写在总则的内容也可写在附则，如图3-5所示，适用范围就在附则中进行了展现。

#### 第五章 附 则

第三十一条 本规定所述毒性中药材是指《医疗用毒性药品管理办法》收录的二十七种毒性中药材，毒性中药饮片是指以二十七种毒性中药材为起始原料生产的中药饮片。

第三十二条 本规定由××市食品药品监督管理局负责解释。

第三十三条 本规定自××××年××月××日起实施，有效期两年。

图 3-5　附则

## 2. 事宜性规定

事宜性规定，是指机关团体对某些工作或流程作出的具体规定，不具有法规性质，不过，对相关人员和某些工作仍能起到规范作用。

**范本内容展示**

### 国家公务员录用暂行规定

国家人事部 人录发〔19××〕1号

**第一章 总 则**

第一条 为了规范国家公务员录用工作，保障新录用的国家公务员的基本素质，根据《国家公务员暂行条例》，制定本规定。

第二条 录用国家公务员贯彻公开、平等、竞争、择优的原则，按照德才兼备的标准，采取考试与考核相结合的方法进行。

第三条 本规定适用于国家行政机关录用担任主任科员以下非领导职务的国家公务员。

第四条 民族自治地方政府和各级政府民族事务部门录用国家公务员时，对少数民族报考者应予照顾。各级国家行政机关录用国家公务员时，对退役军人应予照顾。

**第二章 录用管理机构**

第五条 国务院人事部门是国家公务员录用的主管机关，负责全国国家公务员录用的综合管理工作。包括：拟定国家公务员录用法规；制定有关的具体政策；指导与监督地方国家行政机关国家公务员录用的管理工作；负责组织国务院各

工作部门录用国家公务员的考试和备案工作，某些考试工作可以委托省级政府人事部门承担。

第六条 省、自治区、直辖市政府人事部门是本行政辖区国家公务员录用的主管机关，负责本行政辖区内国家公务员录用的管理工作。包括：根据国家的公务员录用法规，制定本行政辖区国家公务员录用的有关规定；贯彻执行国家有关的方针政策；指导和监督市（地）级以下国家行政机关国家公务员录用的管理工作；负责组织省级政府各工作部门录用国家公务员的考试和审批工作；规定市（地）级以下国家行政机关录用考试的组织办法；承办国务院人事部门委托的有关考试工作。

第七条 市（地）级以下政府人事部门按照省级政府人事部门的规定，负责本行政辖区内国家公务员录用的有关管理工作。

第八条 各级政府工作部门按照同级人事部门的要求，承担本部门国家公务员录用的有关工作。

第九条 国家公务员录用考试的服务机构受政府人事部门委托，承担某些录用考试具体操作工作。

**第三章 录用计划**

第十条 录用国家公务员要在国家核定的编制员额内，按照所需职位的要求和录用程序进行。

第十一条 国务院工作部门国家公务员的录用计划，由

**范本内容精讲**

从本范本的标题可以看出，这是一个暂行规定，并且内容是有关于公务员的录用的。所以正文的核心内容也是围绕录用标准、机构和计划等来列示的，具有以下几点：录用管理机构、录用计划、报考资格审查、考试、考核、录用以及回避、监督与违纪处罚。

以上几点是分则的各项内容，涵盖了公务员录用的各项规则。一般来说，条例的写法是分条逐项书写，不过，如果一项条例下方还有内容需要列示，其表述结构应该如图3-6所示。

第二十条 下列情况之一者，可采取相应的测评方法或简化考试程序：

（一）因职位特殊不宜公开招考的；

（二）因职位特殊需要专门测量其水平的；

（三）因专业特殊难以形成竞争的；

（四）录用主管机关规定的其他情况。

图 3-6　条例结构

从图 3-6 可以看出，要通过"（一）（二）（三）……"依次进行列示，每一项的最后用分号来结束，该条例的最后一项句末用句号结束。

# 3.3 细则

■写法　■写作要求　■范例解析

细则，是有关机关或部门为使下级机关或人员更好地贯彻执行某一法令、条例或规定，结合实际情况，对其所作的详细的、具体的解释和补充。细则一般由原法令、条例、规定的制定机构或其下属职能部门制定，与原法令、条例、规定配套使用，其目的是填补原条文中的漏洞，使原条文发挥出应有的工作效应。

## 3.3.1　细则的写法及写作要求

细则是应用写作研究的主要文体之一，多是主体法律、法规、规章的从属性文件，它具有以下特点如表 3-1 所示。

表 3-1　细则的特点及具体内容

| 特　点 | 具体内容 |
|---|---|
| 规范性 | 细则是对法律、法规和规章的补充说明或辅助性的规定，具有法律、法规、规章的规范特点 |
| 补充性、辅助性 | 细则是主体法律、法规、规章的从属性文件，它对法令、条例、规定或其部分条文进行解释和说明，制定细则是为了补充法律、法规、规章条文原则性强而可操作性弱的不足，以便贯彻执行 |
| 可操作性强 | 细则对有关法律、法规、规章的基本概念进行界定，规定具体适用的标准及执行程序，从而使主体规范性文件具有更强的可操作性 |

细则一般由首部和正文两部分组成。

### 1. 首部

细则首部包括标题、制发时间和制发依据等内容。标题几乎全部按照"适用范围＋实施＋细则"的结构书写，适用范围一般由母体公文标题来展示。一般细则的标题有如下两种形式。

◆ 由地区、法（条令、规定）名称和文种组成，如《中华人民共和国义务教育法实施细则》。

◆ 由法（条例、规定）名称和文种组成，如《文物保护法实施细则》。

### 2. 正文

正文一般由总则、分则和附则 3 部分组成。总则说明制作本细则的目的、根据、适用范围和执行原则；分则根据法律、法规、规章的有关条款制定出具体的执行标准、实施措施、执行程序和奖惩措施；附则说明解释权和施行时间，有的细则还会对一些未尽事宜作出说明。

正文的结构形式与规定差不多，主要是章条式和条项式。在章条式中，第一章是总则，最后一章是附则，中间各章是分则，每章有若干条款。条项式细则不分章，各条项内容相当于章条式各条，虽然项目略少，但内容更加具体。

一般来说，根据法律制定的细则多采用章条式，根据条例或办法制定的细则多采用条项式。细则在书写时，还要注意以下问题。

◆ 书写核心内容前，必须首先说明制定细则的条文根据，根据几条就注明几条，不能随意增减。

◆ 尽量把有关条规具体化、细密化，而不是在原有条规之外再进行补充说明。

◆ 细则写作必须坚持"上有所依，下有所系"的原则，即必须根据上级机关的有关条规，联系本地区、本系统的实际，提出具体的实施细则。

## 3.3.2 细则的范例解析

细则作为从属文件，根据其对不同文件作出的相关条例，可以分为一般性细则和法规性细则。

### 1.一般性细则

一般性细则通常是根据某些意见、办法等制定的，不涉及法律条例。

**××区××××年非×籍儿童少年入学证明证件材料审核实施细则**

为贯彻落实《中华人民共和国义务教育法》，根据《××市教育委员会关于××××××入学工作的意见》（×教基二〔××××〕×号）文件精神，特制定本实施细则。

一、组织机构

建立××市××区非×籍适龄儿童少年接受义务教育证明证件材料审核工作联席会议制度，由区政府主管领导牵头，区教委为联席会议召集单位，成员单位由区政府办、区住房城乡建设委、市规土委××分局、区教委、区信访办、区流管办、××公安分局、区人力社保局、××工商分局等部门和各乡镇政府、街道办事处组成。

二、工作原则

1.依法保障符合条件的非本市户籍适龄儿童少年在××区接受义务教育。

2.严格程序、规范操作、公开透明。

三、审核内容

需要在本区接受义务教育的非本市户籍适龄儿童少年，其父母或其他法定监护人（以下称审核申请人）应于×××年××月××日前携带在×务工就业证明、在×实际住所居住证明、××市居住证（或有效期内居住登记卡）、全家户口簿、户籍所在地乡镇人民政府或街道办事处出具的在当地没有监护条件的证明等"五证"到居住地所在乡镇人

民政府或街道办事处办理申请审核手续。

四、联办联审机制

××××年非本市户籍义务教育阶段"五证"办理及审核由区住房城乡建设委、市规土委××分局、区教委、区流管办、××公安分局、区人力社保局、××工商分局等部门和各乡镇人民政府、街道办事处联合办理、审核。

五、审核标准

（一）在×务工就业证明审核标准

由区人力社保局或××工商分局（所在地工商所）分别办理，各乡镇人民政府、街道办事处审核。在×务工就业证明须符合下列条件之一：

1.审核申请人或其配偶受雇于用人单位的，应提供加盖在×用人单位公章的劳动合同或聘用合同或劳动关系证明原件及复印件，以及在本区截至申请月连续缴纳社保的证明，社保缴纳起始日应在××××年××月××日前，补缴不属于连续缴费。

2.审核申请人或其配偶为法定代表人、股东、合伙人和个体工商户的，应提供本人身份证原件及复印件、本区工商管理部门核发的营业执照（核发时间应在××××年××月××日前）原件及复印件。

（二）在×实际住所居住证明审核标准

由区住房城乡建设委、市规土委××分局、所在乡镇人民政府或街道办事处流管办分别办理，由各乡镇人民政府、街道办事处审核。在×实际住所居住证明须符合下列

本范本是对相关材料的审核制定的实施细则，正文开头首先写明了依据文件的名称。其一般格式如下。

◆ 为《××××》，根据《××××》（发文字号）文件精神，特制定本实施细则。

◆ 为落实××××文件精神，依据《××××》（发文字号），结合××区实际，制定本实施细则。

◆ 根据××××有关要求和《××××》（发文字号）、《××××》（发文字号）文件精神，××××（对相关内容的总概括），特制定本细则。

本范本所用的写法是直接省略总则，将正文第一自然段当作总则，再对重点内容进行分写，其结构如图3-7所示。

为贯彻落实《××××》，根据《××××》(发文字号)
文件精神，特制定本实施细则。
一、组织机构
×××××××。
……
五、审核标准
(一)在×务工就业证明审核标准
×××××××。
1. ×××××××。
2. ×××××××。
……
七、附则
本办法自发布之日起生效。

图 3-7  实施细则结构

由图 3-7 可以看出，开头一段之后，全文分了 7 个大点进行书写，前面 6 个大点可以看作分则的内容，制定了审核的标准、组织机构和审核内容等。最后一点写明了是附则，制定了生效日期。有的细则不会书写附则，直接结束也是可以的。

## 2. 法规性细则

法规性细则是根据相关法律法规文件制定的，其内容与相关法律法规有联系，并具有一定的约束性。

**范本内容展示**

### 中华人民共和国国家安全法实施细则

#### 第一章 总则

第一条 根据《中华人民共和国国家安全法》(以下简称《国家安全法》)，制定本实施细则。

第二条 国家安全机关负责本细则的实施。公安机关依照《国家安全法》第二条第二款的规定，执行国家安全工作任务时，适用本细则有关规定。

第三条 《国家安全法》所称的"境外机构、组织"包括境外机构、组织在中华人民共和国境内设立的分支(代表)机构和分支机构；"境外个人"包括居住在中华人民共和国境内不具有中华人民共和国国籍的人。

第四条 《国家安全法》所称的"间谍组织代理人"，是指受间谍组织或者其成员的指使、委托、资助，进行或者授意、指使他人进行危害中华人民共和国国家安全活动的人。间谍组织和间谍组织代理人由中华人民共和国国家安全部(以下简称国家安全部)确认。

第五条 《国家安全法》所称的"敌对组织"，是指敌视中华人民共和国人民民主专政的政权和社会主义制度，危害国家安全的组织。敌对组织由国家安全部或公安部确认。

第六条 《国家安全法》第四条所称"资助"实施危害国家安全的行为，是指境外机构、组织、个人的下列行为：

(一)向有危害国家安全行为的境内组织、个人提供经费、场所和物资的；

(二)向境内组织、个人提供用于进行危害国家安全活动的经费、场所和物资的。

第七条 《国家安全法》第四条所称"勾结"实施危害国家安全的行为，是指境内组织、个人的下列行为：

(一)与境外机构、组织、个人共同策划或者进行危害国家安全活动的；

(二)接受境外机构、组织、个人的资助或者指使，进行危害国家安全活动的；

(三)与境外机构、组织、个人建立联系，取得支持、帮助，进行危害国家安全活动的。

第八条 下列行为属于《国家安全法》第四条所称"危害国家安全的其他破坏活动"：

(一)组织、策划或者实施危害国家安全的恐怖活动的；

(二)捏造、歪曲事实，发表、散布文字或者言论，或者制作、传播音像制品，危害国家安全的；

(三)利用设立社会团体或者企业事业组织，进行危害国家安全活动的；

(四)利用宗教进行危害国家安全活动的；

(五)制造民族纠纷，煽动民族分裂，危害国家安全的；

(六)境外个人违反有关规定，不听劝阻，擅自会见境内有危害国家安全行为或者有危害国家安全行为重大嫌疑的人员的。

**范本内容精讲**

本范本是根据《中华人民共和国国家安全法》制定的实施细则，采用的是规范的总则 + 分则 + 附则的书写模式。总则第一条就书写了该细则的根据，总则的内容相对较多，有 8 条，分别对《国家安全法》的相关概念进行了解释和延伸，具体内容如下。

◆ "第三条《国家安全法》所称的'境外机构、组织'包括境外机构、组织在中华人民共和国境内设立的分支（代表）机构和分支组织；'境外个人'包括居住在中华人民共和国境内不具有中华人民共和国国籍的人。"

◆ "第七条《国家安全法》第四条所称'勾结'实施危害国家安全的行为，是指境内组织、个人的下列行为："

除了对相关法律法规进行解释和延伸外，其他的内容是对《国家安全法》进行补充，基本上，法规性细则的内容都是从以下两点入手书写的。

一是解释延伸，书写格式如下。

◆ 《××××》所称的"××"，是指……。

◆ "《××××》第 × 条所称'××'，是指 ×××× 的下列行为："

二是补充，直接叙述就可以了，以详尽、细致为主。

# 3.4 章程

■写法 ■写作要求 ■范例解析

章程是组织、社团经特定的程序制定的关于组织规程和办事规则的规范性文书，是一种根本性的规章制度。

## 3.4.1 章程的写法及写作要求

章程除了指组织的规程或办事条例外，也泛指各种制度。其主要有以下两个特点。

◆ **稳定性**：章程是组织或团体的基本纲领和行动准则，在一定时期内稳定地发挥其作用，如需更动或修订，应根据特定的程序与手续（经组织全体成员或其代表审议通过）。有关单位开展业务工作的章程，是基本的办事准则，也应保持相对稳定性，不宜轻易变动。

◆ **约束性**：章程作用于组织内部，依靠全体成员共同实施，不由国家强制力予以推行，但要求其下属组织及成员信守，有一定的规范作用和约束力。

章程由标题和正文两部分构成，那么，怎样进行章程的写作呢？下面来看以下内容。

### 1. 标题

章程的标题一般由"组织或单位名称 + 章程"构成，如《中国共产主义青年团章程》。标题下面写明章程通过的时间和会议名称，并加上括号。

经有关组织的代表大会通过了，就算正式章程。如果是尚未经代表大会通过的，在标题末尾要加上"草案"字样。

### 2. 正文

章程正文包括总则、分则和附则 3 部分。总则又称总纲，总体上说明单位组织的性质、宗旨、任务和作风等。分则所涉及的内容如表 3-2 所示。

表 3-2　章程分则的内容

| 分则内容 | 书写方面 |
|---|---|
| 成员 | 书写内容多为成员条件、权利、义务和纪律 |
| 组织 | 可以为全国组织、地方组织、基层组织，代表大会、理事会、常务理事会、专业小组、名誉职务 |
| 经费 | 一般会写经费来源和使用管理等 |

附则一般附带说明制定权、修改权和解释权等。

在了解了章程的写作结构后，我们再来了解章程的写作要求，主要注意以下几点。

一是内容完备。章程的内容包括社团名称、宗旨、任务、组织机构、会员资格、入会手续、会员权利和义务、领导者的产生和任期、会费的缴纳和经费的管理使用等。

二是结构严谨。全文由总到分，要有合理的顺序。分的部分，一般是先讲成员，后讲组织；先讲全国组织，再讲地方组织，后讲基层组织。一般先讲对内，再讲对外。

三是明确简洁。要尽量反复提炼，用简洁的语言把意思明确地表达出来。一般章程用断裂行文法，用条文表达，句与句、段与段之间有一定的跳跃性，一般不要用"因为……所以……"或"虽然……但是……"等关联词语。

## 3.4.2 章程的范例解析

根据制定机关单位的不同，可以将章程分为大学章程和组织机构章程。

### 1. 大学章程

大学章程指高等学校章程，是大学内部的"宪法"，是大学的权力机构为了保障大学的独立地位，根据高等学校设立的"特许状"，国家或地方政府教育法律法规，按一定程序制定的有关大学组织性质和基本权利并具有一定法律效力的治校总纲领。

范本内容展示

**××大学章程**

（××部××××年××月××日核准，××××年××月××日核准修订。××××年××月××日公布实施）

**序言**

××大学肇始于××××年成立的××大学堂农科大学。××××年×月，××大学农学院、××大学农学院和××大学农学院合并成立××农业大学。××××年××月，××大学农业机械系与××农业机械专科学校、××农业部机耕学校合并成立××机械化农业学院，同年××月，××农学院并入××机械化农业学院，××××年××月更名为××农业机械化学院，××××年××月更名为××农业工程大学。××××年××月，××农业大学和××农业工程大学合并组建××大学。

长期以来，学校的建设与发展得到了国家的高度重视。××农业大学于××××年被国务院列为全国6所重点院校之一，于××××年被列为全国重点建设的10所高等院校之一。××农业机械化学院于××××年被列为全国64所重点大学之一。学校于××××年进入首批"211工程"建设行列，于××××年被确定为"985工程"重点建设的高水平研究型大学，××××年入选一流大学建设高校（A类）。

××大学以"×××××，××××××"为校训，以"团结、朴实、求是、创新"为校风，以建设中国特色、农业特色的世界一流大学为办学目标。

**第一章 总则**

第一条 为保障学校依法办学和自主管理，根据《中华人民共和国教育法》《中华人民共和国高等教育法》等有关法律、法规和行政规章，结合学校实际情况，制定本章程。

第二条 学校登记名称为××大学，简称中国农大，英文名称为×××××，英文简称×。

第三条 学校登记住所为×××市××区××路×号。学校设有东、西两个校区及××教学实验场等教学实验基地。东校区位于××市××区××路×号，西校区位于××市××区××路×号，××教学实验场位于××省××市××镇。学校网址为www.×××.edu.cn。

第四条 学校由国家举办，是国务院确定由教育部管理，并由教育部与××市、××部、××部等共建的非营利性事业单位。

第五条 学校坚持社会主义办学方向，贯彻落实党的教育方针，以××为导向，以××××××为主要目标，开展高水平科学研究、社会服务和文化传承与创新。

第六条 学校以农业科学、生命科学和农业工程等学科为特色和优势，包括农学、工学、理学、管理学、经济学、

范本内容精讲

　　大学章程或高校章程是大学组织行动的准则，通过一系列的详细说明和明确规定，大学内各种行动具有可信度和一致性。所以高等学校章程具有法的属性，是在法律规定的前提下运用民主的方式制定出的规范性文件。

　　大学章程强调的是学校依法履行教育职能，所以其具有公共职能。本范本是 ×× 大学章程，标题下方写明了章程实施的时间为 ×××× 年 ×× 月 ×× 日，核准部门为 ×× 部。大学章程与其他章程有一点不一样，大学章程一般有序言，序言内容大多分三段书写，一段写明一项内容，具体内容如下。

◆ 学校的创办发展历程。

◆ 学校获得的称号、荣誉、贡献。

◆ 学校的校训、办学宗旨。

　　总则第一条首先写明章程的依据文件，这里是根据《中华人民共和国教育法》《中华人民共和国高等教育法》等文件制定的章程。

　　总则的其他内容主要包括学校的基本介绍（全称、简称、英文名称、地址、网址）、教育理念、教学形式以及学校主要院系。然后根据学校的情况书写分则，如这里通过 8 章书写具体内容：学校与举办者、学校管理体制、学院管理体制、教职员工、学生、学校与社会、经费与资产管理和学校标志。

　　其实，大学章程的分则内容大同小异，涉及的范围无外乎教职人员、教职机构、经费资产、学校与社会等。比如，×× 大学章程的分则内容有：职能，人员，组织机构，教学科研单位，资产、财务，校友及社会，标徽和校庆日。

　　本范本的附则主要书写了修订、审议、审定、核准的相关部门以及实施日期等，一般大学章程的附则也是这些内容。

### 2. 组织机构章程

　　组织机构章程系统地阐明了一个组织的性质、宗旨、任务、成员、机构、活动方式、经费来源和组织标志等。

任何一个依法成立的组织，包括政治团体、学术团体、经济团体和群众团体等，都可以有自己的组织章程，如《中国民主同盟章程》、《中国工会章程》和《中国检察官协会章程》。

范本内容展示

××××协会章程

第一章 总则

第一条 本会名称为××××协会，英文名称为×××××(×××)。

第二条 ××××协会是由××××××人民检察院、地方××检察院和××检察院等各专门××检察院的检察官自愿组成的行业性组织，为××××的社会团体法人。

第三条 ××××协会的宗旨是：团结×××××，推动×××××，研究×××××，提高×××××；弘扬×××××，提高×××××；宣传×××××；关心×××××，扩大×××××。

第四条 ××××协会的活动原则是：遵守国家的宪法、法律和法规，坚持实事求是的思想路线；坚持理论联系实际的学风；坚持"百花齐放、百家争鸣"的方针；广泛联络国际国内同行，相互尊重，友好合作。

第五条 本会的业务主管机关是××××××人民检察院，受××××××的监督和管理。

第六条 本会会址设在××。

第二章 业务范围

第七条 ××××协会的业务范围是：

（一）联络和团结全国的×××，交流信息，增进友谊，加强合作；

（二）组织和推动全国的检察官开展××理论研究，进行学术交流，提高执法水平；

（三）编辑出版检察书籍、资料和有关的理论刊物，举办法学和检察业务讲座；

（四）建立法律信息网络，开展法律咨询服务；

（五）反映×××的意见和要求，维护×××的合法权益，为×××依法履行职务创造有利条件；

（六）宣传×××的职业道德和业务纪律，维护检察官的职业形象；

（七）建立和加强与国内其他有关的团体、组织的联系，积极开展交流与合作；

（八）组织并开展对外学术交流、业务合作和友好交往活动；

（九）指导和协调单位会员的工作，发挥协会系统的网络整体功能。

第三章 会员

第八条 本会会员分为单位会员和个人会员。

第九条 申请入会的条件和程序

（一）凡赞成本会章程的省、自治区、直辖市检察官协会，特别行政区×××协会，全国性专门×××协会，省会市和自治区首府市×××协会，副省级市×××协会，经济特区市×××协会，向本会提出申请，愿意缴纳

范本内容精讲

本范本是典型的组织机构章程，是×××××协会的组织章程。×××××协会是由××××××人民检察院、地方××检察院和××检察院等各专门××检察院的检察官自愿组成的行业性组织。章程采用了章条式的写作模式，分为总则、分则和附则。

总则内容共有6条，分别写了组织名称、组织性质、组织宗旨、组织活动原则、业务主管机关和会址。这些内容都是概括性的、总的内容，一般会在总则内讲清楚。不过，有的组织章程没有总则，而是通过总纲进行描述，其结构也不是分条式讲述，如图3-8所示。

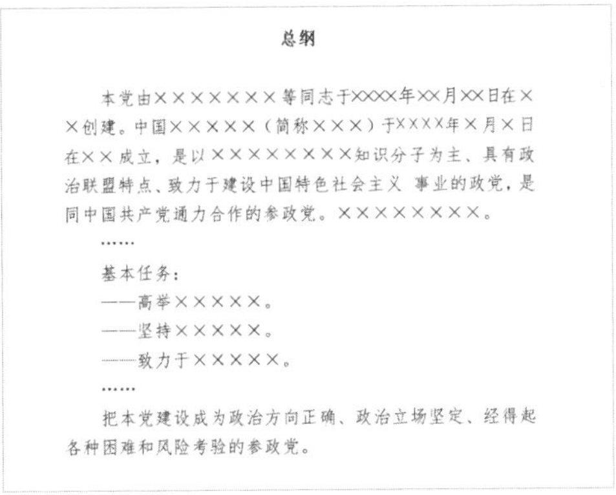

总纲

本党由××××××等同志于××××年××月××日在××创建。中国××××（简称×××）于××××年×月×日在××成立，是以×××××××××知识分子为主、具有政治联盟特点、致力于建设中国特色社会主义 事业的政党，是同中国共产党通力合作的参政党。××××××××。

……

基本任务：
——高举×××××。
——坚持×××××。
——致力于×××××。

……

把本党建设成为政治方向正确、政治立场坚定、经得起各种困难和风险考验的参政党。

图 3-8　章程结构

图 3-8 所示的总纲虽然看起来结构不够鲜明，叙述平铺直叙，但也是循序渐进、有条有理地写明了组织的基本情况、基本方针及基本任务这三大点内容，没有刻意去分出结构。这样书写也有一个优点，就是可以让大家系统地了解该组织机构。

### 3. 公司章程

公司是一种企业组织形式，公司章程是组织章程的一种。公司章程的内容包含法定记载事项，因此，单独对其进行讲解。因企业性质不同，公司章程的内容也会有所差别。有限责任公司的公司章程应当载明以下事项。

- ◆　公司名称和住所。
- ◆　公司经营范围。
- ◆　公司注册资本。
- ◆　股东的姓名或者名称。
- ◆　股东的出资方式、出资额和出资时间。
- ◆　公司的机构及其产生办法、职权、议事规则。
- ◆　公司法定代表人。
- ◆　股东会会议认为需要规定的其他事项。

股份有限公司的公司章程应当载明以下事项。

- ◆　公司名称和住所。
- ◆　公司经营范围。

- 公司设立方式。

- 公司股份总数、每股金额和注册资本。

- 发起人的姓名或者名称、认购的股份数、出资方式和出资时间。

- 董事会的组成、职权和议事规则。

- 公司法定代表人。

- 监事会的组成、职权和议事规则。

- 公司利润分配办法。

- 公司的解散事由与清算办法。

- 公司的通知和公告办法。

- 股东大会会议认为需要规定的其他事项。

**范本内容展示**

◎资源 |Chapter03|××股份有限公司章程 .docx

××股份有限公司章程

第一章 总则

第一条 本章程依照《中华人民共和国公司法》和有关法律、法规的规定，为保障公司股东和债权人的合法权益而制定。本章程是××股份有限公司的最高行为准则。

第二条 公司业经××××批准成立，是在工商行政管理部门登记注册的股份有限公司，具有独立法人资格；其行为受国家法律约束，其经济活动及合法权益受国家有关法律、法规保护；公司接受××有关部门的管理和社会公众的监督，任何机关、团体和个人不得侵犯或非法干涉。

第三条 公司名称：××股份有限公司（以下简称）

公司英文名称：

第四条 公司法定地址：

第五条 公司注册资本为人民币_____元。

第六条 公司是采取募集方式设立的股份公司。

第二章 宗旨、经营范围及方式

第七条 公司的宗旨：（略）

第八条 公司的经营范围：

主营：（略）；兼营：（略）

第九条 公司的经营方式：（略）

第十条 公司的经营方针：（略）

第三章 股份

第十一条 公司股票采取股权证形式。公司股权证是本公司董事长签发的有价证券。

第十二条 公司的股本分为等额股份，注册股本为___股，即_____元人民币。

第十三条 公司的股本构成

发起人股：_____股，计___万元，占股本总数的_____。

其中：社会法人股_____万元，占股本总数的_____。内部职工股_____万股，占股本总数的_____。

第十四条 公司股票按权益分为普通股和优先股。公司已发行的股票均为普通股。

第十五条 公司股票为记名股票。每股面值_____元。法人股每一手为_____股；内部职工股每一手为_____股。

第十六条 公司股票可以用人民币或外币购买。用外币购买时，按收款当日外汇价折算人民币计算，其股息统一用人民币派发。

第十七条 公司股票可用国外的机器设备、厂房或工业产权、专有技术等有形或无形资产作价认购，但必须符合下列条件：

1. 为公司必需的。

2. 必须是先进的、并具有中国或外国著名机构或行业公证机构出具的技术评价资料（包括专利证书或商标注册证

**范本内容精讲**

股份有限公司章程的法定记载事项较多，其篇幅和结构相对比较复杂。本范本

以总则、分则、附则的框架编制公司章程。第一章为总则，写明了编写依据、公司名称、经营范围等法定记载事项。

分则可围绕股份、股东和股东大会、董事会、监事会、财务会计制度、通知和公告以及公司合并、分立、增资、减资、解散和清算等内容进行编写，本范本第三章就是关于股份的内容。

公司章程附则主要是对章程的补充说明，如释义、章程解释权、章程生效条件等。图 3-9 所示为附则内容。

第十二章 附则

第八十九条 释义

（一）控股股东，是指其持有的股份占公司股本总额 50%以上的股东；持有股份的比例虽然不足 50%，但依其持有的股份所享有的表决权已足以对股东大会的决议产生重大影响的股东。

（二）实际控制人，是指虽不是公司的股东，但通过投资关系、协议或者其他安排，能够实际支配公司行为的人。

（三）关联关系，是指公司控股股东、实际控制人、董事、监事、高级管理人员与其直接或者间接控制的企业之间的关系，以及可能导致公司利益转移的其他关系。

第九十条 董事会可依照章程的规定，制订章程细则。章程细则不得与章程的规定相抵触。

第九十一条 本章程以中文书写，其他任何语种或不同版本的章程与本章程有歧义时，以在主管工商行政管理部门最近一次核准登记后的中文版章程为准。

第九十二条 本章程所称"以上""以内""以下"都含本书；"意外""低于""多余""超过"不含本数。

第九十三条 本章程由公司董事会负责解释。本章程附件包括股东大会议事规则、董事会议事规则和监事会议事规则。股东大会议事规则、董事会议事规则、监事会议事规则的条款如与本章程存在不一致之处，应以本章程为准。本章程未尽事宜，按国家有关法律、法规的规定执行，本章程如与日后颁布的法律、法规、部门规章及规范性文件的强制性规定相抵触时，按有关法律、法规、部门规章及规范性文件的规定执行。

第九十四条 章程经公司股东大会审议通过之日起生效并实施。

图 3-9 附则

公司章程是公司有效运行的基础，其中，法定记载事项是必须予以载明的。编写公司章程时要结合公司实际，不能照搬其他公司的章程。另外，公司章程还应考虑行业特点、公司经营管理方式等，将章程内容细化，使章程具有可操作性，如此才能有效地避免纠纷，使章程发挥应有的作用。

# 3.5 制度

■特点  ■写法  ■范例解析

制度既指要求大家共同遵守的办事规程或行动准则，也指在一定历史条件下形成的法令、礼俗等规范或一定的规定。不同的行业、不同的部门、不同的岗位都有其具体的规章制度，目的都是使各项工作按计划、按要求达到预定目标。

## 3.5.1 制度的特点和写法

规章制度的使用范围极其广泛，大至国家机关、社会团体、各行业、各系统，小至单位、部门、班组。制度一经制定和颁布，就对某一岗位上的或从事某一项工作的人员具有约束作用，是他们行动的准则和依据。制度的特性如图 3-10 所示。

| 指导性和约束性 | 制度对相关人员做什么工作、如何开展工作都有一定的提示和指导，同时也明确相关人员不能做什么，以及违背了会受到怎样的惩罚 |
| --- | --- |
| 鞭策性和激励性 | 制度有时会张贴在工作场所，用来鞭策和激励工作人员遵守纪律 |
| 规范性和程序性 | 制度的制定必须以有关政策、法律、法令为依据，为人们的工作和活动提供可供遵循的依据 |

图 3-10  制度的特性

制度包括三大结构，分别是标题、正文、制发单位和日期。

### 1. 标题

制度的标题主要有两种形式：一种是由"适用对象＋文种"构成，如《保密制度》《档案管理制度》；另一种是以"单位名称＋适用对象＋文种"构成，如《××大学校产管理制度》《××市工业局廉政制度》。

### 2. 正文

制度的正文有多种写法，主要包括以下 3 种。

◆ **引言、条文、结语式**

引言、条文、结语式先写一段引言，主要用来阐述制定制度的根据、目的、意义及适用范围等，然后将有关规定一一分条列出，最后写一段结语，强调执行中的注意事项。

◆ **通篇条文式** 通篇条文式将全部内容都列入条文，包括开头部分的根据、目的、意义，主体部分的种种规定，结尾部分的执行要求等，逐条表达，形式整齐。

◆ **多层条文式**

多层条文式适合内容复杂、篇幅较长的制度，将全文分为多个层次，篇下分项、项下分条、条下分款。如某省制定的《档案管理制度》，用"一、二、三……"来表示大项；用"（一）（二）（三）……"来表示大项下的条；用"1.2.3……"来表示条下的款。

### 3. 制发单位和日期

如有必要，可在标题下方正中加括号注明制发单位名称和日期，其位置也可以在正文之下，相当于公文落款的地方。

## 3.5.2 制度的范例解析

制度可分为岗位性制度和法规性制度两种。

### 1. 岗位性制度

岗位性制度适用于某一岗位上的长期性工作，所以有时也叫"岗位责任制"。如《办公室人员考勤制度》《机关值班制度》。

范本内容展示

◎资源 |Chapter03| 员工考勤管理制度 .docx

## 员工考勤管理制度

1. 目的:加强公司劳动纪律的管理,维护企业正常的生产、工作秩序。

2. 考勤范围:

2.1 公司在册员工。

2.2 特殊原因员工不考勤须总经理批准。

3. 考勤方法:

3.1 公司实行考勤机刷卡与部门考勤相结合的考勤办法;

3.2 考勤工作由办公室专人负责,门卫与各部门配合做好考勤过程中的监督和管理工作,同时由门卫承担员工出入门、请假等状况的记录、上报等工作。

4. 考勤打卡时间:

4.1 冬季:白班上午 7:50 至 11:30,下午 13:00 至 17:00,晚班 17:30 至 23:30;夏季:白班上午 7:50 至 11:30,下午 13:30 至 17:30,晚班 18:00 至 24:00。

5. 有关规定:

5.1 考勤规定

5.1.1 由办公室为每位员工编制考勤卡卡号,每天上下班应依次排队进行刷卡,每个人只能刷本人的考勤卡才有效,如出现托人刷卡或替人刷卡时,均给予双方各 50 元的处罚。一次不打卡者罚款 10 元。

5.1.2 因公外出办事无法回到或忘打卡者,次日务必填写出门单说明原因,部门主管确认后由员工本人递交门卫。

次日不填写出门单视同没打卡处理。

5.1.3 员工务必自觉遵守劳动纪律,不迟到早退。迟到、早退 10 分钟内扣 5 元,1 小时内扣 10 元,以此类推。迟到、早退又不打卡双重罚款。上午下班早退、下午上班迟到、中途离岗,视同迟到、早退处理。

5.1.4 连续旷工三天或一个月内累计旷工 6 天,给予除名处理。

5.1.5 旷工半天以上者,取消当月奖金。

5.1.6 旷工的扣罚标准。

旷工天数 0.5 天、1 天、1.5 天、2 天、2.5 天、3 天。

扣月工资(含计件)10%、25%、40%、60%、80%、100%。

5.1.7 持卡的员工务必保管好自己的考勤卡,如发现损坏或丢失,应立刻向办公室人员申领补领考勤卡,并支付工本费 10 元。若丢失后不及时补领,空缺的考勤记录视同无打卡处理。

5.1.8 办公室应对考勤工作进行全方位的监督、检查、落实,及时协调与处理工作中出现的问题,对严重违反制度及时处理。

5.1.9 上班时间不许串岗闲聊、就餐吃零食,厂区内除经理室与销售部接待室可吸烟外,其他地方一律严禁吸烟,违者一次罚款 10 元(休息时间食堂可吸烟)。

5.2 请假、外出手续

5.2.1 员工因公外出或请病、事假,事先向部门(车间)办理书面请假手续。特殊状况口头请假事后补办。

范本内容精讲

从本范本中可以看出,岗位性制度与行政公文不同,它没有发文机关、发文字号,也不用落款,标题之后直接就进入正文核心内容了。

本范本中的制度是关于公司员工考勤管理的内容,整篇制度围绕目的、考勤范围、考勤方法、考勤打卡时间和有关规定等几个大点来书写。从整个篇幅来看,最后一个大点,也就是第5点,是考勤管理最核心的内容,这个点下又细分了9个小点,其结构如图3-11所示。

```
5. 有关规定:
5.1 考勤规定
5.1.1 ××××××。
5.1.2 ××××××。
```

图 3-11　制度结构

## 2. 法规性制度

法规性制度是对某方面工作制定的具有法令性质的规定，如《职工休假制度》《差旅费报销制度》。

## 范本内容展示

◎资源 |Chapter03| 企业差旅费报销管理制度 .docx

### ××企业差旅费报销管理制度

一、办理程序

1.出差人员必须事先填写"出差申请单"，注明出差地点、事由、天数、所需资金，经部门负责人签署意见、分管领导批准后方可出差。

2.出差人员借款需持批准后的"出差申请单"，填写"用款申请单"，列明用款计划，由部门负责人签字担保后，经财务负责人审核，分管领导审批后方可借款。

3.出差人员回公司后，应形成出差完成情况书面报告，并向分管领导汇报，由分管领导考核结果，签署考核意见。

4.审核人根据签有分管领导考核意见的"出差申请单"和有效出差单据，按费用包干标准规定，经审核后方可报销差旅费。

5.凡与原出差申请单规定的地点、天数、人数、交通工具不符的差旅费不予报销，因特殊原因或情况变化需改变路线、天数、人数、交通工具的，需经分管领导签署意见后方可报销。

6.出差回公司应在一星期内报账，超过一星期报销费用，每一天按 30 元罚款，若迟报时间超过一个月以上，每一张单据按每月 30 元累积加罚（发票日期），并追究其部门担保人责任。

7.出差时借款，本着"前账不清、后账不借"的原则，延误工作责任自负，特殊情况由总经理特批，对各部门违反规定给与借款而造成账务混乱的，追究财务经办人及负责人的责任。

二、费用标准

总体原则：对出差人员的补助费、住宿费和市内交通费实行"包干使用，节约归己，超支不补"的原则。

三、报销办法

（一）住宿费报销办法

1.出差人员的住宿费实行限额凭据报销的办法，按实际住宿的天数计算报销。

2.出差人员由接待单位或住在亲友家的，一律不予报销住宿费。

3.出差人员住宿费报销标准原则上按规定标准执行，有新闻媒介采访、会见地方政府官员和知名人士或影响公司整体形象的特殊业务情况，在分管领导允许的前提下，可按实报销。

4.住宿费标准一般指每天每间，若为同性二人同时出差，按一个房间标准报支，副总以上人员出差，可单独住宿。

（二）伙食补助费报销办法

中午 12 时前离开本市按全天补助；中午 12 时后离开本市按半天补助；中午 12 时前抵达本市按半天补助；中午 12 时后返抵本市按全天补助。

（三）交通费报销办法

1.旅途中符合乘卧（从晚 8 时至次日晨 7 时之间，在车上过夜 6 小时以上或连续乘车时间超过 12 小时）而未乘座卧铺，特快列车凭票价 50%，其他列车票价 60%予以补贴。订票费、退票费原则上不予报销，如遇特殊情况需写书面汇报，报分管领导批准后，方可报销。

2.对于自带车辆人员，交通补助费予以取消（乘坐出租车办事需经主管领导同意）。

## 范本内容精讲

本范本是某企业差旅费报销管理制度，有关金钱方面的规章制度公司一般会重视，所以在制度的规定上也更细致、更全面。全文从 4 个方面进行相关规定：办理程序、费用标准、报销办法和补充规定。最后一点写明了制度的执行日期。

我们进行差旅费报销制度的写作时除了从本范本中所展示的 4 个方面入手外，还可从以下 3 点来书写，即差旅费票据要求、报销时间和其他要求。

本范本的层次较多，其结构大致如图 3-12 所示。

三、报销办法
（一）住宿费报销办法
1.×××××。
2.×××××。
…………
（三）交通费报销办法
…………
3.×××××，但下列情况除外：
（1）×××××；
（2）×××××；
（3）×××××；

图 3-12　报销制度结构

从图 3-12 可以看出，其结构为"一、""（一）""1."和"（1）"，这样层层延伸，将每一项内容都写具体。

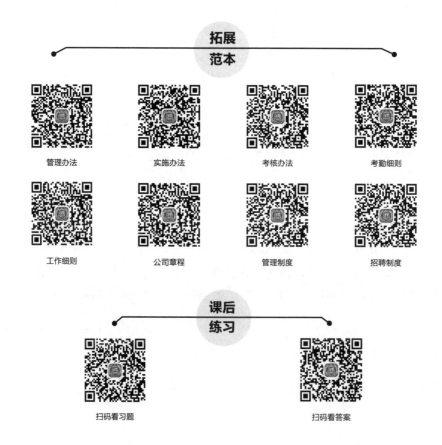

拓展范本

管理办法　　实施办法　　考核办法　　考勤细则

工作细则　　公司章程　　管理制度　　招聘制度

课后练习

扫码看习题　　　　　　扫码看答案

# ——计划总结类公文写作与范例——

计划类公文多与工作计划的制订、工作流程的安排，或是工作项目的计划有关。其公文种类有计划、方案、安排、计划书等，本章通过对这些文种地讲述，让大家了解计划类文书的特点和写作格式。

# 4.1 工作计划

■格式　■注意事项　■范例解析

　　工作计划是行政工作中使用范围广泛的重要公文，机关、团体和企事业单位的各级机构对一定时期的工作预先作出安排和打算时，都要制订工作计划，用到"工作计划"这种公文。

## 4.1.1　工作计划的写作格式和注意事项

　　写工作计划其实是对自己工作的一次盘点，很多企业都会要求员工有自己的工作计划，或是制订相关的工作计划。工作计划的种类有很多，但不论哪种计划，写作时都必须注意掌握如表 4-1 所示的 5 条原则。

表 4-1　写工作计划要掌握的原则

| 原　则 | 简　述 |
| --- | --- |
| 对上负责的原则 | 要坚决贯彻执行党和国家的有关方针、政策，以及上级的指示精神 |
| 切实可行的原则 | 要从实际情况出发定目标、定任务、定标准，即使是做规划和设想，也应当保障可行，或基本能做到 |
| 集思广益的原则 | 要深入调查研究，广泛听取群众意见，博采众长 |
| 突出重点的原则 | 要分清轻重缓急，突出重点，以点带面 |
| 防患未然的原则 | 要预先想到实行中可能发生的偏差、可能出现的故障，有必要的防范措施或补充办法 |

　　工作计划的结构由标题、正文和落款 3 部分组成。下面来看看具体的写法。

### 1. 标题

　　工作计划的标题一般包括订立计划单位或团体的名称、计划期限、适用范围和文种 4 个要素，可两两搭配。

　　◆　单位名称＋计划期限＋文种，如"××财务部 2018 年工作计划"。

◆　计划期限＋文种，如"2018年工作计划"。

◆　适用范围＋文种，如"人才招聘计划""××技术研究计划"。

当然，有的要素能够省略，有的要素是不能省略的，比如，发文单位的规模很大，计划使用范围很重要等。

### 2. 正文

工作计划正文内容可分为前言、主体和结尾3部分。

◆　前言

工作前言，即开头，一般是整体性、概括性的内容，如对前一年工作的总结，对后一年工作的希望或想要达到的目标。也可以书写制订工作计划的原因、意义等。前言最好简明扼要，以一段为佳，毕竟重要的是主体内容。

◆　主体

工作计划的主体内容一般包括工作的任务和指标（做什么），实施的步骤和措施（怎么做），负责的人员（谁来做），工作进度（何时做）。具体内容如表4-2所示。

表4-2　主体内容

| 主体内容 | 具体内容 |
| --- | --- |
| 做什么 | 工作任务和指标，根据需要与可能，规定出一段时期内应完成的任务和应达到的工作指标。任务和要求应该具体明确，有的还要定出数量、质量和时间要求 |
| 怎么做 | 工作的方法、步骤和措施，在明确工作任务以后，还需要根据主、客观条件，确定工作的方法和步骤，采取必要的措施，以保障工作任务的完成。这就会涉及动员哪些力量与资源，创造什么条件，排除哪些困难等，特别要对工作总结中存在的问题进行分析，拟定解决问题的方法 |
| 谁来做 | 工作分工，是指执行计划的工作程序和时间安排。在时间安排上，既要有总的时限，又要有每个阶段的时间要求，以及人力、物力的安排 |
| 何时做 | 可以规定工作进度，或是完成期限 |

◆　结尾

结尾部分是对工作计划的重点内容加以强调，或是对工作计划进行补充，有时也是对其中的几项内容进行解释。

### 3. 落款

工作计划最后需要签署订立计划的日期和相关单位，根据具体的情况选择是否加盖公章。

## 4.1.2 工作计划的范例解析

工作计划有很多种类，这里主要展示年度工作计划和季度工作计划两类。

### 1. 年度工作计划

年度工作计划，是以一年为实施周期而制订的工作计划。

**范本内容展示**

◉ 资源 |Chapter04| ×× 公司 2018 年 HR 年度工作计划 .docx

**×× 公司 2018 年 HR 年度工作计划**

2018 年是一个充满挑战、机遇与压力的一年。当今社会，就业竞争激烈，公司在面临机遇的同时，也面临着困难和问题。为了公司更好的发展，人力资源部也要尽力做好自己的本职工作，为公司招聘更多优秀的员工。现将年度工作计划报告如下。

一、建立健全人事行政管理的各项规范及管理制度、员工手册等

建立健全人力资源管理的各项规范及管理制度、员工手册规范的管理制度是企业用人留人的起码前提条件，员工从进入公司到岗位变动，从日常考评到离职，人事行政部都按照文件的程序进行操作，采取对事不对人的原则，希望能达到岗位工作的合法性、严肃性。

二、劳动合同管理

做好劳动合同的签订、解除及劳动合同档案管理等工作。本年度工作计划的重点是：

1. 劳动合同签订、续签、终止及时性；
2. 员工转正及时性；
3. 劳资关系（劳动纠纷次数、原因等）；
4. 档案管理完整性等描述。

三、员工评价的收集

为进一步加强对员工在一定时期内工作能力等方面的评价，正确把握每位员工的工作状况，建立公司正常、合理

的人事考核评价制度，从而为员工的奖惩、晋升、调整等提供客观依据。根据公司目前经营状况，每月收集各门店人事评价表，对每个人进行考核评价。对不合格人员实行在岗试用、待岗培训或转岗，以保证员工队伍的高效率、高素质。

四、继续做好招聘工作

严格按程序执行招聘工作，根据公司发展规划做好人员的甄选、面试工作。采取多种方式招募人才，保障各专业用人的需求。

1. 继续发挥网络招聘的作用，积极参加各大院校、社会招聘会等多渠道招揽人才；
2. 充分利用实习期或试用期，对招聘的人员的实际工作能力进行严格考察。

五、继续强化培训工作

1. 培训工作严格按照公司《培训管理制度》执行，跟踪落实对培训整个过程，并且做好每个培训项目后期跟踪与效果评估，及时反馈；
2. 对部门负责人加大面对公司层面的培训要求，列入年中考核。

×× 公司人力资源部
2018 年 1 月 3 日

**范本内容精讲**

在制订年度工作计划的时候，由于公司的主营业务不同、机构不同、部门不同，因此其制订计划的出发点也会有所不同。本范本从标题就可以看出是年度计划，一般年度计划都会写明具体的年份，这里是 2018 年。

本范本不是整个公司的年度计划，而是人力资源部的年度计划，所以正文内容与员工的招聘和管理有关。首先正文开头用一段来对 2018 年的情况进行概述，然后表达了展望。除此之外，还可以对具体的工作安排进行书写，如图 4-1 所示。

在新的一年，我车间要在去年所有工作已经达到较好效果的基础上，与工厂管理实践相结合，通过深入开展"比学赶帮"活动，将重点精力放在生产管理和队伍建设上，不断深化对标、建标、追标，努力降低装置成本，提高产品质量，建设安全稳定向上的新包装。实现车间生产管理和队伍建设的科学发展，进一步提升××厂的环保经济运行水平，为公司"安全、效率、发展、和谐"建设作出自己的贡献。现制定新一年的工作计划。

图 4-1　具体的工作安排

在书写正文核心内容时，根据内容，选择不同的写作方式。如果内容较少，可以用列举式写法，分条列出；如果内容较多，且涉及的方面又多，则可以先分出几个大点，再详细讲述。这里分了 5 个大点来制订人力资源的工作计划，内容分别如下。

◆　建立健全人事行政管理的各项规范及管理制度、员工手册等。

◆　劳动合同管理。

◆　员工评价的收集。

◆　继续做好招聘工作。

◆　继续强化培训工作。

不过，图 4-2 所示的某公司年度工作计划的结构就与本范本有所不同，该工作计划只有开头一段加上 4 条内容，看上去也是一目了然的。

对于当今职场上不断提升地竞争压力，想让自己成为一个真正有实力的管理者，为公司的管理工作提高效率，就要在新的一年重新制定管理工作的各项内容。

1. 明确职员工的职责和工作任务调度分派各职员工必须履行工厂员工应尽义务和《工程部管理职责》规定的职责。

2. 制订部门职员工管理规范，加强职员工自觉约束自己工作散漫等不良行为的意识。

3. 各职员工应按时出勤，未经工程部负责人批准，请假将依工厂考勤记录为准作旷工论处。

4. 制订符合实情的工程及相关部门工作反馈改善方案和办法，建立培训部门。

图 4-2　公司年度计划

## 2. 季度工作计划

季度工作计划与年度工作计划类似，只是将计划周期缩短至一个季度。

**范本内容展示**

### ××××年财务部第四季度工作计划

作为××××年的最后一个季度，该阶段的工作计划直接影响本年度的工作效率，以及下一年的工作进展，所以这一季度的工作要点如下。

一、加强会计核算工作。目前财务部会计核算是在初步实现会计电算化的基础上进行的，已基本建立电算化为主、手工账为辅，电算化手工账相互印证的核算管理模式，较好的处理了手工核算中的记账不规范和大量重复劳动产生的错记、漏计、错算、重复等错误。下一步将继续加大财务基础工作建设，从票据粘贴、凭证装订、账证录象、报表出具等工作抓起，认真审核原始票据，细化账务处理流程，内控与内审合，每月进行自查、自检，做到账目清楚，账证、账实、账表、账账相符，使财务基础工作更加规范化。为做好以上工作，要全体财务人员在工作中认真学习，不断总结经验及教训，把财务核算工作做得更精细化，能够全面、细致、及时地为公司及相关部门提供翔实信息，并要从单一的会计核算向前端的财务筹划、过程中的财务监督、事后的财务分析转移，为公司领导层决策提供可靠依据。

二、增强财务监督职能。在工作中，严格按照国家相关会计法规及公司财务管理制度的规定，对违法违规的活动进行制止，预防财务风险。在报销方面，加强内部监督，严格遵照相关财务管理制度执行，对不符合规定的单据一律予以退回，努力开源节流，使有限的经费发挥的作用。

三、科学合理安排调度资金，充分发挥资金利用效率。

1. 加强并规范现金管理，做好日常核算，按照财务制度，办理现金收付和银行算业务，强化资金使用的计划性、效率性和安全性，合实际，重点加强对房地产项目投资的分析与管理，尽可能地规避因政策变化带来的资金风险。

2. 加强与各开户行的合作，搭建安全、快捷的资金算网络；通过内部管理控制，合理筹措、统筹安排运用资金。库存现金管理方面，除满足集团公司日常开支外，要继续和各开户行协调，解决大额现金支取难的问题，保障各个项目在下半年秋收季节的大量现金需求。

3. 加强对公司金钱需求及回笼情况的分析，主动与公司生产经营部门进行信息交流，掌握公司生产经营过程中存在的资金缺口，加大资金筹措力度，提高项目融资贷款能力。为此，下半年的工作中一方面要克服困难，做好老贷款的还旧续新：一方面要与银行方面保持主动沟通，争取更多条件优惠的贷款，降低融资费用。个人贷款方面，要及时支付到期本金及利息，维护公司的信用，为进一步融资创造优良的平台。

四、加强与银行、税务等有关部门的合作，主动研究税收政策，合法避税增加效益。在下半年的工作中，全体财务人员应加强税收政策法规的研究，加强与税务部门对各项工作的联系和协调，需特别关注的是省直地税上至局长下至专管员全部履新，税务方面的交流与沟通要重新开展。

五、组织全体人员主动参加各种形式的在岗培训。财务

**范本内容精讲**

从标题可以看出本范本是一个季度工作计划，一年有 4 个季度，书写时要注意一般用"××××年第 × 季度"来表示。

从内容上讲，由于季度工作计划比年度工作计划实施周期短，所以会更快地切入工作计划的主题，阐述季度工作的目标或任务，年度计划可能会在开头的地方作一些环境分析，或是对工作计划进行简单的概述。而季度工作计划直接指出了具体的工作内容，如本范本是从以下几个方面入手的。

◆ 加强会计核算工作。

◆ 增强财务监督职能。

◆ 合理地安排调度资金。

◆ 加强与银行、税务等有关部门的合作。

◆ 组织全体人员主动参加各种形式的在岗培训。

# 4.2 方案

■格式　■范例解析

方案是计划类公文中内容最复杂的一种。由于一些具有某种职能的具体工作比较复杂，不作全面部署不足以说明问题，因而公文内容构成势必要烦琐一些，一般有指导思想、主要目标、工作重点、实施步骤、政策措施以及具体要求等内容。

## 4.2.1　方案的格式

方案的内容大多是上级对下级或涉及面比较大的工作，一般用带"文件头"的形式下发，所以不用落款，只有标题、成文时间和正文 3 个部分。

### 1. 标题

方案的标题有两种写法，一种是"三要素"写法，即由发文机关、计划内容和文种 3 部分组成，如《北华大学五年发展规划总体方案》。

另一种是"双要素"写法，即省略发文机关，但这个发文机关必须在领头的"批示性通知"（文件头）的标题中体现出来，如《治理采掘工业危机，实现良性循环方案》。

### 2. 成文时间

成文时间一般在标题下注明，有的还会在成文时间前加上机构名称，如"××组织部 2023 年 8 月 5 日"。

### 3. 正文

方案的正文有两种写法：一是常规写法，即按"指导方针"、"主要目标（重点）"、

"实施步骤"、"政策措施"及"要求"几个部分来写，这个较固定的程序适合一般常规性单项工作；二是变项写法，即根据实际需要加项或减项的写法，适合于特殊性的单项工作。

但不管哪种写法，"主要目标""实施步骤""政策措施"这三项是必不可少的。在实际写作时，可对这几项内容的名称加以改变，如把"主要目标"改为"目标和任务"或"目标和对策"等，把"政策措施"改为"实施办法"或"组织措施"等。不仅如此，每项内容还可往下延伸，具体内容如下。

- ◆ "主要目标"还可分出总体目标和具体目标。
- ◆ "实施步骤"也可分为基本步骤、阶段和关键步骤，关键步骤里还有重点工作项目。
- ◆ "政策措施"的内容里一般还要分"政策保证"、"组织保证"以及"具体措施"等。

方案也可以是下级或具体责任人为落实和实施某项具体工作而形成的文件，然后报上级或主管领导批准实施，写法要求同上。

## 4.2.2　方案的范例解析

根据方案的性质不同，可将方案分为工作方案和活动方案。

### 1. 工作方案

工作方案是对未来要做的重要工作做最佳安排，并具有较强的方向性、导向性的筹划。

在实际工作中，为达到某一特定效果，要求决策助理人员高瞻远瞩，深思熟虑，进行周密思考，从不同角度设计多种工作方案，供领导参考。在书写工作方案时要注意以下几点内容。

- ◆ 确定目标是制定工作方案的重要环节，应将调查研究和预测技术这两种科学方法有机地结合。
- ◆ 在拟定工作方案过程中，采用多种方法，尽量避免可能出现的问题，从而使方案更趋完善。

**范本内容展示**

⊙ 资源 |Chapter04| 冬季安全生产措施实施方案 .docx

<table>
<tr>
<td>

## 冬季安全生产措施实施方案

为进一步做好冬季安全生产工作,切实巩固百日安全整治大检查活动成效,扎实推进冬季安全生产大检查和百日安全整治大检查"回头看"活动的深入开展,坚决防止各类恶性事故的发生,规划建设室根据具体工作情况,特制定了以下安全生产实施方案。

一、对相关企业要求

1. 施工企业根据具体施工内容、部位和时间制定出相应的施工技术方案,有专人负责施工技术方案的落实和检查,确保施工安全和质量安全。

2. 监理企业在工作中除正常的工程控制外,应根据相关规范和制度做好冬季施工过程中的安全和质量控制工作,并制定出相应的安全和质量控制方案。

二、工程现场安全方案

1. 冬季施工时,采取防滑措施。

2. 施工现场及临时工棚内严禁用明火取暖,订出具体防火安全注意事项,并将责任落实到人。

3. 电气设备,开关箱应有防护罩,通电导线要整理架空,电线包布应进行全面检查,务必保持良好的绝缘效果。

4. 工地临时水管应埋入土中或用草包等保温材料包扎,外抹纸筋,水箱存水,下班前应放尽。

5. 草包、草帘等保温材料不得堆放在露天,以免受潮失去保温效果。

</td>
<td>

6. 现场的易燃、易爆及有毒物品应有专人保管,妥善安置,明火作业应实行动火证审批制度,并配置必要的安全防火用品。

7. 现场施工机械在进入冬季前做全面的维修和保养,结合机械设备的换季保养,及时更换相应牌号的润滑油,确保防冻液符合当地防冻要求,未使用防冻液的机械设备要采取相应的防冻措施。

8. 桩基检测过程中安排专人值守,严禁无关人员进入场内。严格按照相应技术规范加载和检测,参与检测人员必须熟知技术规程,技术人员必须持上岗。

9. 所有管理人员和施工人员禁止在水边钓鱼或进入湖区水面提水、洗衣、洗澡等,如从水库中提取施工用水,必须上报工程指挥部批准,并采取相应的安全措施。

10. 施工企业对施工用车做好出车记录,实行定车定人制度,所有施工车辆严禁无关人员驾驶。司机应严格遵守交通法规,进入施工现场必须限速行驶,保证周围施工人员和车辆的安全。车辆启动前,严禁用明火预热,防止发生火灾。

规划建设室

××××年××月××日

</td>
</tr>
</table>

**范本内容精讲**

本范本所展示的工作方案从标题中可以看出是有关冬季安全的相关工作措施,其标题并没有发文单位,标题下方也没有注明单位名称和发文时间,不过在正文最后有落款。工作方案的正文大多由两部分构成,本范本也是如此,可分为开头引语和方案的基本内容。

**工作方案具有广泛性、具体性和规定性。那么,怎么来理解这几个特性呢?**

一般来讲,引语或者是导言书写的都是方案制定的目的、意义和依据,结构多为"为了……根据……特制定本方案"。在本范本中,引言强调制定本方案是为了"进一步做好冬季安全生产工作,切实巩固百日安全整治大检查活动成效"。

首先,广泛性是指工作方案的应用范围很广泛,适用范围广。从适用主体来看,既可以是各级党政机关,也可以是企事业单位和各种社会团体。从工作方案的内容来说，涉及政治、经济、文化及人们生活等各方面内容。

其次，具体性是指需要对某项工作的工作内容、目标要求及实施步骤等做出具体明确的安排。要落实到工作分几个阶段、什么时间开展、什么人来负责、领导及监督如何保障等。

最后，规定性表现在两个方面：一方面，工作方案要根据上级的有关文件及精神来制定，或是根据所要实施的工作的目的、要求及单位的实际情况来制定；另一方面，工作方案一旦制定出来，制定机关及相关部门单位就要按照工作方案认真组织实施，具有规范性。

在书写工作方案的基本内容时，要注意以下 3 个方面。

◆ 基本情况的交代，比如，工作的时限、范围、对象、内容和重点。该部分内容本范本是省略掉的。

◆ 对相关工作按阶段或进程作具体的部署安排，这是全文的重中之重。可以通过要点突出的方式来书写，在每个标题下具体展开说明实施方案的时限和对象。本范本书写了对相关企业的要求、工程现场安全方案，采用分条列项的方式展示了具体的工作内容。

◆ 对相关问题的处理与解决办法，重要工作的推进涉及的问题必然是多方面的，诸如组织领导、人员经费以及财力、物力的安排，有关矛盾和问题的解决等，都是不可避免而又至关重要的，虽然不属于主体内容，却也是很重要的一环。由于本范本只涉及冬季安全工作，所以并没有书写这一项。

## 2. 活动方案

活动方案是指为某一次活动所制订的书面计划，包括具体行动实施办法、细则和步骤等，以确保活动顺利圆满地进行。

**范本内容展示**

◎资源 |Chapter04| 酒店周年庆策划活动方案 .docx

## 酒店周年庆策划活动方案

2018年1月21日是酒店开业庆典五周年纪念，酒店开业五年来，在我们的共同努力和积极开拓下，所有员工团结奋进，业绩与日俱增，博得了许多市县领导的好评。为了促进沟通，增进员工感情，也为了共同为酒店的发展一起努力，我们营销部策划此次周年庆活动。

一、活动主题

热烈祝贺××大酒店开业五周年店庆、圣诞、元旦三重喜庆，感恩回馈，宾主联谊。

二、活动目的

在酒店开业五周年庆典之际，借助五周年庆典与圣诞、元旦三重喜庆交策扩大酒店的知名度，对外树立酒店形象，加强与商务客户、兄弟行业之间的感情联系，进一步提升大酒店在××地区的影响力，稳定和巩固老客户，进行情感营销，培养客户忠诚度。

三、活动要求

1.喜庆的现场布置，整体烘托出轻松、愉悦、热闹的氛围。重点突出隆重、大方、简朴、喜庆的氛围。

2.密切结合店庆、圣诞节、元旦三重喜庆布置酒店、会场。

四、活动内容

1.邀请兄弟集团嘉宾及酒店大客户、老客户、合作单位等一同参加此次周年庆典活动。

2.营销部美工负责全程照相，营销客户、新老客户、各

兄弟集团嘉宾、各赞助单位。

3.酒店内外环境的布置。

4.酒店五周年庆典联谊会在酒店多功能厅举行。

5.酒店各部门自己组织节目（营销部4个、人力资源部1个、财务部1个、领导部2个、工程部1个、前厅部2个、餐饮部3个、房务部2个）。兄弟联谊单位联谊节目，宾主互动联谊节目，并穿插店庆感恩回馈抽奖活动、现场评判真奖活动。

6.酒店文艺节目汇演。

7.酒店领导、部门经理为现场评委（人力资源部指定具体人员）。

8.现场颁奖嘉宾（酒店领导）。

9.有奖征文演讲（××酒店的发展），评三个等级奖。一等奖奖金300元，二等奖奖金200元，三等奖奖金100元。

10.文艺汇演节目评特等奖1名（奖现金600元），一等奖1名（奖现金400元），二等奖2名（奖现金各200元），三等奖3名（奖现金各100元）。

11.凡参加有奖征文演讲的各员工参与奖50元（限报名前10名）。

12.嘉宾现场抽奖活动（奖品可为餐饮代金券、客房代金券、康乐部代金券、圣诞店庆吉祥物礼品等）。设特奖1名，奖免费房间一晚；一等奖1名，奖餐饮代金券200元；二等奖2名，各奖康乐代金券98元；三等奖3名，各奖店庆新年礼品一份。

13.酒店评出优秀部门班组、优秀员工、优秀管理人员，

**范本内容精讲**

本活动方案名称即为"事宜＋活动策划"，在书写活动方案的标题时，最好写得具体一点，如"2018年12月18日大学晚会活动方案"。

活动方案的格式与工作方案不同，工作方案的格式比较规范，与大多数公文格式差不多，而活动方案涉及的重点和步骤繁多，大概有以下12个要点。

◆ **活动标题**：主题。

◆ **前言**：概述。

◆ **活动时间**：活动执行时间，包括时间段。

◆ **活动范围**：包括活动所针对的对象（活动参加人员）、区域。

◆ **活动的目的及意义**：为什么开展活动。

◆ **人员配置**：具体负责组织人员，按职就分，所有的工作任务细分到每位工作人员身上。

◆ **活动内容**：详情讲述该项活动的步骤及活动项目。

◆ **前期准备**：做好对活动前期的调查、宣传推广和活动设备的安排等。

◆ **活动过程**：提出工作要求，以及提出完成的要求。

◆ **活动目的**：做出想要达到的效果。

◆ **效果评估**：预想活动后所得到的反应及达到的效果。

◆ **物料清单**：对所有用到的宣传材料、物品等做好登记，还有财务预计。

我们在书写活动方案时，大致就是按照以上格式及内容来行文，不过，有的顺序是可以颠倒的，如时间、地点、意义等，但物料清单一般放在最后。本范本的经费预算也是在正文后面进行书写的。

当然，活动策划最重要的一部分就是"活动开展"的部分，书写时要注意简洁明了，一目了然，但又不能有遗漏。在此部分中，不局限于用文字表述，也可适当地加入统计图表等。对策划的各工作项目，应按照时间的先后顺序排列，绘制实施时间表有助于方案核查。人员的组织配置、活动对象以及相应权责及时间地点也应在这部分加以说明。

这里为大家提供一些参考内容，可根据活动的实际需要自行调节。涉及的方面有会场布置、接待室、嘉宾座次、赞助方式、合同协议、媒体支持、校园宣传、广告制作、主持、领导讲话、司仪、会场服务、电子背景、灯光、音响、摄像、信息联络、技术支持、秩序维持、衣着、指挥中心、现场气氛调节、接送车辆、活动场地清理人员、合影、餐饮招待、后续联络等。

除此之外，还有以下几点注意事项需要了解。

◆ 可以专门给策划书制作封页，进行包装，如用设计的徽标做页眉等。

◆ 如有附件，可以附于策划书后面，也可以单独装订。

◆ 策划书需从纸张的长边装订。

◆ 一个大策划书，可以有若干个子策划书。

# 4.3 安排

■特点　■写作内容　■范例解析

安排是就某一内容单一的活动（工作）所制订的临时的、时间较短的且比较具体、切实的计划。安排有学习安排、某某生产活动安排以及会议日程安排等，安排内容比较单一，安排的事项也比较单一，往往仅局限于某一项活动、某一工作内容，安排的时限往往适用于近期工作，有时长期计划也可用"安排"行文。

## 4.3.1 安排的写作特点和内容

安排一般指短期内要做的，且范围不大、内容单一、布置具体的一类计划，是计划类文体中的一种，它除了具有计划类文体特点的共性外，还有以下几个特性。

一是内容单一。安排的事项比较单一，往往仅局限于某一项活动或工作内容，多项活动或复杂的工作内容一般不用"安排"这一文体。虽然有周安排、月安排，可以同时讲多项事情，但大多围绕同一中心工作进行，而且所安排内容的表达，大多单一，只提及要点，很少详细阐明。

二是措施具体。安排的措施比较具体，更加切合实际，实施过程中一般变动不大。原则性、方向性的安排无法落实执行，因此，这种安排既不实用，也不多见。

三是时间要求短。安排的时间要求比较短，有的为"日"安排，有的为"周"安排，有的为"月"安排，也有"一段时间"安排。

四是简明扼要。安排要简明扼要，开门见山，一般不要求写前言，也不用写目标要求、实施措施和完成任务的步骤等，而是择其主要的把所要安排的工作列清，然后把要求、措施讲明白。

从结构上讲，安排一般由标题、主送单位、正文和结尾4个部分构成，但是由于主送单位和结尾常常省略，所以在实际行文中，标题和正文是非常重要的。下面来看看安排的具体写法。

### 1. 标题

标题有两种写法：一种是"三要素"，即单位名称＋事由＋安排，如"××公司实习期工作安排"；另一种是"两要素"，即事由＋安排，如"卫生打扫安排"。

## 2. 正文

由于安排涉及的事项不同，所以其正文的写法也各有不同，一般包括以下几部分内容。

- ◆ 目的依据，在介绍某一事项或某一工作之前可以对安排的目的或依据进行书写。这一部分类似计划的前言，但是语言十分简洁，常以"为了""根据"等话语起领，一笔带过就行了。
- ◆ 安排事项，这部分内容要单纯，也要注意具体、周密，一般用"一、""二、""三、"等方式分条列项进行表达。
- ◆ 提出要求，针对所安排事项的内容，提出具体可行的要求。少用弹性可变的语言，不留较多余地，以免执行时产生分歧。

以上 3 项内容中，前一项一般在行文开头书写，后两项为正文核心部分。在具体行文中，还要注意以下事项。

- ◆ 使用"安排"这一文种，要注意和"计划"区别开。
- ◆ 对"安排"的写作不要大谈其意义，而要直截了当进入正文。

## 4.3.2 安排的范例解析

根据表现形式，可以将安排分为条款式安排和表格式安排。

### 1. 条款式安排

条款式安排，即用一般的文字书写结构（标题、正文、结尾）来行文。

范本内容展示

◎资源 |Chapter04| 电力公司安全监督重点工作安排 .docx

## 电力公司安全监督重点工作安排

一、2018 年安全监督工作指导思想：坚持"安全第一，预防为主"的方针不动摇，以《安全生产健康环境质量管理体系》引领全局安全生产工作，为公司系统创造一个稳定的安全环境。

二、2018 年公司安全生产目标。

1. 不发生重大及以上事故和事件。

2. 一般电网、设备事故率和障碍率较上年有所下降。

三、2018 年公司安全监督重点工作安排。

1. 各单位要完成本企业安全生产责任制的修编工作。

2. 各单位安全监督管理相关制度要适应新的情况进行调整，特别是在设备安全监督、安全投入、安全科技、基建项目设计审查、工程竣工验收、用户工程并网监督管理等方面要有制度和规范的创新和突破。

3. 加强工器具、机械设备的管理，加强小型作业现场的人身安全管理。

4. 以《安全生产健康环境质量管理体系》贯标工作统领全局安全生产工作。

5. 开展《SHEQ 管理体系》贯标工作，超高压局、××供电局在 2018 年第四季度前进入试行运行阶段。

6. 各单位编写各自的现场标准化作业指导书，并同实施标准化作业。

7. 2018 年要继续推行安全生产风险抵押金制度，加大考

核的奖励力度和范围。

8. 投产阶段要落实设备验收责任制，谁验收签字谁承担缺陷设备的安全责任。

9. 未进行评价的供电单位下半年安排专家组查评。完成调度中心安全性评价，有效实施对主网系统的评价和诊断。

10. 各级调度部门要严格执行电网运行规程的要求，健全电网事故防范体系。

**范本内容精讲**

本范本的标题格式为单位 + 事宜 + 安排，是典型的"三要素"格式，从标题中我们可以看出，该工作安排是关于安全监督的。这类工作安排最好采用文字叙述，用序号标注的形式一一罗列。如有主次关系，也可用序号符号的不同来分主次。

越是内容简单，用序号呈现就越清晰明了，所以在书写安排这一文体时，用序号是再好不过的。

本范本也不是最简单的一种安排，还涉及了层次变化。首先分了 3 个大点来书写工作安排，包括工作指导思想、安全生产目标及重点工作安排。首先用简洁的语言讲述了工作指导思想，然后分两点写明安全生产目标，最后的重点就是工作安排。

通过 10 个小点将 2018 年重要的工作安排列示出来，一目了然，非常清楚。该范本没有结尾，显得简洁干净。最简单的安排如图 4-3 所示。

幼儿园 2018 年二月安全工作安排

二月：

1. 制订安全教育工作计划。

2. 进行全面开学工作检查，消除隐患。

3. 建立和完善幼儿园安全事故信息报告制度。

4. 与各岗位签订安全责任状。

5. 给全园进行特殊体质调查，并记录好家长签名。

图 4-3　最简单的安排

### 2. 表格式安排

表格式安排一般用于活动行程，时间期限较短的安排，通过时间段来列示具体的工作环节。

**范本内容展示**

◎资源 |Chapter04| 市场部经理近期商务活动行程安排 .docx

市场部经理近期商务活动行程安排

| 日期 | 时间 | 行程内容 |
|---|---|---|
| 12 月 18 日 | 10:00~11:30 | 与××公司营销经理会面 |
| | 12:00~13:30 | ××酒店西餐厅用餐 |
| | 13:30~14:30 | 在××酒店棋牌室品茗 |
| | 15:00~17:00 | 公司第四会议厅商议合作细节 |
| | 18:00~20:00 | ××酒店宴会厅聚餐 |
| 12 月 19 日 | 10:00~11:30 | 参加本月度的研讨会，向领导报告工作 |
| | 12:00~14:00 | 休息 |
| | 14:30~17:30 | 就会议内容安排相关工作 |
| | 18:00~19:30 | 市场部同事庆功 |
| | 20:00~22:00 | ××KTV 唱歌 |
| 12 月 20 日 | 9:00~10:30 | 机场登机 |
| | 14:00~17:30 | 参观合作公司 |
| | 18:00~19:30 | 搭乘回程飞机 |

**范本内容精讲**

本范本是某公司市场部经理近期商务活动行程安排，从中可以看出，该工作行程的安排不是用文字展现的，而是采用表格的形式。

活动安排最重要的是时间，所以在制定行程安排时一定要根据时间进行划分。如本范本，先划分了日期，又划分了时间段，这样每个时间段的工作内容都一目了然了。

本范本中分了3项要素，分别是日期、时间和行程内容。有的行程安排可以分出多项不同的内容，如图4-4所示。

| 日期 | 时间 | 行程内容 | 出席人员 | 备注 |
| --- | --- | --- | --- | --- |
|  |  |  |  |  |
|  |  |  |  |  |

图 4-4　行程安排

# 4.4　计划书

■结构　■范例解析

计划书是党政机关、企事业单位或社会团体对今后一段时间的工作、活动作出预想和安排的一种事务性文书。为避免工作的盲目性，必须前有计划、后有总结。

## 4.4.1　计划书的结构

计划书与一般的工作计划有一定的区别，即计划内容较少，且计划书涉及的内容较全面，篇幅较大。计划书大体由标题和正文两部分构成。

### 1. 标题

计划书的标题没有一般公文那么讲究，可以选择多种书写方式。

◆ 只写"商业计划书""创业计划书"等。

◆ 公司名称＋项目名称＋计划书，如《化工泵化工阀门石墨冷凝器生产项目商业计划书》。

◆ 公司名称＋计划书，如《×× 化妆品商业计划书》《×× 药剂公司创业计划书》。

## 2. 正文

一般的公文正文会有开头和结尾，但是计划书都是直接书写正文内容，当然，计划书大多有封面和目录索引。

不同的计划书其正文的内容会有所不同，比如，创业计划书的正文会由"公司概况""经营目标""销售计划""财务计划"等组成，而商业计划的正文会由"企业基本情况""市场分析""竞争调查"等组成。

而且计划书的内容专业复杂，所以在行文之前一定要找好相应的资料，或与同事、合伙人一同讨论过后方可执笔。下面，我们从两种不同的计划书来看看其具体的写法。

## 4.4.2 计划书的范例解析

计划书的种类有许多，这里我们主要介绍商业计划书和创业计划书两类。

## 1. 商业计划书

商业计划书是公司、企业或项目单位为了达到招商融资和其他发展目标，根据一定的格式和内容要求而编辑整理的一个向受众全面展示公司和项目目前状况以及未来发展潜力的书面材料。

商业计划书包括企业筹资、融资、企业战略规划与执行等一切经营活动的蓝图与指南，也是企业的行动纲领和执行方案，其目的是为投资者提供一份创业的项目介绍，向他们展现创业的潜力和价值，并说服他们对项目进行投资。

**范本内容展示**

◎资源 |Chapter04| 网络科技有限公司商业计划书 .docx

## ××网络科技有限公司商业计划书

一、企业概况

1.企业名称：××网络科技有限公司

2.法律形式：有限责任公司

3.运营模式：公司以网络联合实体店经营

4.商业计划简述

经营范围：（ ）制造业（√）服务业（ ）批发商

产品或服务：本地化汇聚平台

目标顾客：试图追求更漂亮、更时尚的广大女性及追求个性化形象的帅哥等有需求的人群。

市场简析：在中国 13 亿人口中，其中有 6 亿是女性，按每一个城市有 100 万女性计算，就有 100 万潜在客户，即使转化率在十分之一，这也意味着一个城市有 10 万的精准用户，这是一个巨大的市场空间。

然而目前各种美发店的服务和技术都存在着巨大差异化和雷同的缺陷，远远无法满足当代年轻人追求独一无二的需求。所以要在美发行业中找到立足之地，找对年轻一代最确切的需求永远是最关键的一步。因此汇聚平台的市场空间很大，可以发展的机会也很多。

5.所有者信息：王×，女，1962 年 6 月生，汇聚平台的发起人，在美容美发行业有 12 年的摸索经验，踏足于 1996 年至 2006 年中国美容美发行业的辉煌期，经历了 2006 年至 2016 年中国美容美发行业的饱和期，拥抱着 2016 年至 2026 年中国美容美发行业的转型期。

主要管理者：××、××

6.资本情况

启动资金：20 万元

营运资本：15 万元

总计：20 万

来源：个人

7.联系方式

地址：××省××市××号

电话：150×××× /139×× ×××

E-mail：8679×× @163.com

二、企业组织结构

岗位设置：总经理、副总经理、行政部、客服部、财务部、技术部、市场部。

三、商业构想和市场分析

1.商业构想描述

追寻漂亮、时尚是每个女人的天性，因而对个性化的需求更是有增无减。而现在年轻一代成为社会的主流，他们更爱追寻不同的自己，让自己何时何地看起来都更得体更有范儿，现在年轻人对于发型的追求和在意更是超过了美食和服饰，可以简餐甚至空腹，也要让自己的发型看起来不丢面儿，毕竟发型是自己形象的关键所在，且不是自己就能轻易打理的好，尤其头发烫过或染过的女性。

而我们××网络公司正好利用到了个性化这一点，既满

范本内容精讲

商业计划书有相对固定的格式，它几乎包括投资商感兴趣的所有内容，从企业成长经历、产品服务、市场营销、管理团队、股权结构、组织人事、财务、运营到融资方案。只有内容翔实、数据丰富、体系完整、装订精致的商业计划书才能吸引投资商。

一份完善的商业计划书应该包括七大要素，具体介绍如表 4-3 所示。

表 4-3　商业计划书的七大要素

| 要　素 | 具体介绍 |
| --- | --- |
| 执行摘要 | 它出现在商业计划书的最前面，不过建议这部分最后完成 |
| 公司 | 包括公司的注册情况、历史情况及启动计划 |
| 产品服务 | 描述你的产品或服务的特殊性及目标客户 |
| 策略推行 | 你需要知道你的市场、客户的需求，以及客户在哪里、怎样吸引他们 |

续表

| 要　素 | 具体介绍 |
|---|---|
| 管理团队 | 描述主要的团队成员 |
| 财务分析 | 确定这部分内容是真实的，且反映你现在的财务状况，包括你的现金情况和盈利状况 |
| 法律风险 | 描述公司产品进入市场，如何规避法律风险 |

本范本中也对这些要素进行介绍，不过也有省略的地方，比如法律风险。从结构来看，虽然企业的商业计划书不一定需要有一个固定的模式，但其编写格式还是相对标准化的，这些格式涵盖了一个商业计划书最需要回答的问题，也得到了实践者的一致公认。其大致内容框架如下所示。

◆ **封面和目录**

商业计划书的封面要既专业又可提供联系信息，如果对投资人递交，最好还能够美观漂亮，并附上保密说明。而准确的目录索引能够让读者迅速找到他们想看的内容。图 4-5 所示为某商业计划书的封面和目录内容。

<table>
<tr><td>

**××公司商业计划书**

设计人：

日期：

</td><td>

**目录**

</td></tr>
</table>

图 4-4　商业计划书

◆ **行政性总结**

这是一个非常重要的纲领性前言，主要是概括介绍企业的来源、性质、目标和策略，产品和服务的特点，市场潜力和竞争优势，管理队伍的业绩和其他资源，企业预期的财政状况及融资需求等信息。

**◆　企业描述**

对企业的历史、起源及组织形式作出介绍,并重点说明企业未来的主要目标(包括长期和短期),企业所供产品和服务的知识产权及可行性,这些产品和服务所针对的市场以及当前的销售额,企业当前的资金投入和准备进军的市场领域及管理团队与资源。

**◆　市场分析**

描述企业定位行业的市场状况,介绍市场的规模、预期增长速度和其他重要环节,包括市场趋势、目标顾客特征、市场研究或统计以及市场对产品和服务的接受模式和程度。对投资者而言,要让他确信这个市场是巨大且不断增长的。

**◆　竞争分析**

明确指出与企业竞争的同类产品和服务,分析竞争态势和确认竞争者信息,包括竞争者的身份、来源和所占市场份额,他们的优点和弱点,最近的市场变化趋势等。同时,认真比较企业与竞争对手的产品和服务在价格、质量和功能等方面有何不同,解释企业为什么能够赢得竞争。

**◆　产品和服务**

列举企业当前所提供的产品和服务的类型,以及将来的产品和服务计划,陈述产品和服务的独到之处,包括成本、质量、功能、可靠性和价格等,指出产品所处的生命周期或开发进展,如果本企业的产品和服务有独特竞争优势,还应该介绍所要采取的保护性措施和策略。

**◆　财务计划**

财务计划包括企业的实际财务状况,预期的资金来源和使用,资产负债表,预期收入(利润和亏损状况)以及现金流量预测等。这部分内容是商业计划的关键部分,在制订计划时最好能寻求会计师或其他专业人士的帮助,财务预测的设想总是先于实际数字,所以,预测要做到合理并且可行。

**◆　附录**

这部分应附上关键人员的履历、职位,组织机构图表,预期市场信息,财务报表以及商业计划陈述的其他数据资源等。

## 2. 创业计划书

创业计划书是一份全方位的商业计划，其主要用途是递交给投资商，以便于他们能对企业或项目作出评判，从而使企业获得融资。它是用以描述与拟创办企业相关的内、外部环境条件和要素特点，为业务的发展提供指示图和衡量业务进展情况的标准。通常创业计划是市场营销、财务、生产、人力资源等职能计划的综合。

**范本内容展示**

◎资源 |Chapter04| 创业计划书 .docx

### 创业计划书

**一、项目概况**

项目目的：××西餐厅以打造优质的西餐文化和服务大众为其办业和经营宗旨，力求开拓一片属于自己的市场。

项目名称：××西餐厅。

性质：此项目集开发家居设计、房屋室内设计、独栋别墅设计专业性服务项目。同时，吸引商家投资，建设中国人自己的家居设计文化。

建设地点：蚌埠市地区。

市场分析：学院现有 10000 多名师生，调查资料表明他们多消费用于饮食方面占了 54.7%，正因如此，饮食也是在学校创业首选之路。美食街附近是男女生聚餐最集中的地方，偶尔去的人占了全师生 65.8%，现时有 40.2% 师生觉得现在学校最缺的服务是就餐环境，而适合自食其乐西餐厅设计是幽雅、舒适、休闲的消费环境，这表明了××西餐厅开业后会有更受欢迎的可能性。

宗旨：服务大众，优质经营，为广大消费者展现不一样的西餐文化。

经营范围：

1. 推出皇牌主食套餐，经济实惠，例如：泰汁鸡扒印尼炒饭套餐、青咖喱猪颈肉扒伴意粉套餐、鳗鱼泰汁鸡扒局饭套餐等，各套餐还配有（粟米忌廉汤、油菜、热奶茶或冻柠乐），最适合校园情侣品味。

2. 西餐结合快餐。例如扒类（牛扒、猪扒、鸡扒）、各式快餐、各式小食、各种中西炖汤、中西式焗饭、粉面类（意粉、米粉等）。

3. 美颜甜品。例如姜汁鲜奶雪蛤膏炖蛋、金粟南瓜西米露、粟子蓉鲜奶露、椰汁香芋西米露，等等，最适合爱美的女大学生品尝。

4. 根据不同的季节制定一些冷饮、热饮、点心、沙拉等。例如磨咖啡、花式精致冰啤、香滑奶茶、特式风味茶、天然花茶、精美饮品、鲜榨果汁、雪糕新地、滋润甜品等。

市场营销：在西餐厅初步发展中，我公司将采用品牌策略、价格策略、促销策略等来实施创业计划。可以不同程度降低营销成本，还能建立起坚实的客户关系。随着西餐厅的发展，还将扩展体验式营销、网络营销等模式。

财务数据：见财务计划栏。

注册资金：10 万元人民币。

融资方式：由我原有西餐厅参股人员筹措资金 5 万元，商业贷款 5 万元。

组织理念：举才而任能，走创新和专业的组合路线，实行严密的系统性、战略性管理，打造高质量的饮食文化。

组织文化：敬业创新，优质经营，人性化管理。

结论："××西餐厅"这个店名易记、易读、好听，符合目标市场消费者的消费需求。而且招牌的字体设计要美观大方，要具有独特性。主要走中低档价格策略，在食品"色""香""美味"等方面力求尽善尽美，努力给客户最大限度的

**范本内容精讲**

通常一本创业计划的前面需要写一页左右的摘要，摘要是对计划书全篇内容进行的简单概括，主要包括公司基本情况、主要管理者情况以及研究与开发等内容。本范本中省略了这一部分内容，直接向大家展示创业计划书的具体章节，本范本分为 8 个部分，分别是项目概况、管理层及部门职能、研究和开发、行业及市场、营销策略、产品生产、财务计划、风险投资及对策。

一般来讲，创业计划书的内容由 9 大部分组成。

**◆ 事业描述**

首先描述所要进入的是什么行业，卖什么产品（或服务），主要客户有哪些。所属产业的生命周期是处于萌芽阶段、成长阶段、成熟阶段还是衰退阶段。还有，企业是独资还是合伙或公司的形态，打算何时开业，营业时间有多长等。

**◆ 产品／服务**

描述产品或服务到底是什么，有何特色，与竞争者有何差异等。

**◆ 市场**

首先需要界定目标市场在哪里，是否需要新开发，确定好相应的营销方式。确定好目标之后，决定怎样上市、促销以及定价等，并且做好预算。

**◆ 地点**

针对开店的项目，店面地点的选择也很重要。

**◆ 竞争**

不是所有的创业计划书都需要有竞争分析，以下两种情况需要进行创业竞争分析：一是进入一个新市场时；二是面临新的竞争者时。竞争分析可从 5 个方向去做：最接近的竞争者；业务；相似业务；可以学到什么；如何做得比他们好。

**◆ 人事**

考虑人事需求，包括引进哪些专业技术人才、全职或兼职、薪水如何计算，以及所需人事成本等。

**◆ 财务需求与运用**

考虑融资款项的运用、营运资金周转等，并预测未来 3 年的资产负债表、损益表和现金流量表。

**◆ 风险**

考虑面临的风险，并提出应对措施。

◆ 成长与发展

下一步要怎么样，3年后如何，这也是创业计划书要写明的主要内容。

以上内容书写时不一定全部用到，可根据具体情况进行选择，以制定出符合自己公司实际情况的创业计划书。

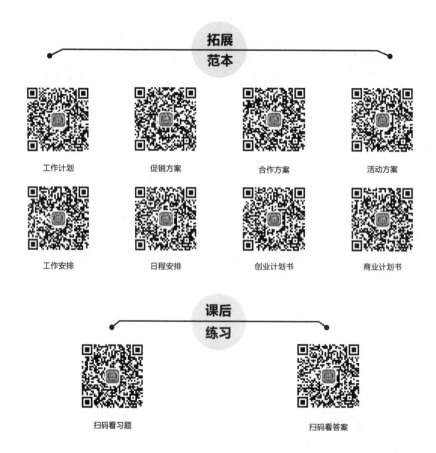

**拓展 范本**

| 工作计划 | 促销方案 | 合作方案 | 活动方案 |

| 工作安排 | 日程安排 | 创业计划书 | 商业计划书 |

**课后 练习**

扫码看习题　　　　　扫码看答案

# 凭证类公文写作与范例

在日常生活和工作中，相互存在某些联系的双方或多方需要通过签署一些文件来达到证明各方关系、约束各方行为、保护各方利益的目的，这样的文件一般称为凭证类公文，如意向书、合同、收条等。

意向书的特点与签署方式

意向书的写作格式

合同的成立、生效与法律约束力

合同的形式与分类

合同的范例解析

聘书的范例解析

……

# 5.1 意向书

■特点 ■签署方式 ■写作格式 ■范本

意向书是用来表示缔结协议的意向，并经过另一方同意的文书。其目的是表明一种意向，但不是正式的协议，所以其作用是为下一步正式签订协议奠定基础。由此可见，意向书是协议书或合同的先导，多应用于经济技术的合作领域。

## 5.1.1 意向书的特点与签署方式

由于意向书是公司或个人为某项业务出具的非正式函件，所以特点很突出，签署方式比较随性。

### 1. 特点

意向书虽然不具备合约的约束力，但它也表明了签署人的严肃态度，显著特点有如下4个。

◆ **协商性**：当事人双方或各方订立意向书时需要协商一致，撰稿人在写作时应多使用表示商量的话语，如"我觉得""我建议""不得不"等，尽量不带任何强制性用语，如"必须""一定""否则"等。

◆ **灵活性**：在协商过程中，当事人各方均可按照各自的意图和目的提出意见，在正式签订协议或者合同前可随时变更或补充意向书的内容。必要时，可以在意向书中提出多个方案，以便当事人订立正式合同时有选择的余地。

◆ **简略性**：意向书很多都是粗线条的，只涉及"合作方向"这一基本信息，不会很详细地约定过多内容。

◆ **约束力不强**：法律并没有对意向书的效力作出规定，通常意向书的内容中都含有导致其丧失约束力的条款，如"本意向书不具有法律约束力""双方的权利义务具体由正式合同确定"等。其中任何一方反悔，都不承担法律责任。

### 2. 签署方式

意向书的签署方式主要有两种：一种是单独签署式，另一种是联合签署式。单独签署式，即由出具意向书的一方签署，但文件一式两份，由合作的另一方在其副本上签章认可，然后交还出具方，就算完成意向书签署。联合签署式，即形式上仍然保持协议的形式，在意向书汇总写明合作双方的职务和代表人姓名，由双方分别签署，各执一份为凭。

**提示：意向书的法律约束力从无到有**

事实上，意向书不具有和合同一样的法律效力。但是，在某些情况下，意向书也会具有一定的法律效力。《民法典》规定："当事人采用合同书形式订立合同的，自当事人均签名、盖章或者按指印时合同成立。在签名、盖章或者按指印之前，当事人一方已经履行主要义务，对方接受时，该合同成立。"如果意向书已经具备了一份合同的主要条款，如买卖双方约定了买卖价格、买卖标的物、交付时间、交付方式和违约条款等，且当事人没有明确排除其约束力，而一方也已经开始履行该意向书所载明的部分义务，对方也接受了的，虽然此时没有订立合同，但通常认为该意向书具备了法律约束力，也可视为一份合同了。

## 5.1.2 意向书的写作格式

意向书的结构分为 3 大部分，即标题、正文和落款，各个部分都有其固定的写作形式和内容，如表 5-1 所示。

表 5-1 意向书的结构

| 部　分 | 形式与内容 |
| --- | --- |
| 标题 | 有 4 种形式：一是双方单位名称＋事由＋文种，如"××与××商务合作意向书"；二是双方单位名称＋文种，如"××与××意向书"；三是事由＋文种，如"投资意向书"；四是直接用"意向书"3 个字作为标题 |
| 正文 | 主要有 3 部分：导语＋主体＋结尾。<br>①导语部分写明合作各方当事人单位的全称、双方接触的简要情况和磋商后达成的意向性意见等，然后用"本着……原则……"的句式作为导语的结束语；<br>②主体部分是意向书正文的核心部分，分条款或分点写明达成的具体意向性意见，写作时可参照合同或协议书的条款排列；<br>③结尾部分写一些未尽事宜的说明性文字，如"未尽事宜，在签订正式合同或协议书时再予以补充"之类的语句，以便为修改留有余地 |
| 落款 | 如果意向书是单独签署式，则出具意向书一方的单位名称、代表人姓名和盖章等信息可写在正文之后，也可空两行与成文时间一起写在右下方；如果是联合签署式，则意向书签订各方的单位名称、代表人姓名、盖章和成文时间等信息一般写在正文之后 |

写稿人在撰写意向书时，语言要准确、表达要清楚，防止因歧义而产生合作纠纷；要坚持平等互利的原则，使用富有弹性的语言。另外，意向书的内容要忠实于洽谈内容，要将双方口头洽谈涉及的方方面面在意向书中如实地反映出来，不擅自添加或增减内容，尤其是产品质量要求、数量、单价和付款方式等信息。

## 5.1.3　常见的意向书范本

实际运用中，意向书的签署形式通常是联合签署式，而区别其类型的依据则是写作目的或意向书涉及的事由，如投资意向书、股权收购意向书等。

### 1. 投资意向书

投资意向书在风险投资行业比较常见，它是双方当事人就项目的投资问题通过初步洽商，就各自的意愿达成一致认识并表示合作意向的书面文件。

范本内容展示

◎资源 |Chapter05| 投资优先股票意向书 .docx

**范本内容精讲**

从本范本展示的内容看，在标题下方开始书写正文，第一自然段为正文的导语部分，写明了投资双方当事人单位的全称和双方就投资优先股票事宜的简要情况，然后以"投资条件如下"这样的句式结束导语，引出正文主体部分的写作。

由本范本可知，投资意向书的主体内容应包括投资的具体对象（如这里的"股票购买"）、有无限制期的说明、投资的前提条件、保密约定、免责声明以及适用法律等内容。结尾部分要对未尽事宜或相关责任、效力等问题进行说明，最后落款，注明投资双方的单位名称、盖章、签署文件的日期等。

## 2. 股权收购意向书

股权收购意向书，顾名思义，是指关于股权收购事宜的意向书。

**范本内容展示**

资源 |Chapter05| 股权收购意向书 .docx

### 股权收购意向书

甲方（收购方）：××有限公司

乙方（转让方）：××公司

甲、乙双方已就乙方持有的××有限公司（以下简称"目标公司"）100%股权的相关收购事宜，经友好协商达成以下股权收购意向。

一、鉴于

1. 甲方系一家依据中国法律组建并有效存续的股份有限公司，目标公司系合法存续的企业。乙方具有符合中华人民共和国法律规定的完全民事行为能力，并持有目标公司100%的股权。

2. 甲方拟向乙方收购乙方合法持有的目标公司 100%股权（以下简称"目标股权"），甲方拟受让该目标股权并成为目标公司新的股东（以下称"股权转让"）。

二、目标公司概况

××有限公司（注册号：××××××）成立于×××年××月××日，是由乙方独资设立的一人有限责任公司，注册资本100万元，经营范围为矿产品经销、汽车运输。

三、收购标的

甲方的收购标的为乙方拥有的目标公司其中 80%的股权以及目标公司的全部资产、债权债务、权益等全部财产（附资产明细、债权债务清单）信息。

四、收购价格和方式

1. 收购价格：甲乙双方初步商定收购价格为×人民币（¥××），最终经具有证券从业资格的资产评估事务所评估后的目标股权净资产基础确定最终收购价格。

2. 收购方式：甲、乙双方均同意，甲方将以现金方式和（或）××方式一次性于双方签订《股权转让合同》后×日内全额支付完毕。

或者：甲、乙双方均同意，甲方将以现金方式和/或××方式分×期完成收购，在签订《股权转让合同》后×日内，甲方应至少首先向乙方支付人民币××元，具体在尽职调查完毕后，由《股权转让合同》中约定。

五、尽职调查

1. 在本意向书签署后，甲方安排其工作人员或委托律师对目标公司的资产、负债、或有负债、重大合同、诉讼、仲裁事项等进行全面的尽职调查。对此，乙方应予以充分的配合与协助，并促使目标公司亦予以充分的配合与协助。

2. 如果在尽职调查中，甲方发现存在对本意向书项下的交易有任何实质影响的任何事实（包括但不限于目标公司未披露之对外担保、诉讼、不实资产、重大经营风险等），甲方应书面通知乙方，列明具体事项及其性质，甲、乙双方应当开会讨论并尽其努力善意地解决该事项。若在甲方上述书面通知发出之日起××日内，乙方和/或目标公司不能解决该事项至甲方（合理）满意的程度，甲方可于上述书面通知发出满×日后，以给予乙方书面通知的方式终止本意向。

六、保障条款

1. 甲方承诺如下：

范本内容精讲

本范本只展示了股权收购意向书的部分内容，而在实际写作中，股权收购意向书主要包括以下内容。

收购标的（股权）、收购方式和收购合同主体、收购项目是否需要收购双方股东会议通过、收购价款和确定价格的方式、收购款的支付、收购项目是否需要政府相关主管部门的批准、双方约定的进行收购所需满足的条件、排他协商条款、提供资料及信息条款、保密条款、锁定条款、费用分摊条款以及终止条款等。

其中，排他协商条款规定，未经收购方同意，被收购方不得与第三方以任何方式再行协商出让或出售目标公司的股权或资产，否则视为违约并要求其承担违约责任；提供资料及信息条款要求目标公司向收购方提供其所需的企业信息和资料，尤其是目标公司尚未向公众公开的相关信息和资料，以利于收购方更全面地了解目标公司；保密条款要求收购的任何一方在共同公开宣告收购事项前，未经对方同意，不得向任何特定或不特定的第三人披露有关收购事项的信息或资料，但有关机关根据法律强制要求公开的除外；锁定条款要求在意向书有效期内，收购方可依约定价格购买目标公司的部分或全部资产或股权，进而排除目标公司拒绝收购的可能；费用分摊条款规定，无论收购是否成功，因收购事宜发生的费用应由收购双方分摊；终止条款明确规定，收购双方在某一规定期限内无法签订收购协议，则意向书丧失效力。

除此之外，由于意向书牵涉双方或多方人员，因此其落款的写法与一般在右下角的落款写法不同，所有的单位名称、法定代表人、联系方式和签署日期等信息均在正文之后正常列示，不再放在正文之后的右下方。图 5-1 所示为本范本的落款。

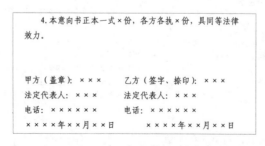

图 5-1　落款

# 5.2 合同

■成立、生效与法律约束力 　■形式与分类 　■重要概念 　■注意事项 　■规范格式 　■范例解析

合同是民事主体之间设立、变更、终止民事法律关系的协议，所以又称为契约或协议。广义的合同是指所有法律部门确定权利、义务关系的协议；狭义的合同是指一切民事合同；最狭义的合同仅指民事合同中的债权合同。

## 5.2.1　合同的成立、生效与法律约束力

众所周知，依法成立的合同受法律保护。根据我国《民法典》的规定，依法成立的合同，自成立时生效，但是法律另有规定或者当事人另有约定的除外。其中，合同的成立，是指双方当事人依照有关法律对合同的内容和条款进行协商并达成一致，它的判断依据是承诺是否生效；合同的生效是指合同产生法律上的效力，具有法律上的约束力。下面来看看合同的具体形成条件和法律约束力。

### 1. 合同的形成条件

合同的形成条件主要有以下 4 个。

- ◆ 双方当事人应具有实施法律行为的资格和能力。
- ◆ 当事人应是在自愿的基础上达成的意思表示一致。
- ◆ 合同的标准和内容必须合法。
- ◆ 合同必须符合法律规定的形式。

### 2. 合同的法律约束力

合同的法律约束力应是法律赋予合同对当事人的强制力，即当事人若违反了合同约定的内容，产生了相应的法律后果，包括承担相应的法律责任。约束力是当事人必须为之或不得为之的强制状态，或来源于法律，或来源于道德规范，或来源于人们的自觉意识，而合同的约束力主要有以下几个方面。

- ◆ 当事人不得擅自变更或解除合同。
- ◆ 当事人应按合同约定履行其合同义务。

◆ 当事人应按诚实守信原则履行一定的合同外义务，如完成合同的报批、登记手续以使合同生效。不得恶意影响附条件法律行为的条件的成就或不成就，不得损害附期限法律行为的期限利益等。

自合同成立起，合同当事人就要接受合同的约束。如果情况发生变化，需要变更或解除合同时，应协商解决，任何一方不得擅自变更或解除合同。除不可抗力等法律规定的情况以外，当事人不履行合同义务或履行合同义务不符合约定的，应承担违约责任。合同是一种法律文书，当事人发生合同纠纷时，合同就是解决纠纷的依据。

## 5.2.2  合同的形式与分类

我国《民法典》规定：当事人订立合同，可以采用书面形式、口头形式或者其他形式。法律、行政法规规定或者当事人约定合同应当采用书面形式，当事人未采用书面形式但是一方已经履行主要义务，对方接受时，该合同成立。目前，使用较多的合同形式主要有两种，如表 5-2 所示。

表 5-2  合同形式

| 形  式 | 解  释 |
| --- | --- |
| 口头形式 | 指当事人双方用对话的方式表达相互之间的意思所形成的协议。以口头形式订立合同优点是可以简化手续、方便交易，缺点是发生合同纠纷时难以举证证明，不易分清责任 |
| 书面形式 | 书面形式是合同书、信件、电报、电传、传真等可以有形地表现所载内容的形式。以电子数据交换、电子邮件等方式能够有形地表现所载内容，并可以随时调取查用的数据电文，视为书面形式 |

## 5.2.3  合同的几个重要概念和注意事项

受法律保护的合同在实际工作中是解决纠纷的依据，因此为了更好地订立并执行合同，还需要了解几个重要概念和合同制作的注意事项。

### 1. 合同自由

按照合同自由原则，当事人按照自己的意志自由地决定是否订立合同，自由地决定对方当事人，自由地决定合同的内容，自由地决定合同的形式。也就是说，合同自由包括订立合同的自由、选择对方当事人的自由、决定合同内容的自由以及选择合同形式的自由这 4 个方面，其核心和实质是由当事人的意志决定当事人之间的权利与义务。

### 2. 合同无效

无效合同是相对于有效合同而言的，它是指合同虽然已经成立，但由于存在无效事由，故自始至终不具有法律约束力的合同。那么，合同无效的情形有哪些呢？梳理一下，主要有以下 5 点：①无民事行为能力人签的合同；②行为人与相对人以虚假的意思表示签的合同；③违反法律、行政法规的强制性规定的合同；④违背公序良俗的合同；⑤行为人与相对人恶意串通，损害他人合法权益的合同。

### 3. 合同解除

合同解除是指合同当事人一方或双方依照法律规定或者当事人的约定，依法解除合同效力的行为。当事人协商一致，可以解除合同。当事人也可以约定一方解除合同的事由，解除合同的事由发生时，解除权人可以解除合同。

另外，有下列情形之一的，当事人可以解除合同：①因不可抗力因素致使不能实现合同目的；②在履行期限届满前，当事人一方明确表示或者以自己的行为表明不履行主要的；③当事人一方迟延履行主要债务，经催告后在合理期限内仍未履行的；④当事人一方迟延履行债务或者有其他违约行为致使不能实现合同目的的；⑤法律规定的其他情形。

### 4. 注意事项

合同订立的过程中，基本条款要具备，尤其是合同的标的、履行方式和期限、违约责任等要约定清楚；要查阅国家对相关交易有无特别规定，以此确定双方的权利、义务是否合法有效；要向律师事务所、公司法律顾问咨询相关业务的实际开展情况，了解业务发生纠纷的概率和纠纷的起因、种类，以尽可能避免类似纠纷再次发生；可能的话，要通过行政机关的公证、律师见证和公证、相关机构的中介作用，使合同的内容尽可能完备。签署合同时，字迹要清楚、工整，可以使用合同专用纸打印。

## 5.2.4　规范的合同格式

合同一般由标题、当事人、正文和落款 4 部分组成，具体内容如下。

### 1. 标题

合同的标题结构比较统一，一般直接表明合同的性质，如"借款抵押合同""房屋出租合同""劳动合同"等，该结构类似于"事由＋文种"。

### 2. 当事人

该部分位于合同标题下方、正文之前，介绍合同当事人双方或多方的基本情况，如当事人双方的单位名称或个人姓名、地址、法定代表人姓名和职务、联系电话和邮编等信息。若单位名称在合同中第一次出现，必须写全称，同时为了行文清楚、方便，需要加括号说明"以下简称 ××"。根据合同的不同性质，涉及的当事人称呼可写成"甲方、乙方"、"买方、卖方"、"供方、需方"或"出租方、承租方"等。

### 3. 正文

合同正文一般由引言、主体和结尾构成，引言部分主要阐述签订合同的目的、意义和依据，通常用"为了……，根据……规定，经双方协商，签订本合同，以便双方共同遵守"之类的句式概括说明。主体部分是正文的核心，包括合同应具备的必要条款和其他条款，其中，必要条款有标的、数量、质量、价款或者报酬，合同的履行期限、地点和方式，违约责任和解决争议的方法等；其他条款则根据实际需要灵活商定。结尾部分包括合同的生效日期和有效期限、合同的正副本及件数、保存及其效力、合同附件名称及件数等说明性内容。

### 4. 落款

不同性质的合同，其落款内容存在些许差异，但总体来说包含如下内容。

- ◆　合同当事人的签字、盖章，即单位名称并盖章、法定代表人或个人签字。
- ◆　合同各方的电话号码、开户银行和账号、E-mail 和签订日期等。

## 5.2.5　合同的范例解析

本小节我们主要介绍两种常见合同的写作实例。

### 1. 房屋出租合同

房屋出租合同，是指房屋出租人和承租人双方签订的关于转让出租房屋的占有权和使用权的协议，它是合同中租赁合同这一类目下的一种。

**范本内容展示**

⊙资源 |Chapter05| 房屋出租合同 .docx

**房屋出租合同**

出租方（甲方）：×××　　身份证号码：×××××××××
承租方（乙方）：　　　　　身份证号码：
根据《中华人民共和国合同法》及有关法规规定，为明确出租方和承租方的权利和义务关系，经甲、乙双方协商一致，签订本合同。
第一条　租赁房屋的位置和状况条款
甲方将坐落于××市××房屋出租给乙方使用。建筑面积共计约××平方米，使用面积×平方米。
第二条　租赁期限条款
租赁期限为×年×个月，即自××年××月××日至××年××月××日止。合同到期后，乙方具有优先承租权。
第三条　租赁房屋的用途条款
乙方租用的房屋作居住用途，乙方不得利用租赁房屋从事违法活动。在租赁期间，乙方若对房屋进行转租或改变用途，应先取得甲方书面同意。
第四条　租金和租金的交纳期限条款
租金每月人民币××元整，年总租金××元整，租赁费每半年预交一次，以后依次类推。乙方应于每年的××月××日和××月××日分两次向甲方交付租金。
第五条　房屋的交付条款
甲方应于××××年××月××日前将出租房屋交付乙方使用。甲方迟于上述时间交付出租房屋，乙方可将本合同有效期延长，双方应书面签字确认。

第六条　费用承担
租赁期内，按国家规定因房屋租赁应由甲方承担的费用由甲方承担，应由乙方承担的由乙方承担。
乙方使用的水费、电费由乙方承担，按物价部门及有关部门规定价格计费，交费方式为每月一交。
第七条　房屋修缮条款
修缮房屋是甲方的义务。甲方对房屋及其设施应进行必要的检查、修缮。
乙方在出租房屋使用过程中，如出租房屋及内部的设施出现或发生妨碍安全、正常使用的损坏或故障时，应及时通知甲方并采取有效措施；甲方应于接到乙方通知后5日内进行维修。
乙方通知甲方，甲方拒不维修的，乙方可经合同登记机关见证后代为维修或由乙方自行维修。本条维修费用（包括乙方代为维修）由甲方承担。
因乙方使用不当或不合理使用，出租房屋及其内部设施出现损坏或发生故障，乙方应负责及时维修和承担相应损失。
第八条　房屋的改建、装修条款
本合同有效期内，甲方确实需要对出租房屋进行改建、扩建或装修的，须经乙方同意方可进行，甲、乙双方应就此另行签订协议。因国家政策和不可抗力除外。
本合同有效期内，经甲方书面同意后，乙方可对出租房屋进行装修。合同到期后，可移动装修物由乙方带走，不可移动装修物乙方无偿留给甲方。

**范本内容精讲**

房屋出租合同的大致内容是出租人将房屋交给承租人使用，承租人定期向出租人支付约定的租金，并在约定期限届满或终止租约时将房屋完好地归还给出租人。根据本范本展示的内容可知，该房屋出租合同的当事人双方都是个人，因为双方都提供了身份证号码。

正文第一自然段为引言部分，该部分阐述了签订该房屋出租合同的依据和目的

"根据……，为明确……"；主体部分共包括16条内容，这里只展示了其中一部分，一般来说，房屋出租合同包括的要素有房屋基本情况、租赁期限、租金、押金、房屋维护、合同解除和终止、违约责任、免责条款和争议解决方法等，有时根据需要还会添加房屋修缮、改建和装修、转让及善后，合同的延续及优先权以及其他条款，而其他条款通常作为正文的结尾部分，并注明合同未尽事宜、补充协议的效力、合同份数以及各方所持合同的份数等内容。

由于合同牵涉的当事人是两个或两个以上，因此落款部分的写作与一般的公文有所区别，并不是在右下角落款，而是在正文之后列明双方的详细信息。对于出租方来说，在签订房屋出租合同时，应查看承租人的身份证明，确定外地人员在本地居住是否有合法居住证明；要明确承租人的租房用途，并在合同中约定不得有违法行为。

### 2. 买卖合同

买卖合同是出卖人转移标的物的所有权于买受人，买受人支付价款的合同。

**范本内容展示**

◎ 资源 |Chapter05| 商品货物买卖合同 .docx

**范本内容精讲**

从本范本的整体结构来看，买卖合同包含了标题、当事人、正文和落款（这里未展示）

事项。正文内容一般包括标的物的名称、数量、质量、价款、履行期限、履行地点和方式、包装方式、检验标准和方法、结算方式、合同使用的文字及其效力等条款。

为避免合同出现争议，买卖合同中的标的物要写明货物名称、品种和规格，且名称使用全称，避免简写，注意标的物不能是法律法规禁止或限制流通的货物。货物质量一般按国家标准执行，没有国家标准的，可按行业标准或企业标准，或者双方协商确定。数量、价款、包装方式、检验标准、结算方式等条款要书写明确，不能含糊其词。

# 5.3 收条

■种类  ■适用场合  ■写作格式  ■范例解析

收条是收到他人或单位送到的钱物时写给对方的一种凭证性应用文，是日常生活中常用的一种文体。其规范性没有收据强，因此，按照《会计法》的要求，收条不能作为会计凭证入账。

收条按照接收对象来划分，可分为写给个人的收条和写给某一单位的收条。而出具收条的一方，即收到钱物的一方，通常是由某一个人经手，但以单位的名义开具。那么，收条具体适用于哪些场合呢？

◆ 个人向单位或某一团体上缴一些有关费用或财物时，单位或团体要向个人开具收条。

◆ 单位和单位之间不涉及主要经济业务的财物往来需要开具收条。

◆ 借财物的一方将财物归还时，原借出方不在场，由他人代收归还的财物，此时代收人要写一张收条给借财物的一方，作为已经归还财物的证据。针对这种场合，有时也开具代收条。

需要注意的是，如果借财物的一方在借入财物时向借出财物的一方出具了借条或欠条，那么在归还所借财物时，借出方可不再出具收条，直接将原来借入方开具的借条或欠条返还给借入方即可。

对于单位和单位之间涉及主要经济业务的财物往来，属于正式场合，一般都有国家统一印制的正式票据，此时开具收条将不合理、不合法。

## 5.3.1 收条的写作格式

一张完整的收条，通常由标题、正文和落款 3 个部分组成。各个部分的写作内容如下。

### 1. 标题

收条的标题写在正文上方的居中位置，字体比正文字体稍大。标题有两种写法：一种最常用，即直接由文种构成，如"收条"；另一种是把正文的前 3 个字作为标题，此时，正文从第二行顶格处接着书写，如用"今收到"、"现收到"和"已收到"等作为标题。

### 2. 正文

收条的正文一般写明收到钱物的数量、物品的种类以及规格等信息，描述清楚即可，无须粉饰。因此，收条的正文一般短小、精练。

### 3. 落款

收条的落款位置一般要写明收取钱物的个人姓名或单位名称，并署上收到钱物的具体日期，还要加盖公章。如果是某人经手办理的，一般在姓名前署上"经手人"，如"经手人：×××"；如果是代别人收的，要在姓名前署上"代收人"，如"代收人：×××"。无论是哪种署名，都应是实际收取钱物人的姓名。

## 5.3.2 收条的范例解析

因为收条的正文内容比较简单，因此很难根据性质和内容对其进行划分。下面我们就从写给个人和写给单位的角度出发，介绍这两种收条的写作。

### 1. 写给个人的收条

写给个人的收条顾名思义，这种收条是个人、单位或者团体出具给个人的收条，通常涉及的事务是与接收收条的个人有关的私人事务。

**范本内容展示**

⊙资源 |Chapter05| 写给个人的收条 .docx

**收条**

　　今收到××老师（身份证号：××××××）的资助款人民币（大写）×××元整(¥××元)，用于资助继续在××小学就读的×××、××、×××和××这4名四年级学生，时间段为××××年××月至××××年××月。

　　　　　　　　　　　　　　　××中心校（盖章）

　　　　　　　　　　　　　　　经手人：×××

　　　　　　　　　　　　　　　××××年××月××日

**范本内容精讲**

　　如本范本展示的内容，该收条直接以文种名为标题，正文内容说明了收到的金钱数额、支付钱财人的姓名和职务、钱财的具体用途以及事项的有效期限等。落款处由经手人签名，并加盖单位公章，署上收到钱财的具体日期，结构完整。针对该收条，我们还可用图 5-2 所示的格式进行开具。

**今收到**

××老师（身份证号：××××××）的资助款人民币（大写）××元整（¥××元），用于资助继续在××小学就读的×××、××、×××和××这4名四年级学生，时间段为××年×月至××年×月。

　　　　　　　　　　　　　××中心校（盖章）

　　　　　　　　　　　　　经手人：×××

　　　　　　　　　　　　　××××年××月××日

图 5-2　收条格式

　　由于有同名的情况，因此为了准确地表明个人的身份，一般会在收条中写明个人的身份证号码。

## 2. 写给单位的收条

　　写给单位的收条，其格式与写给个人的收条的格式类似，只不过因为正文不会涉及个人信息，因此无须写明身份证号码这一内容。

范本内容展示

◎资源 |Chapter05| 写给单位的收条 .docx

**收条**

今收到××公司××项目的××费用，合计人民币（大写）×万×仟×佰×拾×元×角（¥××元）。所有款项均以现金方式付讫。

××有限公司（盖章）

经手人：×××

××××年××月××日

范本内容精讲

本范本属于个人经手、以公司名义开具的收条，因此这是两个单位之间的业务，与个人没有关系。

这笔费用收到后，公司领导让经手人将其发给相应的员工，此时经手人需要做一个表格，并让领款人在表格中签名，以明确责任。如果领导要求将这笔费用拿走，由他进行发放，此时经手人要让领导给自己开一张收条，明确此款项已经从自己的手中交给了领导。这样做，方便公司日后查账。

# 5.4 聘书

■适用范围 ■作用 ■格式 ■范例解析

"聘书"是聘请书的简称，用于聘请某些有专业特长或有名望权威的人完成某项任务或担任某种职务时所用的书信文体。

## 5.4.1 适用范围和作用

日常工作和生活中，聘书被广泛使用，因此范围广、作用大。下面来具体了解聘书的适用范围和作用。

### 1. 聘书的适用范围

学校、工矿企业等在需要某方面有特长或有专业技能的人才时，会发出聘书。这种情况往往是用人单位承担了某项工作，靠自己本单位或现有的人才资源无法顺利完成任务；或者由于企业的发展、事业的扩大，需要重新聘用一些有专长、在工作中能起重大作用的人。

社会团体或某些重要的活动为了提高其知名度、扩大影响力，常聘请一些有名望的人加盟或参与，以期更好地开展活动。比如，聘请名人做顾问、做指导，或者作为某项比赛的评委等，都会使用聘书。

### 2. 聘书的作用

聘书的作用主要有 3 点，如表 5-3 所示。

表 5-3　聘书的作用

| 作　用 | 说　明 |
| --- | --- |
| 是加强协作的纽带 | 聘书把人才和用人单位很好地联系起来，加强了不同单位之间的合作，使其可以互通有无、互相支援，起着不可替代的纽带作用 |
| 加强应聘者的责任感和荣誉感 | 应聘者接到企业的聘书，就等于必须为自己所聘的职务、工作负责任，会尽力做好自己的工作。聘书是对受聘人极大的信任和尊重才发出的，这在无形中就加强了受聘人的责任感，同时，受聘人往往是在某方面确有专长或能作出特殊贡献的人，所以聘书的授予也就促进了人才的交流，可比较充分地发挥受聘人的聪明才智 |
| 表示郑重其事、信任和守约 | 对于发出聘书的单位或个人来说，由于聘书具有规范的格式，因此会给接收聘书的人一种非常正式的仪式感，以此表达发出者对受聘书者的信任以及守约，也体现了发出者对待事情的态度非常郑重 |

## 5.4.2　聘书的格式

聘书一般已经按照书信格式印制好，发文者只需填写中心内容即可。一份完整的聘书主要由标题、称谓、正文、结尾和落款这 5 部分组成。

### 1. 标题

聘书的标题一般是在顶部居中位置写上"聘书"或"聘请书"字样，有的聘书也可以不写标题。而已经印制好的聘书标题，常用烫金或大写的"聘书"或"聘请书"字样。

### 2. 称谓

称谓主要写明被聘者的姓名称呼，一般顶格书写，然后加冒号。有些聘书没有称谓部分，而是直接在正文写明受聘人的姓名称呼，这种情况通常是印制好的聘书，且大多在第一行空两格开始书写"兹聘请 ××……"。

### 3. 正文

无论聘书涉及的事项是什么，其正文都应该包括如图 5-3 所示的内容。

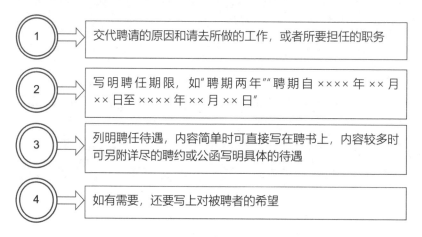

图 5-3 聘书内容

### 4. 结尾

聘书的结尾一般写表示敬意和祝颂的结束用语，如"此致敬礼""此聘"等。

### 5. 落款

聘书的落款要署上发文单位名称或单位领导的姓名、职务，并署上发文日期，同时加盖公章。

书写聘书时，言辞要郑重严肃，对有关招聘的内容要交代清楚，字迹要整洁、大方且美观，篇幅不能太长，短小精悍、简洁明了、准确流畅，态度要谦虚诚恳。若是以单位的名义发出聘书，则一定要加盖公章，这样才视为有效。

提示：解聘书的格式与正文内容

从结构上看，解聘书只有标题、称谓、正文和落款这 4 个部分。其中，称谓部分如果没有，则通常以"今解聘 ×× 岗位上 ××"来开启正文。从内容上看，其正文与聘书的正文内容恰好相反，包括对被解聘者在供职期间所做工作或表现进行实事求是的评估、说明解聘的原因和解聘日期、要求被解聘者做好工作交接、说明被解聘者对所借公款和公物的退还处理事项及对被解聘者表示应有的关心和祝愿。

## 5.4.3 聘书的范例解析

聘书根据聘任期限的不同，可分为长期工作聘书、短期工作聘书和兼职聘书。下面就分别来介绍这 3 类聘书。

### 1. 长期工作聘书

长期工作聘书一般是岗位聘任书，期限为一年或一年以上。期满后会根据被聘任者的贡献大小和表现情况，决定下一年度是否继续聘用。为了保障工作人员的稳定性，多数人会被单位继续聘用。

**范本内容展示**

◎资源 |Chapter05| 管理岗位聘任书 .docx

> **聘书**
>
> ××先生/女士：
>
> 　　兹聘请您担任北京××公司××职务，职级为××级管理人员。聘期一年，自××××年××月××日至××××年××月××日，聘任期间享受该职级的工资和职务津贴。（详见《管理岗位职级及相应的工资、职务津贴标准》）。
>
> 　　此聘
>
> 　　　　　　　　　　　　　　　　北京××公司（盖章）
>
> 　　　　　　　　　　　　　　　　代表人：×××
>
> 　　　　　　　　　　　　　　　　××××年××月××日

**范本内容精讲**

由本范本展示的聘任书内容可知，该聘书是岗位聘任书且聘期为一年，是典型的长期工作聘书。标题、称谓、正文、结尾和落款均具备，其中，正文部分交代了聘任职务、职级和具体聘期等内容。

在交代工资和职务津贴时，只用一句"聘任期间享受该职级的工资和职务津贴"做概括说明，具体标准参见《管理岗位职级及相应的工资、职务津贴标准》。也就是说，该聘书另附有详尽的聘约或公函写明具体的待遇。当聘任待遇的内容较多时，我们就可以使用这种方式来完善聘书。

### 2. 短期工作聘书

短期工作聘书一般是让被聘请人员进行某一项临时性工作的聘书，如一年一度的高考评卷工作、作为活动嘉宾助阵或者作为大赛评委参与评选等。

**范本内容展示**

◎资源 |Chapter05| 大赛评委聘书 .docx

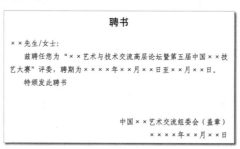

**范本内容精讲**

从本范本展示的聘书正文内容可知，被聘者被邀请担任某个大赛的评委，其聘期就是此次大赛期间，属于临时性工作，因此该聘书为短期工作聘书。

本范本聘书正文写明了聘期的具体时间，实际写作时，由于大赛、活动等有比较明确的时间限制，也可以不用写出具体的聘期，只说明被聘者应做的工作即可。由于该类聘书邀请的都是一些具有专长或者名声威望较高的人，因此结尾部分的语言可以尽可能地体现出对对方的尊重，比如，这里的"特颁发此聘书"，"颁发"一词就很明显地体现了聘书发出者对被聘者的尊重，甚至敬重。另外，这类聘书多以单位、组织或团体的名义发出，因此落款处一般要加盖公章。

### 3. 兼职聘书

兼职聘书一般用于聘请其他单位的人到本单位来兼任长期工作或短期工作，该类聘书通常不在行文中特意申明工作的性质是兼职。

**范本内容展示**

◎ 资源 |Chapter05| 兼职委员会委员的聘书 .docx

**聘书**

尊敬的××医生：

　　兹聘请您为××整形修复学术委员会委员，自××××年××月××日至××××年××月××日，任期两年。

　　特发此聘书

　　　　　　　　　　　　　　　　××整形修复学术委员会（盖章）

　　　　　　　　　　　　　　　　　　××××年××月××日

**范本内容精讲**

　　从本范本展示的聘书内容可知，这里没有提及工作的性质是兼职。但是，从称谓"××医生"和正文"兹聘请您为××整形修复学术委员会委员"可知，发出聘书者要求被聘者担任的职务与其日常工作的职务——医生有很大关系，因此，将聘书提及的工作认定为兼职。

　　所以，兼职聘书一般会在称谓处写明被聘者日常工作的职务，如"医生""老师""律师""审计师"等，以此突出被聘者的工作职务，从侧面烘托聘书涉及的是兼职工作。兼职聘书的聘期有长有短，因此可将某些兼职该工作聘书划分为长期工作聘书，某些划分为短期工作聘书。在实际运用中，有些聘书会在正文中特意申明工作的性质是兼职，如图 5-4 所示。

**聘书**

　　兹聘请××同志担任××师范大学文学院兼职教授，聘期两年。

　　此聘

　　　　　　　　　　　　　　××师范大学文学院（盖章）

　　　　　　　　　　　　　　　　　　院长：××

　　　　　　　　　　　　　　××××年××月××日

图 5-4　聘书申明

# 5.5 协议书

■作用 ■法律效力 ■写作格式 ■范例解析

协议书是社会生活中协作双方或多方为保障各自的合法权益，经双方或多方共同协商达成一致意见后签订的书面材料。它是契约文书的一种，是当事人双方或多方为解决或预防纠纷，或确立某种法律关系，实现一定的共同利益、愿望，经过协商达成一致，签署的具有法律效力的记录性应用文。

协议书有广义和狭义之分，广义的协议书是指社会集团或个人处理各种社会关系、事务时常用的契约类文书，包括合同、议定书、条约、公约、联合宣言、联合声明和条据等；狭义的协议书是指国家、政党、企业、团体或个人就某个问题经过谈判或共同协商，取得一致意见后订立的一种具有经济或其他关系的契约性文书。

订立协议书，目的是更好地从制度上乃至法律上把双方协议所承担的责任固定下来。作为一种能够明确彼此权利和义务、具有约束力的凭证性文书，协议书对当事人双方或多方都具有制约性，能监督当事人各方信守诺言，约束轻率反悔行为。由此可见，协议书的作用与合同基本相同。

需要注意的是，口头协议一律无效，一般以书面协议为生效条件。而书面协议有3种形式，一是合同中的条款，二是独立的协议书，三是信函、电报、传真和电子邮件等其他书面形式。

## 5.5.1 协议书的写作格式

与合同相比，有些协议书的格式没有"立约单位"这一结构，即只有标题、正文和落款这3个部分。虽然协议书的内容没有正式合同那样全面，但每个部分也有其必须要写明的内容，下面就来看看具体内容。

### 1. 标题

协议书的标题主要有3种形式，一是单位名称＋事由＋文种，如"××公司与××单位合作协议书"；二是事由＋文种，如"保密协议书""转让协议书""销售代理协议书"等；三是直接以"协议书"3个字作为标题。

### 2. 正文

协议书的正文一般是一些条款内容，比如，协商的目的、协商的责任、协议的时间和期限、协商的条款和酬金、履行条款期限以及违反条款的责任处理问题等。其中，酬金的价格要明确，总金额要大写，另外，还必须明确货币种类，如人民币、美元、日元、韩元或欧元等。

### 3. 落款

协议书的落款要写明协议各方的基本情况，如单位名称、法定代表人签字、个人身份证号码、联系地址、传真和签订日期等，有时还会注明各方所处地区的邮编。

协议是一种契约活动，一旦签订，协议书就具有法律效力，因此其内容必须遵守国家法律、法令的规定，并符合国家政策要求，任何单位和个人都不能以协议为名进行违法活动。

另外，协议书必须是出于当事人的自愿，在双方自由表达意愿的基础上，经过充分协商而达成，要体现平等互利、协商一致和等价有偿的原则，同时要体现协作精神，符合价值规律的要求。

## 5.5.2 协议书的范例解析

协议书最常见的分类方式是根据内容划分，由于其类型较多，下面介绍一些比较常见的协议书范本。

### 1. 技术合作协议书

技术合作协议书，顾名思义，是协商内容与技术合作有关的协议书。通常是一些需要切实的技术来完成工作的企业，它们之间一般签署的都是技术合作协议书，如建筑工程公司和装修设计公司、医疗器械制造公司和医疗科技有限公司等。

**范本内容展示**

◎ 资源 |Chapter05| 建筑工程与装修设计合作协议书 .docx

### 技术合作协议书

甲方：××建筑工程公司

乙方：××装修设计公司

为发挥双方的优势，共谋发展，并为今后逐步向组成集团公司过渡，双方经过充分、友好的协商，特立本协议。

一、建立密切的技术合作关系，今后凡甲方承接的工程，装修设计任务均交给乙方承担。

二、乙方保证，在接到任务后，将立即组织以高级工程师为领导的精干设计队伍，在 10 日内提出设计方案，并在方案认可后一个月内完成全部设计图纸。

三、为保证设计的质量，甲方将毫无保留地向乙方提供所需的一切建筑技术资料。

四、装修施工队伍由甲方组织，装修工程的施工由甲方组织实施。施工期间，乙方派出高级工程师监督施工，以保证工程的质量。

五、甲方按照装修工程总费用的×‰向乙方支付设计费。

六、本协议自签订之日起生效。

七、本协议书一式两份，双方各执一份。

附件：《××建筑装修工程集团公司组建意向书》一份。

| | |
|---|---|
| 甲方（盖章）：××建筑工程公司 | 乙方（盖章）：××装修设计公司 |
| 法人代表（签字）：×× | 法人代表（签字）：×× |
| 地址：×××××× | 地址：×××××× |

| | |
|---|---|
| 邮政编码：×××××× | 邮政编码：×××××× |
| 电话或传真：021-×××××× | 电话或传真：021-×××××× |
| 银行账号：×××××× | 银行账号：×××××× |
| 联系人：××× | 联系人：××× |
| 签订时间：××××年××月××日 | 签订时间：××××年××月××日 |

**范本内容精讲**

由本范本展示的协议书内容可知，该协议书具备"立约单位"这一结构，写明了签订协议书的双方单位名称（全称）。除此之外，协议书的落款也与合同类似，要写明协议各方的基本情况，如单位名称、法人代表姓名、地址、邮编、电话或传真、银行账号、联系人以及签订时间等。

由本范本展示的协议书可知，协议书的内容比较简单、概括，往往是共同协商的原则性意见，这就与合同内容具体、详细、全面周到的特点形成鲜明对比。本协议书在立约单位之后，以"为……特订立本协议"的句式阐述订立此协议的目的，同时引出正文要写明的协议事项；而正文则以"一、二……"的形式分点列明协议涉及的原则性意见，总共 7 点，简单、明确。

协议书的适用范围广泛，可以是共同商定的各方面事务，如处事原则、行事程序和经济关系等，而合同主要是经济关系方面的事项。另外，协议书签订后，往往就有关具体问题签订合同加以补充完善，即协议书不是约束各方行为的最终文件。

## 2.购房协议书

购房协议书是购房合同的一种，是买卖双方在平等、自愿、协商一致的基础上就买卖商品房而签订的协议。

### 范本内容展示

◎ 资源 |Chapter05| 购商品房协议书 .docx

**购房协议书**

卖房方（甲方）：××房产公司
购房方（乙方）：×××　　　　　身份证号码:××××××××

经甲乙双方友好协商，本着平等自愿、诚实守信的原则，签订本协议便于双方共同信守。

一、乙方所认购房屋的基本情况

乙方自愿认购甲方开发的位于××处×号楼×单元×房（商品房具体位置），标准层建筑面积大约为×平方米；阁楼面积约为×平方米；储藏室为×号（大或小），建筑面积约为×平方米。

二、计价方式与价款

1.乙方所认购房屋标准层的单价为×元/平方米，总房价约为××元。

2.乙方所认购的阁楼价格为×元/平方米，阁楼总价款约为××元。

3.乙方所认购的储藏室（大、小）单价×元/平方米，储藏室总价款约为××元。

4.房款总价合计约为××元（大写×佰×拾×万×仟×佰×拾×元整）。

5.公共维修基金按总房款×%收取，房屋交付使用时由该小区物业管理公司统一收取。

6.凡属乙方使用房屋的设备、配套设施发生的费用（包括但不仅限于有线电视开通费、宽带网使用开通费、电话开通费等）由乙方自付，应于主体封顶后一个月内交小区物业管理公司。因乙方拒

绝或拖延付费造成不能（按期）使用，由乙方自行承担责任。

三、付款方式

买方愿意采取下列×种方式付款：

A. 一次性付款　　B.分期付款　　C.向银行借款方式付款

签订本协议书时，买方应向卖方支付定金人民币×佰×拾×万×仟×佰（小写××元），如乙方原因造成的违约责任此定金不予退还。

签订正式的房地产《商品房买卖合同》后，买方已付的定金自动转为购房款的一部分。

四、面积差异处理

如本协议约定面积与产权面积发生差异，最终面积以房管部门实测为准，房款据实结算多退少补。该商品房分摊面积按照国家有关规定计算。

五、逾期付款违约责任

1.如乙方不能在协议规定时间内付款，甲方有权解除协议，并对该商品房另行处置，同时甲方有权向乙方按逾期付款总额同期银行存款利率收取违约金。

2.甲方取得《商品房预售许可证》时，须以书面或电话形式通知乙方，乙方应自接到通知之日起 7 日内，带有相关证件到甲方指定地点签订正式《商品房买卖合同》。

如乙方不能在约定时间内签订正式《商品房买卖合同》、按时付款及办理贷款手续，甲方有权对乙方预定的商品房另行处理，并有权没收乙方全部定金。如乙方享受优惠后，不能按协议方式全额付款，将不再享受优惠。

### 范本内容精讲

由本范本展示的购房协议书可知，卖房方是公司，买房方是个人，因此立约单位处写明房地产公司的全称和买房者的姓名与身份证号码，这是因为有重名的情况，而身份证号码则是一人一证一号，便于确认买房者身份。

协议书的正文一般以"经……协商，本着……原则，签订本协议……"的句式开头，且单独成段，引出正文主体内容。本范本展示的协议书，其正文内容包括 10 个大点，如乙方所认购房屋的基本情况、计价方式与价款、付款方式、面积差异处理、

逾期付款违约责任、交付期限、联系方式的真实性承诺、未尽事宜的说明、协议份数以及生效日期，这里只展示了部分内容。

根据实际情况，协议书的内容会有所差异。但是，无论怎么不同，一份正式的购房协议书应包含当事人信息、房屋情况、房款即支付约定、双方违约责任约定等内容。并且，二手房购房协议会增加户口约定和水电煤气费用结算等事项的说明。

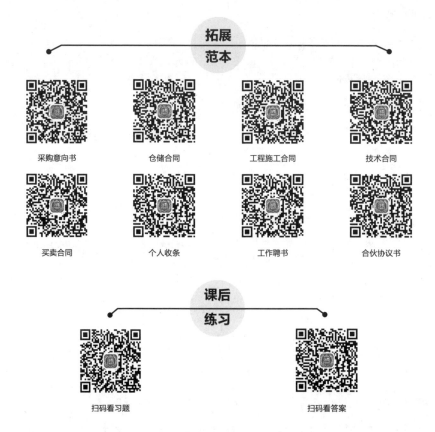

拓展
范本

采购意向书　　　　仓储合同　　　　工程施工合同　　　　技术合同

买卖合同　　　　个人收条　　　　工作聘书　　　　合伙协议书

课后
练习

扫码看习题　　　　　　　　　　扫码看答案

# 商贸类公文写作与范例

商贸类公文主要指与商务、贸易等经济活动相关的公文，如招投标书、招商说明书、可行性报告、催款函、询价函和报价函等。这些公文都是用来沟通和联系工作上的伙伴、客户和供应商，以维护人际关系。

招标书的特点与分类
编制招标书的原则和注意事项
投标书的一般格式与内容
投标书的范例解析
招商说明书的写作格式
可行性报告的结构
……

# 6.1 招标书

■特点 ■分类 ■组成结构 ■编制原则 ■注意事项 ■范例解析

招标书，又称招标通告、招标启事或招标广告，作用是将招标的主要事项和要求公告于世，从而招使众多投资者前来投标。在整个招标过程中，招标书属于首次使用的公开性文件，也是唯一具有周知性的文件。

## 6.1.1 招标书的特点与分类

招标书是招标人利用投标者之间的竞争达到优选买主或承包方的目的，从而利用和吸收各地优势所形成的书面文件，属于邀约范畴。下面就来看看它的特点和具体分类情况。

### 1. 招标书的特点

招标书有 3 个比较明显的特点，如表 6-1 所示。

表 6-1 招标书的特点

| 特 点 | 表 现 |
| --- | --- |
| 广告性 | 由于招标书一般通过报刊、广播和电视等公开传播媒介发表，因此具有广告性，所以也被称为招标广告 |
| 竞争性 | 招标书是吸引各个具有竞争关系的供应商加入的一种文书，所以具有非常明显的竞争性 |
| 紧迫性 | 招标书通常要求短时间内获得结果，因此也具有时间紧迫性 |

### 2. 招标书的分类

招标书按照不同的分类依据可以划分成不同的类型，比如，按招标方式、时间长短、招标书内容和性质以及招标范围等进行分类。具体的种类可参考表 6-2 所示的内容。

表 6-2　招标书的种类

| 依　据 | 种　类 | 定　义 |
|---|---|---|
| 招标方式 | 公开招标书 | 指招标人通过报刊、广播、电视和网络等媒介发布的招标文书 |
| | 邀请招标书 | 邀请招标书也称选择性招标书，由采购人根据供应商或承包商的资信和业绩，选择一定数目的法人或其他组织（不得少于3家），向其发出招标邀请书时使用的一类招标书 |
| 时间长短 | 长期招标书 | 指招标成功后签订的相关采购合同的期限比较长（一年以上）的招标书 |
| | 短期招标书 | 指招标成功后签订的相关采购合同的期限比较短（一年和一年以内）的招标书 |
| 内容性质 | 企业承包招标书 | 指发包方选聘优秀企业管理人才而进行招标的文书 |
| | 工程招标书 | 指招标单位就大型建设工程挑选最佳建筑企业而进行招标的文书 |
| | 大宗商品交易招标书 | 指招标单位为了采购物美价廉的大宗商品所使用的招标书 |
| 招标范围 | 国际招标书 | 指针对国内和国外的供应商所发出的招标书 |
| | 国内招标书 | 指针对国内的供应商所发出的招标书 |

## 6.1.2　招标书的组成结构

招标书通常由标题、正文和结尾这3部分组成，有些招标书还带有附件，如工程施工招标书、政府采购招标书等。

### 1. 标题

招标书的标题有4种书写格式：①招标单位名称＋招标性质和内容＋招标形式＋文种，如"××建筑公司××工程建设项目公开招标书"；②招标性质和内容＋招标形式＋文种，如"××镇区污水处理工程公开招标书"；③招标单位名称＋文种，如"××公司招标书"；④只写文种，如"招标书"。另外，还有一种不常见的标题类型，即广告性标题，如"谁来承包××工厂"，这类标题通常比较个性化，因此在很多正式的场合都不会使用。

## 2. 正文

招标书的正文有两个细分部分：引言和主体。引言部分主要说清楚招标依据和原因；主体部分详细交代招标方式、招标范围、招标程序、招标内容的具体要求、双方签订合同的原则、招标过程中的权利和义务、组织领导以及其他注意事项等内容。主体是正文的核心，一般逐项列明，即条文式。有的招标书为了使内容更清晰，则会使用表格展示重要信息，即表格式。

## 3. 结尾

招标书的结尾应签具招标单位的名称、地址、电话等，以便投标者与招标单位取得联系并参与竞标。

## 6.1.3　编制招标书的原则和注意事项

招标书的写作是很严肃的，写作时要遵循一定的原则，并注意以下细节。

### 1. 编制原则

招标书的编制原则主要有 6 个，如表 6-3 所示。

表 6-3　招标书的编制原则

| 原　　则 | 简　　述 |
| --- | --- |
| 遵守法律法规 | 招标文件是一份具有法律效力的文件，因此招标文件的内容应符合国内法律法规、国际惯例和行业规范。另外，相关采购从业人员要具有精湛的专业知识、良好的职业素养和法律法规知识 |
| 反映采购人需求 | 招标书编制人在编制招标书之前，要对本单位的采购状况、项目复杂情况和具体要求等所有的需求有一个真实、全面的了解，防止细微疏漏造成被动局面。如果是招标代理机构负责编制招标书，也需要对这些信息有全面的了解 |
| 公正合理 | 招标书的发出应公正、平等地对待使用单位和供应商，双方都要遵守相关约定并承担义务。采购人在招标书中提出的技术要求和商务条件等必须依据充分并切合实际，不能盲目提高标准和设备精度等。合理的特殊要求可在招标书中列出，但不应过于苛刻，更不允许将风险全部转嫁给中标方 |

续表

| 原　则 | 简　述 |
|---|---|
| 公平竞争 | 招标文件不能存有歧视性条款，为了减少招标文件的倾向性，可先根据使用要求和使用目的确定货物档次，制定一些必须满足的基本指标，载明配套的评标因素或方法，尽量做到科学、合理，既满足采购人要求，又保证有足够的供应商参与竞争 |
| 科学规范 | 以最规范的文字，把采购目的、要求、进度和服务等描述清楚，准确明了，使有兴趣投标并参与竞争的所有投标人都能清楚地知道需要提供什么样的货物、服务才能满足采购招标需求。不能使用"大概""大约"等不确定的词句，不能委婉描述，表达不能含糊不清，不能对同一内容表述不一致防止前后矛盾而让投标人不知所措 |
| 维护政府、企业利益 | 招标书的编制要注意维护采购单位的秘密，如给公安系统招网络设备，或给广电部门招宽带网项目时，要考虑安全问题；给公司生产部门招大型生产设备项目时，要考虑生产工人的安全问题等 |

### 2. 写作注意事项

招标书是签订合同的依据，所以内容和措辞都要周密、严谨。招标书没有必要长篇大论，只要把必要内容简要介绍，突出重点即可，切忌没完没了地罗列、堆砌。另外，招标书一般用在交易贸易活动中，所以要遵守平等、诚恳的原则，切忌盛气凌人，但也不能低声下气。

## 6.1.4　招标书的范例解析

根据内容和性质划分，招标书的种类很多，但这些类型的招标书在结构和语言风格等方面比较相似，了解其一就能举一反三。这里，我们主要介绍公开招标书和邀请招标书的范本。

### 1. 公开招标书

公开招标针对的投标者是全范围的，所以也称为无限竞争性招标。它是一种由招标人按照法定程序，在公开出版物上发布招标公告，所有符合条件的供应商或承包商都可以平等地参加投标竞争，从中择优选择中标者的招标方式。对应发出的招标书类型就是公开招标书。

## 范本内容展示

◉资源 |Chapter06| 政府采购招标书 .docx

**第一部分　招标公告**

根据政府采购相关法律法规的规定，××市公共资源交易中心受（采购人）_____的委托，就××项目进行公开招标，欢迎符合要求的供应商前来投标。

一、项目名称

本项目主要内容简介：_____。详见项目需求。

二、采购项目编号：_____。

三、投标供应商的资格要求：

1.符合《中华人民共和国政府采购法》第×条对供应商的资格要求。

2.须具备××市政府采购"会员证"，凭"会员证"参加投标活动。（非会员供应商请在××市公共资源交易网点击"会员登录"进行注册，并按要求提供相关资料进行现场审核，经审核合格后领取相应的电子会员证。办理电子会员证咨询电话：0513-81×××××××，办法详见××市公共资源交易中心网http://×××.gov.cn，"资料下载——政府采购"《政府采购供应商电子会员证办理指南》)

3.投标供应商的其他资格条件

（1）_____；

（2）_____。

四、招标采购方式：公开招标。

五、标书发售地点、报名时间

1.发售地点：凭电子会员证在××市公共资源交易网自行下载标书。

2.报名时间：××××年××月××日至××××年××月××日×时×分（凭电子会员证进行网上报名）。

六、投标保证金：_____万元人民币，于投标截止时间前一天下午×时之前交纳并到账，保证金必须从基本账户汇出。

收款单位：××市公共资源交易中心

开户银行：××农村商业银行××支行

银行账号：_____

●交纳保证金的供应商（下称投标人）无故未准时参与投标的，视为放弃收回本项目×%的投标保证金的权利。

●已交纳年度保证金的投标供应商，不再另行交纳投标保证金。

七、投标截止及开标时间：××××年××月××日×时×分（北京时间）。

八、递交投标文件、开标地点：××市公共资源交易中心开标室（××市×路×号××市政务服务中心×楼）。

九、样品递交时间、地点（现场考察时间、地点）：_____

联系人：_____　联系电话：_____

备注：如有样品，或需要现场考察，本事项必须明确。

十、联系方式

采购单位联系人：_____　联系电话：_____

招标单位联系人：×先生　联系电话：0513-×××××××

E-mail：××××××

有关对采购文件的询问，请与招标单位联系；有关技术及需求问题，请与采购单位联系。

## 范本内容精讲

招标书发出的前提条件是遵守法律法规，即接到采购项目委托后，先要考虑该项目是否有可行性论证报告、是否通过国家相关管理部门的批准、资金来源是否已落实等，然后根据需要制作招标书。

由于政府采购的招标书是全国范围的，因此内容会比一般的采购招标书规范、标准、详细。本范本招标书包括6个部分，分别是招标公告、采购项目需求、投标人须知、评标办法、合同相关要求以及投标文件格式等，这里只展示其中一部分内容。每个部分又会具体说明更详细的要求、标准和内容。

编写招标书时，应考虑的都要考虑到，即使当时不能确定具体要求，也应把考虑到的要求提出来，且想到了但不能确定的也应提出来，让投标者根据自己的经验给出建议。否则招标单位很容易陷入被动局面，比如，只注意设备的技术性能而忽略其整体几何尺寸，最后设备可能进不了厂房的门，或者没有适合的地方来安装调试。

招标书中可能涉及的特殊要求有提供合同条款，如支付方式、售后服务、质量保障、主保险费和投标企业资格文件等。另外，招标书中的技术规格要求也不要制定得过低，否则看似扩大了竞争面，实则会给评标带来很大困难，评标的正确性很难体现，最后选择的结果可能具有倾向性。

公开招标适用一切采购项目，是政府采购的主要方式。它有利于进行真正意义上的竞争，最充分地展示公开、公正、公平竞争的招标原则，防止和克服垄断，能有效促使承包商或供应商在增强竞争实力方面修炼内功，努力提高项目质量，降低造价，创造最合理的利润回报，防范招投标活动操作人员和监督人员出现舞弊现象。

## 2. 邀请招标书

邀请招标，也称有限竞争性招标或选择性招标，具有针对性，一般由招标单位按照邀请招标流程选择一定数量的企业，向其发出投标邀请书，邀请他们参加投标竞争。以这种方式发出的招标书就是邀请招标书，在实际运用中称为"投标邀请书"。

**范本内容展示**

◎资源 |Chapter06| 公司工程施工招标书 .docx

**前附表**

| 序号 | | 内容 |
|---|---|---|
| 1 | 工程综合内容 | 工程名称：××纺织服饰有限公司办公楼、厂房、食堂工程<br>建设地点：××镇×线旁<br>结构类型：框架<br>建设规模：本工程共 3 幢，其中办公楼框架 5 层（含地下一层），面积××平方米，厂房框架 4 层，面积××平方米，食堂框架 3 层，面积××平方米，3 幢总面积××平方米<br>工程类别：工业建筑<br>招标方式：邀请招标<br>评标方法：总造价下浮法<br>设计单位：××建筑设计有限公司<br>监理单位：另定<br>承包方法：包工包料（除甲供材料外）<br>质量标准：合格<br>工期期限：××××年××月××日计划开工，××××年××月××日计划竣工，施工工期为×天（日历天数） |
| 2 | | 建设项目资金来源：自筹及银行贷款 |
| 3 | | 投标人资质等级要求：房屋建筑施工总承包贰级（含）以上企业（××市外企业须已办理进××施工备案登记手续）<br>项目经理资质等级要求：本企业建筑工程建造师，并持有《安全生产考核合格证书》 |
| 4 | | 投标有效期：×天（日历天数），从投标文件开标截止日起计算 |
| 5 | | 投标保证金：××万元、招标文件工本费：×元，图纸押金：×元 |
| 6 | | 投标文件份数：商务标一式三份，其中正本一份，副本两份 |
| 7 | | 合同履约保证金：合同保证金×万元（其中质量保证金×%、工期保证金×%、项目管理班子到位率保证金×%）<br>开户银行：××支行<br>账户名称：××纺织服饰有限公司<br>账　　　号：<br>款项用途：合同履行保证金<br>到账时间：××××年××月××日上午×点前 |
| 投标保证金缴纳<br>1.指定银行：××支行<br>2.户　　名：××纺织服饰有限公司<br>3.账　　号：<br>4.款项用途：投标保证金<br>5.到账时间：××××年××月××日×点前<br>6.联 系 人：××　　　139××××××××<br>7.联系地点：××制衣有限公司总经理办公室 | | |

**招标日程安排表**

| 程序\安排 | 时间 | 地点 | 备注 |
|---|---|---|---|
| 进行公开邀请招标 | ××××年××月××日至××××年××月××日 | ××广播电视台 | |
| 报名索取招标文件 | ××××年××月××日下午××时止 | ××制衣有限公司总经理办公室 | |
| 投标单位提交资质证书及投标文件中附件一、附件二中的附表二、附表三、附表四、附表六 | ××××年××月××日至××日 | ××制衣有限公司总经理办公室 | |
| 招标单位初选入围投标单位并通知××围单位领取图纸 | ××××年××月××日至××日 | ××制衣有限公司总经理办公室 | |
| 招标单位对入围投标单位进行考察 | ××××年××月××日至××日 | ××制衣邸箱公司主要领导及应邀专家 | |
| 入围投标单位进行预算、编制投标文件 | ××××年××月××日至××日 | | |
| 入围投标单位提交投标文件（投标截止时间） | ××××年××月××日下午××时止 | ××制衣有限公司总经理办公室 | 现场提交，逾期视为弃权 |
| 开标 | ××××年××月××日 | ××制衣有限公司会议厅 | |
| 中标单位签约合同 | ××××年××月××日 | ××制衣有限公司会议厅 | |

注：本表日程如有变动，以××制衣有限公司通知为准。

范本内容精讲

该邀请招标书的内容很多，本范本只提供了部分内容。由本范本展示的内容可知，涉及具体工程项目的招标书，其正文之前都会对项目的名称、建设地点、设计单位和工期等做概括说明，并且还会将招标日程详细地罗列出来。

在本范本中，前述提及的内容均以表格的形式展示，显得更清晰明了。该招标书实际上包括四大内容：前附表及招标日程安排表、投标须知、合同主要条款以及投标文件内容及附件，均以"章"为题。每章下分"一、二……"逐级列明招标事项，层次感非常强。

一般来说，邀请招标方式下发出的大多是投标邀请书。而该招标书是在招标单位对投标者事先调查了解的基础上发出的，招标单位对被邀请单位的有关情况要有所了解。这类招标书具有保障工程建设质量高水准的作用，凡是被邀请的单位，一般均属于企业规模较大、财力雄厚、技术力量强、质量可靠的大中型单位。

写作招标书时，如果已经有了"招标公告""招标启事"等文书，就不需要再赘述具体事项等内容，只需说明"随邀请书附上"即可。

企业、组织或团体等，在必须进行招标的项目中，满足以下条件，经过核准或备案后可以采用邀请招标。

◆ 施工（设计、货物）技术复杂或有特殊要求的，符合条件的投标人数量有限。

◆ 受自然条件、地域条件约束的。

◆ 如采用公开招标所需费用占施工（设计、货物）比例较大的。

◆ 涉及国家安全、秘密不适宜公开招标的。

◆ 法律规定其他不适宜公开招标的。

需要注意的是，以议标的方式进行采购的，实际上不属于招标范畴，而是谈判性采购，是采购人和被采购人通过一对一谈判而最终达到采购目的的一种采购方式，它不具有公开性和竞争性，是由业主邀请一家，最多不超过两家知名单位直接协商、谈判。

# 6.2 投标书

投标书是投标单位按照招标书的条件和要求，向招标单位提交的报价并填具标单的文书。它要密封后邮寄或派专人送到招标单位，因此又称标函。

## 6.2.1　投标书特点与编制原则

投标书是招标工作中甲、乙双方都要承认并遵守的具有法律效力的文件，因此，其逻辑性要强，不能前后矛盾，也不能模棱两可，用语要精练简短，成文后的投标书应具有如表 6-4 所示的特点。

表 6-4　投标书的特点

| 特　点 | 简　述 |
| --- | --- |
| 针对性 | 一份投标书只针对某一个招标项目提出具体标价和有关事项，从而竞争中标，不对招标项目以外的其他事项作说明 |
| 求实性 | 提出的标价和有关事项必须与事实相符，因为投标书是采购双方订立正式合同的重要依据 |
| 合约性 | 投标书是重要采购活动在正式签订采购合同或协议之前的凭证类文件，是采购双方约定货物价格、数量和质量等的说明性文件，作用与合同类似，因此具有合约性 |

仅仅了解投标书的特点还不够，作为撰稿人，还要了解投标书的编制原则，这样才能写出符合要求的投标书。表 6-5 所示的是投标书的具体编制原则。

表 6-5　投标书的编制原则

| 原　则 | 简　述 |
| --- | --- |
| 全面反映招标单位需求 | 这一原则与招标书的"反映采购人需求"原则相对应，投标单位要针对招标单位的需求作出响应，即投标书要反映其需求 |
| 科学合理 | 该原则对应招标书的"公正合理"和"科学规范"原则，即投标书中涉及的技术和商务条件要切合实际，而技术要通过项目现场实际情况、可行性报告和技术经济分析等佐证，不能盲目夸大设备精度或项目标准，否则会给评标带来困难，严重时会被取消往后年度的竞标资格 |

续表

| 原 则 | 简 述 |
|---|---|
| 公平竞争 | 与招标书的"公平竞争"原则对应，各参与竞标的投标单位在提交投标书时一定要走正规程序，要公开、公平、公正，不在投标书中提出不合理的报价来达到中标目的 |
| 维护企业、政府利益 | 与招标书的"维护政府、企业利益"原则对应，招标书的编制不仅要维护采购单位的秘密，还要维护本单位的秘密，如本单位的特殊生产工艺流程 |

## 6.2.2　投标书的一般格式与内容

投标书是投标单位充分领会招标文件后，在进行现场实地考察和调查的基础上编制的投标文书，是对招标公告提出的要求的响应和承诺，并同时提出具体的标价和有关事项来竞争中标。因此，其格式和内容不能随意书写，无论是表格式、说明式，还是综合式，都由标题、招标单位名称、正文、附件和落款这几部分组成。

### 1. 标题

投标书的标题格式主要有4种：①投标方名称＋投标项目＋文种，如"××建筑工程公司承包××厂移地改造工程投标书"；②投标方名称＋文种，如"××建筑工程公司投标书"；③投标项目＋文种，如"××厂移地改造工程投标书"；④文种，即直接以"投标书"3个字作为标题。

### 2. 招标单位名称

投标书的招标单位名称部分，即投标书的主送机关，也就是招标单位，在标题下方顶格书写其全称。此处一般按照招标书注明的联络单位书写，如"××工程招标办公室："。

### 3. 正文

投标书的正文又可分为引言、主体和结尾3部分，引言部分应简明扼要地说明投标方的名称、投标方针、目标以及中标后的承诺等内容；主体部分是核心，要依照招标书的要求，认真仔细地写好投标的具体指标、完成指标的措施和投标书的有效期限；结尾部分通常以提出建议结束，即对招标单位提出予以支持和配合的要求，或者说明对招标单位不一定接受最低价格和可能接受其他投标书表示理解，同时还要给出投标方的联系方式，如投标方全称、地址、邮编、联系电话、传真和法定代表人等。

**提示：部分投标书中的具体指标**

大宗货物贸易投标的具体指标要写明投标方对应招标书提出的责任义务所作出的承诺；建筑工程项目投标的具体指标要写明工程的总报价、价格组成分析、计划开工和竣工日期、主要材料指标、施工组织和进度安排、达到工程质量标准的保障、拟派出的项目负责人与主要技术人员的简历和业绩等；承包企业的投标，其具体指标要写明生产指标、税金指标、费用率、利润率和周转资金等经济指标。

### 4.附件

有些投标书只需在正文部分用简短的文字直接表明态度，写明保证事项即可；但有些投标书则要根据需要，附上标价明细表、施工流程图等。以建筑工程投标书为例，附件一般包括工程量清单、单位工程主要部分的标价明细表、单位工程的主要材料或者重要大型工程的保证书等资料。

### 5.落款

投标书的落款部分要注明投标单位名称或个人姓名，加盖印章，并在下方注明投标书的撰写日期。有时，投标书的正文结尾部分已经注明了投标单位的全称、法定代表人姓名、联系方式和撰写日期，所以会省略落款这一部分。

需要注意的是，表格式投标书一般由招标单位编制，投标方只需按要求填写即可。另外，大部分投标书都有封面，此时需要在封面上填写招标单位名称、招标项目名称、投标单位名称和负责人姓名或法人代表姓名，并在封面的右下角写明标书的投送日期。在写作投标书时，自我介绍要真实，提出的措施和办法要切实可行，内容表述要规范。

## 6.2.3 投标书的范例解析

根据内容和性质，可将投标书分为生产经营类投标书、技术投标书和生活投标书。其中，生活投标书主要针对生活需要而编制的投标书，实际运用中并不常见，这里主要介绍前两种投标书范本。

### 1. 生产经营类投标书

生产经营类投标书主要是针对工程建设、承包租赁、劳动服务和产品采购等经营活动编制的投标书。

**范本内容展示**

◎ 资源 |Chapter06| 农业示范区建设项目投标书 .docx

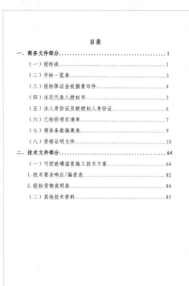

目录

一、商务文件部分

（一）投标函

致：××市××区蔬菜果树技术服务中心

根据贵方为××市××区××年现代农业示范区（园）奖补资金可控玻璃温室项目的招标公告×××（招标编号），签字代表××经理（全名、职务）经正式授权并代表投标单位××现代农业科技工程有限责任公司提交下述文件正本一份、副本3份及电子文档一份。

据此函，签字代表宣布同意如下：

后附"开标一览表"中所涉及的货物和服务为我方参加此次投标响应的全部范围。投标单位完全理解并同意贵方在开标时根据"开标一览表"（用于唱标）唱标，并完全同意如果"开标一览表"（用于唱标）上的价格与投标文件中的价格不一致，以"开标一览表"（用于唱标）上的价格为准。投标单位完全理解并同意开标时未宣读和记录的投标价格和折扣声明在评标时将不予考虑。

投标单位将按招标文件的规定履行合同责任和义务。投标单位已详细审查全部招标文件，包括第×号（插入编号）（如果有的话）。我们完全理解并同意放弃对这方面有不明及误解的权力。

本投标有效期为自开标日起×个日历日。

如果在规定的开标时间后，投标单位在投标有效期内撤回投标或投标单位有违法违规行为给招标人造成损失的，其投标保证金将被贵方没收。

**范本内容精讲**

从本范本展示投标书的目录来看，该投标书主要包括两大内容：商务文件和技术文件。招投标书一般都有封面，封面上会注明招投标项目的名称、编号、招投标单位全称和制作招投标书的日期，且装订成册，所以里页中不再单独列示标题，而是直接书写招投标书的正文。

在该投标书中，以"一、""二、"的形式概括两大主要内容，然后在每部分内容之下分"（一）（二）……"大点说明或列示相关文件资料，结构清晰、层次分明。生产经营类投标书的内容会因主营业务的不同而不同，本范本展示的投标书显然是以工程建设为主营业务的公司所制作的投标书。

这样的投标书通常采用综合式的写法，即既有表格式又有说明式，一方面可以更清晰明了地展示项目的各项参数情况，如投标函部分的《开标一览表》、《已标价项目清单》和《商务条款偏离表》等；另一方面可以详细地阐述和说明相关资质情况，如投标保证金汇款凭证、法定代表人授权书、法定代表人身份证及被授权人身份证和资格证明文件等。

需要注意的是，有些内容如果不方便用正文进行描述，可以通过附件的形式附在投标书正文之后。有封面的投标书，可以省略正文之后的落款；没有封面的投标书，一定要在正文之后落款，注明投标单位的名称和编写投标书的成文时间。在写作生产经营类投标书时，要注意对工程量的差异、材料的价差、取费高低以及利润多少等的分析。要结合工程具体情况，适当地承诺让利；要考虑使用不同的材料可能会给工程造价带来的不同影响等。

### 2. 技术投标书

技术投标书主要指针对技术改进、开发或转让以及科研课题和关键技术项目等编制的投标书。

**范本内容展示**

◉ 资源 |Chapter06| 消防工程技术投标书 .docx

**目录**

**第一篇　施工技术措施**

**第一章　工程概况**

一、工程名称：××桥××馆项目消防工程

二、工程地点：上海××区××路以北，××路以西

三、工程简介

本项目地处上海市××区。本项目规划用地面积约××m²；地上建筑面积为42,461.33m²；地下建筑面积为19,637.64m²；总建筑面积为62,098.97m²。由×栋×层小高层，×栋×层保障性住房，×个开关型站，×个街坊型站及地下车库组成。

四、施工范围为地下车库×至×楼及×至×楼报警、喷淋的设备材料供应及安装、调试、验收等。

1. 消防灭火系统：包括自动喷水灭火系统、灭火器等安装、调试、验收等。

2. 火灾自动报警及消防联动控制：包括火灾自动报警系统、消防联动控制系统、火灾应急广播系统、火灾报警电话系统、应急照明控制系统。包括系统穿线、设备安装（含软件）、调试、验收。

五、本工程的主要安装施工项目

本工程消防子系统项目有：

1. 地下车库×至×楼及×至×楼火灾自动报警系统。

2. 地下车库×至×楼及×至×楼自动喷水灭火系统。

**第二章　施工方案和技术措施**

第一节　施工布置原则

范本内容精讲

企业、单位、组织或团体等可根据需要选择投标书写作的最高层级为"篇"还是"章"，只要层级关系是逐级递减的就可。由本范本展示的内容可知，该投标书以"篇"为最高层级进行写作，下设"章""节""一、"和"1."等层级。

由于投标书的内容较多，这里只展示了部分，不过从目录可以看出，该投标书包括了 15 个大方向内容，即施工技术措施、施工组织设计、承诺书、需招标单位和总承包人配合的详细内容、技术资料、所供设备质量检测方法和手段、技术偏离表及建议、奖罚措施、备品备件清单及供应办法和主要材料品牌表等。

可想而知，技术投标书涉及的内容更多，从整体方案到具体措施，从工程概况到主要材料品牌，从施工技术措施到技术资料，最后再到奖罚措施，方方面面都要进行概括说明。具体注意事项可参考以下几点内容。

◆ 主要技术管理人员简历是否与证书上注明的出生年月日及授予职称时间相符，其学历及工作经历是否符合实际、可行、可信。

◆ 劳动力、材料计划及机械设备、检测试验仪器表是否齐全。

◆ 主要技术管理人员一览表中各岗位专业人员是否完善，符合标书要求；所列人员及附后的简历、证书有无缺项，是否齐全。

◆ 过渡方案是否合理、可行，与招标文件及设计意图是否相符等。

# 6.3 招商说明书

■与其他类似文书的区别　　■写作格式　　■范例解析

招商说明书是企业通过大众媒介向社会说明企业对外商务活动有关业务项目，以便具体开展业务活动的书面材料。

## 6.3.1 招商说明书与其他类似文书的区别

招商说明书要向社会说明的有关业务项目通常包括所寻求的商务项目、业务客户、合作对象、经营场所、社会资金、业务人才、经营方略和实施方案等。虽然它通过大众媒介发布，且也是说明书的一种，但其与广告、商品说明书、企业说明书和招标文书等有一定的区别，具体区别如表 6-6 所示。

表 6-6 招商说明书与其他文书的区别

| 对比项 | 区别概述 |
| --- | --- |
| 与广告相比 | 广告是一种促销活动，功能是促销，特征是"务虚"，没有广告，营销活动仍可以进行；招商是一个相对独立的工作项目，功能是立项，特征是"务实"，没有招商，相应的工作就无法进行。广告的内容是围绕促销展开的，以宣传商品和销售为核心；招商说明书是针对经营业务确定的，以具体的人、财、物事宜为说明对象 |
| 与商品说明书和企业说明书相比 | 商品说明书是说明商品情况的；企业说明书是介绍企业概况的；招商说明书是对商务活动需要社会参与的项目进行说明的，三者的说明对象侧重点各有不同 |
| 与招标文书相比 | 招标文书涉及的项目是国家规定的承包建筑工程或承购大型设备、大宗物资，招请的对象需要按规定程序进行竞标；招商说明书涉及的项目是国家没有规定且一般没有竞标程序的。招标是一种特殊的招商 |

## 6.3.2 招商说明书的写作格式

招商说明书一般由标题、正文和落款 3 部分组成，各部分应写明的内容如下所示。

### 1. 标题

招商说明书的标题有 3 种常见形式：①招商单位＋事由＋文种，如"××公司品牌合作招商说明书"；②事由＋文种，如"铺面招商说明书"；③文种，即直接以"招商说明书"作为标题。

### 2. 正文

招商说明书的正文以说明为主，具体说明招商的整个计划，如项目定位、具体的招商策略和计划等。也就是要说明招商项目在业界处于什么档次、具有什么样的地位、主要消费群体的消费能力、项目的发展目标、项目引进的店铺层次、店铺的种类、项目招商过程中采取的指导思想和运作模式、设计理念以及招商需求等情况。要想从宏观角度把握项目的招商需求，具体的招商计划可以从招商的各个阶段入手，说明每个阶段的时间安排、层次布局、员工的工作职责和权限等。

### 3. 落款

招商说明书的落款处要署上招商单位的名称，并注明招商说明书的成文日期。如果招商说明书有附件和其他资料，无法用正文描述进行展示，则可以在说明书正文之后以提示语提示相关附件文件，再另外附文件资料在说明书之后。

## 6.3.3 招商说明书的范例解析

按照不同的划分依据，招商说明书可以分为不同的种类。下面具体来看看合作对象招商说明书和经营场所招商说明书的范本。

### 1. 合作对象招商说明书

合作对象招商说明书主要用来帮助企业或个人寻找合作伙伴，共同完成某项工作或者某个企业的生产经营管理工作。

**范本内容展示**

◎资源 |Chapter06| 代理（加盟）的招商说明书 .docx

---

**招商（加盟）代理说明书**

**一、招商（加盟）致辞**

产品，始终是代理商全部的寄托。

选择怎样的产品，注定了代理商将进入怎样的市场角色。

××品牌源于高科专利，掌控市场脉动，自然成就每一位选择者的财富人生！

**二、招商（加盟）宗旨**

诚信合作、诚信经营、互利双赢、健康发展

**三、招商（加盟）流程**

初步交流→深入沟通→客户确定→签订协议→客户付款→公司供货→专业支持→合作共赢

1. 有兴趣者在"招商信箱"填写并提交个人资料及申请书，或直接打电话交流。

2. 总部审核申请人的实力，符合条件的会有招商人员进一步沟通。

3. 洽谈加盟细则，签署合作协议。

4. 全国营销中心发放品牌授权书。

5. 装修门面、招募培训营销人员、办理营业执照。

**四、招商（加盟）条件**

中国已进入老龄化社会，××诚邀各地有志于健康事业的优秀团队，携手发展，共创辉煌。

1. 具备批发和零售资格的正规法人或自然人。

2. 具有医药、保健品行业的销售背景和市场运作经验。

3. 具有相应的分销能力和网络资源（拥有团队者优先）。

4. 认同××的持续、诚信经营理念。

**五、招商（加盟）政策**

为保护独家代理经销商的利益，本公司采取严密的区域市场保护政策，具体为：

（1）针对不同销售模式或渠道，提供相匹配的营销方案，同时产品采用每件唯一编号，严密监控产品流向，以双保险方式保证销售市场规范。

（2）全国统一价格体系，提供严密市场区域保护政策，确保代理经销的独家性。

（3）各代理区域所有其他渠道商均交由总代理发展，公司不直接洽谈。

（4）各代理区域所有终端消费者购买需求均由代理商供给，公司绝不直接销售产品。

优惠政策：

1. 完成任务，年终返点。

2. 实行区域独家代理，确保运作者权益。

3. 企业会持续稳定给予代理商做全面服务工作。

4. 提供合理的运作空间，确保投入与收益成正比。

5. 及时提供货源，确保全国范围内×~×天到货。

**六、七大支持平台**

××提供强大的支持平台，为各地代理商（加盟商）拓展助力。

1. 品牌支持

（1）××品牌宣传；（2）××品牌营销

---

**范本内容精讲**

本范本展示的招商说明书是某生物药业股份有限公司进行代理商或加盟商的招商而制作的，这里只展示了其中一部分内容。由展示的内容可知，省去了对公司的介绍部分，直接以"一、二……"标题形式列明说明书要说明的内容，具体包括招商（加盟）的致辞、宗旨、流程、条件、政策以及 7 大支持平台。

合作对象招商说明书要对招商流程进行详细的说明，并且招商条件是必不可少的，有利于筛选有意向的商家，同时防止不良商家成为合作伙伴而影响声誉。

在实际运用中，若正文没有介绍招商方的基本情况，则应附上附件资料说明招商方的具体信息，如招商方的单位全称、主要经营类目、经营方式、经营理念、所处地理位置以及成立时间等。必要时，还需将营业执照和其他相关证明资料以附件的形式提供参考，这就是所谓的招商背景。

另外，招商说明书正文之后一定要注明招商方的联系方式，以便有兴趣成为代理商或加盟商的商家与招商方取得联系，进行下一步的洽谈工作。落款处要署上招商方的单位名称，并注明招商说明书的成文时间。如果招商说明书带有封面，且封面上已经写明了招商单位的全称，则落款处可省略招商方单位名称。

**提示：招商说明书的其他类型**

按照内容和性质划分，招商说明书包括商务项目招商、商务项目的转让、业务客户招商、合作对象招商、经营场所招商、社会资金招募、业务人才招聘、经营方略征询、实施方案征集等招商说明书；根据文书名称划分，招商说明书包括使用规范招商说明书名称和使用其他名称这两类，后者诸如启事、海报、声明和招聘等。

## 2.经营场所招商说明书

经营场所招商说明书是指为了出租或出售某个经营场所而制作的，是用来吸引商家租用、购买并入驻该经营场所的说明书。

**范本内容展示**

⊙资源 |Chapter06| 购物广场铺面招商说明书 .docx

一、招商背景

1.管理有限公司简介

管理有限公司总部位于××，在××设有分公司，分公司下设市场营销部、客户服务部、物业运营部、财务金融部、研发设计部、项目管理部、项目发展部、酒店事业部、商业拓展部、综合管理部十大部门，形成高效、务实、专业的精英团队。以经营城市、服务民众为使命，打造中国最具综合竞争力的地产开发商，形成集地产开发、物业运营、房产服务的专业化、综合化企业。

2.购物广场改造项目介绍

（1）项目规划

××大酒店属市重点工程项目，整体规划设计×～×层为商业广场（×楼定位为综合购物广场、×楼为大型生活超市、×楼为酒店配套餐饮和大型综合餐厅），×～×层是按四星标准建设的商务酒店，系××区目前为止唯一规划建设的标准四星级酒店。

（2）项目位置

购物广场位于××市××商圈的最核心位置，处于××路、××路和××路3路交汇处，是××商圈的商业中心、交通中心、物流中心，人口密集、商家云集。该区域集中了十几个批发市场主要从事服装、鞋类等商品的批发，其辐射范围较广，贸易范围遍及××全省及广东地区。该地区酒店、批发市场、购物广场、超市和住宅等几类业态相辅相成，距火车站一分钟车程，距××大桥3分钟车程，人流量和车流

量都非常大，地理位置非常优越。

位置图（略）

（3）项目现状

第1层：已完成招商，其中包括：××商场、肯德基，经营状况良好。

第2层：已完成招商，其中包括：步步高、××咖啡，经营状况良好。

第×～×层：正在招商中，总面积×平方米。

物业说明：招商物业按照标准的四星级酒店进行建设的，业态清晰，房屋分割和配套物业分割全部完成并达到四星级酒店标准，×台电梯安装完成，属于毛胚房，尚未装修。

建筑展示图（略）

二、招商政策

1.合作性质：房屋出租或整体产权转让，也可洽谈联合经营，方式多样。

2.招商范围：经营四星级酒店的酒店管理公司。

3.招商期限：10年。

4.价格政策：详细招商价格见附表一。

5.优惠政策：本项目招商免租期共×个月，分3次执行。

（1）合作第一年免租期为×个月，为客户预留充足的进场装修和进行开业准备的时间。

（2）合作第二年免租期为×个月。

（3）合作第三年免租期为×个月。

6.合作程序

**范本内容精讲**

本范本所展示的是某投资管理有限公司发出的购物广场铺面招商说明书，正文开头就以"一、招商背景"书写了公司简介和招商项目的内容。

在第一部分介绍招商项目时，由于涉及铺面招商，因此会在说明书中展示具体的位置图和建筑物展示图（范本已省略相关图示），以便让有兴趣的商家能清楚地了解铺面的位置和具体结构。由该经营场所招商说明书的内容可知，涉及的是某个大型商场，因此会有很多楼层，在描述项目现状时，一定要说清楚招商铺面的具体楼层位置，已经完成招商的楼层也要一并将情况作出说明，让商家能从大致结构上掌握正在招商的铺面的总体情况。

很多招商说明书都会提及"招商政策"这一内容，该部分内容主要说明招商项目或活动的一些具体实施细节，如合作性质、招商范围、招商期限、价格政策、优惠政策和合作程序等，有时也包括招商活动或项目的联系方式。其中，合作程序一般包括3个环节，即意向交流、考察磋商和签约。

# 6.4 可行性报告

■研究内容 ■结构 ■范例解析

可行性报告又称可行性研究报告，是开展一种经济活动之前，双方要从经济、技术、生产、供销直到社会各种环境、法律等各种因素进行具体调查、研究、分析，以确定有利因素和不利因素、项目是否可行，估计成功率、经济效益和社会效益程度，为决策者和主管机关审批的上报文件。

## 6.4.1 可行性报告应包括的研究内容

虽然各类可行性研究报告的内容侧重点差异较大，但一般都包括如表6-7所示的内容。

表6-7 可行性报告应包含的研究内容

| 研究内容 | 概 述 |
|---|---|
| 投资必要性 | 主要根据市场调查和预测的结果，以及有关的产业政策等因素，论证项目投资建设的必要性 |
| 技术可行性 | 主要从事项目实施的技术角度，合理地设计技术方案，并进行必选和评价 |
| 财务可行性 | 主要从项目和投资者的角度，设计合理的财务方案，从企业理财的角度进行资本预算，评价项目的财务盈利能力，进行投资决策，并从融资主体（企业）的角度评价股东投资收益、现金流量计划及债务清偿能力 |
| 组织可行性 | 制订合理的项目实施进度计划、设计合理组织机构、选择经验丰富的管理人员、建立良好的协作关系、制订合适的培训计划等，保障项目顺利执行 |
| 经济可行性 | 主要是从资源配置的角度衡量项目的价值，评价项目在实现区域经济发展目标、有效配置经济资源、增加供应、创造就业、改善环境以及提高员工生活等方面的效益 |
| 社会可行性 | 主要分析项目对社会的影响，包括政治体制、方针政策、经济结构、法律道德、宗教民族、妇女儿童及社会稳定性等 |
| 风险因素及对策 | 主要是对项目的市场风险、技术风险、财务风险、组织风险、法律风险、经济和社会风险等因素进行评价，制定规避风险的对策，为项目全过程的风险管理提供依据 |

## 6.4.2 可行性报告的结构

一般来说，可行性报告由封面、里页两部分组成。其标题一般写在封面上，里页直接书写正文。

### 1. 封面

可行性报告的封面一般包括标题、项目单位、编制单位和编制日期等内容，且标题的常见形式有两种：①项目单位＋项目名称＋文种，如"××公司修建员工图书馆可行性研究报告"；②项目名称＋文种，如"拟投建××人工湖项目可行性研究报告"。

### 2. 里页

可行性报告的里页主要书写报告正文，正文之后落款。一般来说，正文部分大致包括如表 6-8 所示的内容。

表 6-8 可行性报告的正文结构

| 部 分 | 内 容 |
|---|---|
| 概论 | 简述项目概况、企业概况、研究依据和范围、主要技术经济指标以及研究结论和建议 |
| 项目背景与必要性 | 阐述项目背景、建设的必要性以及项目建设的意义 |
| 项目的实施方案 | 主要写明项目的规模、技术方案、设备方案、工程方案、组织机构与人力资源配置、项目实施工期、进度安排、是否要进行招投标、经营模式、盈利模式、渠道、宣传促销策略、网络营销策略、管理团队建设与完善、项目质量控制系统等情况 |
| 市场分析 | 主要写国外、国内、当地市场的供求情况和发展趋势，运用科学的方法和确凿的数据，预测供求关系，力求预测准确、可信 |
| 制约条件的分析 | 主要对项目所处的区域位置、自然条件、实施环境等进行调查、研究、分析，得出项目是否受到客观环境的影响以及受影响程度等结论 |
| 技术论证 | 运用资料、数据来论证一些论点，如能源、原材料的供应，厂址条件和交通状况，技术、设备和环保，生产组织和人员培训等，得出可行或不可行的结论 |

| 部　分 | 内　容 |
|---|---|
| 经济分析 | 主要包括投资估算、收益估算和投资回收估算。投资估算，即项目所需的全部资金的估算，分为固定资产投资、流动资金投资两部分；收益估算，即估算成本、售价、销量和利润等；投资回收估算主要是对投资回报率的高低、回报年限的长短等的分析 |
| 结论 | 在市场分析、制约条件分析、技术论证和经济分析的基础上，对项目作出综合评价。结论主要有3种情况：非可行性结论、可行性结论和弥补性结论。结论切忌模棱两可、含糊其词 |

**提示：可行性报告中的经济分析**

在进行经济分析时，既要翔实地估算出项目所需的总资金，也要估算出项目实施的各个部分和不同时间段所需资金的具体比例。要正确估算固定资产和流动资金。要有针对性地分析项目的资金来源、筹措方式及贷款偿付方式。

可行性报告的落款要标明报告者和报告日期，如果封面已经写明了报告单位名称和报告日期，则可以省略落款。有些可行性报告因为结论的需要，往往还会加上一些附件，主要包括不能在正文中描述的各种论证材料、实验数据、调查数据、计算图表和附图等，以增强可行性报告的说服力。

## 6.4.3　可行性报告的范例解析

根据用途划分，可行性报告主要有5大类：①用于企业融资、对外招商合作的可行性研究报告；②用于国家发展和改革委立项的可行性研究报告；③用于进口设备免税用的可行性研究报告；④用于银行贷款的可行性研究报告；⑤用于境外投资项目核准的可行性研究报告。下面主要针对①和④这两类可行性报告进行举例说明。

### 1. 对外招商合作的可行性研究报告

对外招商合作的可行性研究报告主要用于企事业单位、国家、团体和组织等对外招商引进合作伙伴的情形。

**范本内容展示**

◉ 资源 |Chapter06| 五星级酒店政府招商项目可行性报告.docx

目录（略）

一、总论

1.1 项目名称

××区房地产项目

1.2 项目概况

1.2.1 宗地位置

××省××市××区××处

1.2.2 规划指标

宗地占地面积：约为×亩，折合约×万平方米，分为东侧、西侧和酒店3块用地。

宗地性质：商业和居住综合用地。

容积率：基本规划条件——五星级酒店占地不低于×亩（总建筑面积不低于×万平米），其他尚无规划部门准确指标，目前已做方案的容积率在×左右，主力楼高在×~×层等高层建筑（高层在县城的接受度不太高，需要一个过程，若按政府要求4.5年内去化完毕，在××这样的县城很难）。

总建筑面积：酒店×万平米+住宅和商业×万平米（容积率为×）或住宅和商业×万平米（容积率为×）或住宅和商业×万平米（容积率为×）=×万平米或×万平米或×万平米。

根据县城市场的实际情况以及酒店的巨额投资，我们建议容积率在×~×区间（除酒店外），可以在×~×区间寻求较为合理的容积率。

1.3 财务分析

方案确定后另行概算。

1.4 综合评价

根据××年《政府工作报告》任务分解落实方案，确保完成××大道、××大道、××东路，以及××路、××路等道路建设，形成"四纵四横"主支干道网络。开工建设五星级大酒店、综合物流市场等8项重点工程，完成给排水等基础设施配套，全面拉开×城起步区框架。

××县重要发展的战略项目，是××区域发展、功能升级的必然方向。同时××区规划起点高，区位优势明显，未来教育、医疗、商业等生活配套完善，区域成长潜性较高。新一届地方党政领导班子对新城发展更加重视，××区发展建设驶入快车道。

项目总规模在20多万平米，用地规模较大，整体利润较高。同时通过此次与政府的五星级酒店招商合作，为与政府后续开发合作，以及公司在区域持续发展提供有力保证。

二、项目概况

2.1 项目地理位置

地块位于××区××大道东、××路北交汇处（县城东郊××乡境内）。

2.2 项目地块现状

宗地现状场地平整，现为农田，目前地处城东郊乡野，宗地外正在铺设道路。

2.3 周边交通状况

区位优势初现端倪，规划交通路网发达。

2.4 项目周边配套

**范本内容精讲**

本范本展示的是某五星级酒店政府招商项目可行性报告，内容较多，故这里只展示其中一部分内容。本报告全文以"一、""1.1""1.1.1"这样的层级关系进行论述说明，条理性较强。由于可行性报告的结构较简单，即标题、正文、落款和附件，因此正文部分的写作较自由，撰稿人可根据本企业、本单位或本组织的实际需求进行灵活写作。

可行性报告是对可行性研究做出书面说明的文件，而可行性研究是确定建设项目前具有决定性意义的工作，是在投资决策前对拟建项目进行全面技术经济分析的科学论证。撰写这类可行性报告时要以全面、系统的分析为主要方法，经济效益为核心，围绕影响项目的各种因素，运用大量的数据资料论证项目是否可行。在项目的可行性研究分析完成后，应对整个可行性研究提出综合分析评价，指出其优、缺点并提出针对性的建议。

## 2. 用于银行贷款的可行性研究报告

在实际工作中，用于银行贷款的可行性研究报告比较常见，几乎所有行业的企业，只要涉及向银行贷款，就需要向银行出具可行性研究报告。

**范本内容展示**

◉ 资源 |Chapter06| 公司向银行贷款的可行性报告 .docx

关于公司向银行贷款的
可行性研究报告

第一章 总论

一、项目提要

（一）拟设立公司名称：××县××小额贷款有限责任公司。

（二）注册资本：×万元。

（三）公司住所：××州××县××开发区。

（四）经营范围：办理各项贷款、办理票据贴现、办理资产转让及经批准的其他业务。

二、编制范围与依据

（一）编制范围

通过对相关背景、设立方案、市场分析、财务预测，以及对风险管理的全面分析，我们对在××县设立小额贷款公司的可行性进行综合评价。

（二）编制依据

1.《关于小额贷款公司试点的指导意见》（银监发，[××]×号）。

2.《××省小额贷款公司试点管理暂行办法》（×政办发[××]×号）。

3.《××省国民经济和社会发展计划纲要》。

4.《××县国民经济和社会发展第×个五年规划纲要》。

5.其他相关文件。

三、主要财务指标预测

表 1-1：主要盈利能力指标

| 项目 | ××年 | ××年 | ××年 | 合计 |
|---|---|---|---|---|
| 总资产规模（万元） | 8 602.59 | 9 253.75 | 9 830.34 | |
| 净利息收入（万元） | 1 189.80 | 1 235.14 | 1 280.48 | 3 705.41 |
| 净营业收入（万元） | 1 189.80 | 1 235.14 | 1 280.48 | 3 705.41 |
| 年利润总额（万元） | 803.45 | 844.65 | 857.31 | 2 505.42 |
| 净利润（万元） | 602.59 | 633.49 | 642.99 | 1 879.06 |
| 资产利润率（%） | 7.00 | 6.85 | 6.54 | |
| 资本利润率（%） | 9.13 | 9.38 | 9.41 | |

从预测数据看，公司收入水平逐年上升，随着经营规模的扩大，其收益率保持稳定上升水平。

表 1-2：其他主要核心指标

| 项目 | 标准值 | ××年 | ××年 | ××年 |
|---|---|---|---|---|
| 融资借款/贷款比例（%） | ≤75 | 33.33 | 39.22 | 44.44 |
| 不良贷款率（%） | <5 | 1.50 | 1.50 | 1.50 |
| 资本充足率（%） | >8 | 110.73 | 106.60 | 101.82 |
| 贷款损失准备充足率（%） | >100 | 261.29 | 261.29 | 261.29 |

从上述预测指标可见，小额贷款公司的信用风险都控制在较低的风险水平内，同时贷款损失准备充足率和资本充足率均较高，具有较强的风险控制和风险抵补能力，符合监管要求。

四、结论

国内经济特别是西部经济正处于高速发展期，相对落后的国内农村金融将在政策的大力支持下迎来新的历史发展机遇，而其竞争和混池状态的市场将为行业带来新的变局，农村金融市场新兴金融组织形式必将大量涌现，小额贷款公司正是其中之一。在此背景下，综合考虑和分析各种因素，在××省××县设立小额贷款公司，符合国家对农村金融改革的客观要求，可以更加主动地应对农村金融改革变革局所产生的机遇与挑战。中国农村金融业相对落后的现状和尚未均衡的市场，为小额贷款行业发展预留了较大的发展空间，也为本项目发展提供了新的契机。因此，在××

**范本内容精讲**

虽然可行性报告一般都有封面，且封面上写明标题和编写时间等信息，但里页的第一页上方居中位置也可再一次书写报告标题，如本范本所示。

我国商业银行或者政策性银行在贷款前都要进行风险评估，一般需要项目方（企事业单位、团体、组织或个人）出具详细的可行性研究报告。对于贷款额度较大的项目，银行还会组织专家评审，以确定项目是否能够放贷。而银行方对贷款用的可行性研究报告的编制有以下几点要求。

◆ 要求提供具有权威数据支持的、详细准确的市场分析和前景预测。

◆ 要求提供翔实准确的建设方案、合理工艺，并需要重点说明工艺的优势和选择该方案的原因。

◆ 要注明设备名称、价格、数量和采购厂家等详细的设备明细。

◆ 要说明项目实施保障措施，如合理的营销模式、潜在客户群体分析。

◆ 要提供详尽的财务数据，尤其是项目面临的主要风险和该如何规避等。

◆ 要说明财务测算中对还款来源和还款能力的规划。

如果项目方在向银行提交贷款用可行性研究报告时，能同时提交采购合同或者战略合作协议会更好，这样银行可以发放金额更大的贷款。结合上述要求和本范本展示的内容，可以概括出银行贷款的可行性研究报告的写作结构和具体应写明的内容，如图 6-1 所示。

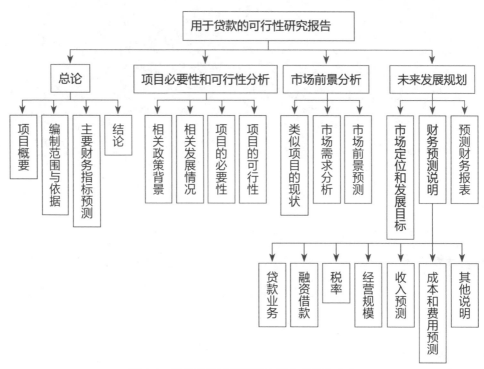

图 6-1　银行贷款可行性研究报告结构和内容

# 6.5 商务函

■特征　■一般格式　■范例解析

商务函，也称商务信函，属于商务礼仪文书，是指企业与企业之间，在各种商务场合或商务往来过程中所使用的简便书信。它的主要作用是在商务活动中建立经贸关系、传递商务信息、联系商务事宜、沟通和商洽产销、询问和答复问题以及处理具体交易事项。

## 6.5.1　商务函的特征

商务函有 7 个特征，如表 6-9 所示。撰稿人要以这些特征为依据，撰写符合要求和使用场合的商务函。

表 6-9　商务函的特征

| 特　征 | 说　明 |
|---|---|
| 语言风格口语化 | 每一封商务信函的往来都是不同的企业之间或企业领导者之间的一种情感交流，而人都是感性的，所以商务信函更多的是要体现感性的一面，读信函时要使人感到热情、友好，就像朋友之间的谈话那样简单、自然和人性化，而不是所谓的正规"生意腔" |
| 函件内容直接性 | 企业中相关工作者每天可能会阅读大量信函文件，为了加快商务活动的进程，让阅读者快速了解信函的来意，写函件不需要用华丽的词句，用简洁朴实的语言简明扼要地提出要点，使信函读起来简单、清楚、直接。如果涉及数据或具体的信息，如时间、地点、价格和货号等，用语要更精确 |
| 语气态度真诚性 | 由于商务信函用于商务活动，使各方取得联系、进行沟通，所以要能充分体现真诚、礼貌。这里的礼貌并不是简单地用一些礼貌用语，而是要体现一种为他人考虑，多体谅对方心情和处境的态度，因此撰写时要带着足够的诚意 |
| 行文主旨单一性 | 商务信函具有纯粹的业务性，所以要求专文专事，内容集中单一，围绕公务，突出主旨 |
| 行文格式规范化 | 商务信函的结构类似于一般的书信，有称呼、正文和署名。如果是外贸商务函（电），其写作还必须依照国际惯例，用英语或对方国家所使用的语言书写，文法和书写格式也要符合对方的语言规范和习惯 |
| 人物地位平等性 | 商务信函是两个平等法人之间的往来文书，反映双方平等、互惠互利的关系，所以写作时要注意相互尊重，以礼相待 |
| 收发时效性 | 商务信函是在商务活动的每个环节中形成的，每一封信都是一定时限内的双方意愿的明确表达，因此，向对方发送函件要及时，最好能在所涉及的公务处理或发生之前提前发出；而接收对方发来的函件后要及时回复，保障公务能按时并顺利进行。目前，商务函的传递更多地使用图文传真、电子邮件等快速传递形式，以满足这一特性 |

## 6.5.2　商务函的一般格式

商务函一般由 3 部分组成：信头、正文和信尾。其中，标题属于信头部分，各个部分的具体内容如下。

### 1. 信头

信头就是商务函的开头,由标题、发信人名称和地址、函号、称谓以及收信人地址和单位等构成。具体应写明的信息如表 6-10 所示。

表 6-10　商务函的信头

| 内　容 | 具体信息 |
| --- | --- |
| 标题 | 有两种形式,常见的一种是事由+文种,即"关于要求承付打印机货款的函""索赔函"等;另一种是先写"事由"二字,然后加冒号提示,再写函件的内容,如"事由:机动车索赔"。标题中的事由要求能概括出函件的主旨、中心,使收信人通过标题就能大致了解函件的主要内容 |
| 发信人名称和地址 | 一般写明发信人所在企业单位名称和详细地址,还包括电话号码、电报挂号、专用电码、电传、传真和网址等商务联系信息 |
| 函号 | 编号,分为对方编号和己方编号,一般在外贸业务信函的信头较常使用,注明编号可使信函便于管理和查阅。函号的位置一般在标题右下方或信头的左上方,常见的有两种形式:①仿效行政公文发文字号的格式,采用"××函〔××〕×号"或"(××)函第×号";②采用直接编号,如"第×号" |
| 称谓 | 对收信人或收信单位的称呼,一般写受文者的尊称,是商务函不能缺少的一个部分,位置一般在标题或函号的左下方,单独占行,顶格书写,后用冒号。可用泛指尊称,如"尊敬的先生/女士""尊敬的办公室主任"等;也可用具体称谓,即指名道姓的尊称,如"××先生/女士""尊敬的办公室×主任"等,这种称谓一般用于写信人和收信人彼此认识或非常熟悉的情况 |
| 收信人地址和单位 | 写明收信人所在的企业单位名称和详细地址 |

### 2. 正文

商务函的正文包括问候语、主体和结束语,具体内容如表 6-11 所示。

表 6-11　商务函的正文

| 内　容 | 具体信息 |
| --- | --- |
| 问候语 | 应酬语或客气话,这也是商务函中不可缺少的内容,主要是发信人向收信人打招呼,一般用一两句礼貌的客气话表示,如"您好""近来生意可好"。如果是初次联系,可使用"久仰大名"之类的话;如果是回函,此处可使用"惠书敬悉,不胜感激"之类的话表示感谢来函 |

| 内　容 | 具体信息 |
| --- | --- |
| 主体 | 这是商务函正文的核心，主要用于发信人说明具体事项。虽然不同的商务函的正文主体内容不同，但一般会包括两方面内容：①发函缘由，直截了当、简明扼要地说明发函的目的、根据和原因等，如果是回函，此处要引叙对方来的要点，以示回函的针对性；②发函事项，根据发函缘由详细陈述具体事项，或针对所要商洽的问题或联系事项阐明自己的意见，阐述时语气要平和、问题要明确、事实要清楚且表达要明白。比如，商洽函的正文主体包括商洽缘由、商洽内容和意愿要求；询问函的正文主体包括询问缘由、询问事项；答复函的正文主体包括答复缘由、答复内容；商品报价函的正文主体包括产品价格、结算方式、发货日期、产品规格、可供数量、产品包装和运输方式等。如果正文主体内容较多，逻辑上可采用篇、段结构；如果正文主体内容较少，可采用分段式结构 |
| 结束语 | 正文结束后，一般要用精练的语言将主体所叙之事加以简单概括，并提出本函的有关要求，强调发函的目的。比如，请求函的结束语一般为"拜托之事，希望协助解决为盼"；希望回函的结束语一般是"不吝赐函，静候佳音" |

该部分用于叙述商务往来联系的实质问题，写作时要求内容单一、一文一事，文字简明、事实有据且行文礼貌。

### 3. 信尾

商务函的信尾一般由祝颂语和落款构成，有时还会有附件。各个部分的具体内容和写法如表 6-12 所示。

表 6-12　商务函的信尾

| 内　容 | 具体信息 |
| --- | --- |
| 祝颂语 | 所有商务函都要写明祝颂语，祝颂语包含请候语和安好语。请候语在正文结束后另起一行空两格书写，如"敬祝""顺颂""恭祝"等；安好语在请候语之后另起一行顶格书写，表示对对方的尊重，如"金安""生意兴隆""商祺"等 |
| 落款 | 包括署名和发信日期，署名可根据企业的要求或发信人的意见来确定是签名还是用印，有些企业署名以单位名称加盖公章的方式，有些企业要求发信人直接签名，以示对函件的内容负责，个人签名一定要由发信人亲手签。日期一般是发信的具体时间，方式有 3 种：①公文日期形式，即用汉字小写，如"二〇一八年十二月七日"；②阿拉伯数字形式，如"2018 年 12 月 7 日"；③国际标准简写法形式，即用阿拉伯数字标记年、月、日，并在一位数的月、日前加"0"，如"2018 年 12 月 07 日"。无论哪种写法，日期都务必写全，尤其年份不能简写 |

续表

| 内　容 | 具体信息 |
| --- | --- |
| 附件 | 随函附发的有关材料，如报价单、发票、确认书和单据等。如果需要标注附件，则在函件落款下方标注；如果附件是两个及以上的，要分别标注"附件一""附件二"等 |

## 6.5.3　商务函的范例解析

商务函的种类较多，主要有联系函、催款函、推销函、询价函、报价函、订购函、确认函和索赔函等。下面只对其中的催款函、询价函和报价函进行详细介绍。

### 1. 催款函

催款函是一种催交款项的文书，是交款单位或个人在超过规定期限未按时交付款项时会收到的通知书。

**范本内容展示**

◉资源 |Chapter06| 公司业务催款函 .docx

**范本内容精讲**

本范本所展示的是企业与企业之间因为业务往来发生的款项欠付而发出的催款函，标题直接用"催款函"3 个字。称谓部分是需要交款的单位名称"×× 公司"，正文部分写明了欠款原因"可能由于……以致忽略承付"、时间、金额、发票号数以及处理意见"故特致函提醒，请即进行结算……"。

在信尾部分使用祝颂语"特此函达"，并注明用于收款的公司账户名称、开户银行和账号等信息，最后落款处写明发出催款函的日期。由于该催款函提及了发函单位的名称,因此落款处就没有再单独写明。由此可见,催款函一般应包括以下内容:欠款单位的全称;欠款事项和原因;欠款时间、金额;发票编号;催款方的银行账号;最后付款期限;催款方联系人、电话、住址以及建议处理措施或意见。如果是通知欠款方付款时间将要到或已经到的,此时催款函是通知性质,催促语气不宜强硬;如果欠款方未按时付款或已长时间拖延付款,发出的催款函不仅是通知,更有严重警告的意思,此时催促语气可较强硬。

### 2. 询价函

询价函是买方向卖方就某项商品或服务的交易条件提出询问的信函,下面来看一种简单的询价函样式。

**范本内容展示**

◉资源 |Chapter06| 买方询价函 .docx

**范本内容精讲**

**本范本展示的是内容比较简单的询价函,只需在正文部分说明买方对卖方所经营产品的兴趣、买方需求以及希望卖方给出的报价即可。**

询价的目的是请卖方报出商品或服务的价格,因此出具单位应该是买方。需要注意的是,询价对交易双方都没有法律上的约束力。也就是说,法律不强制规定卖方一定要给出报价并发送报价函。有些询价函没有称谓部分,但在正文之前会写明供需双方的单位全称、联系人姓名、电话和传真等信息。

### 3. 报价函

报价函是询价函的回函,即针对买方发来的询价函作出答复,给出相关产品或服务的具体报价情况。

范本内容展示

◎ 资源 |Chapter06| 买方询价函 .docx

报价函

尊敬的××有限公司:

感谢贵公司的信任和支持,能为贵公司提供产品和服务,是我们的荣幸。我们位于××市××区,年产×万吨中高档铝合金型材,引进瑞士、意大利、日本等国家的先进设备和技术,是目前××地区投资最大、技术最先进、品种规格最齐全、交货最快捷的铝型材生产基地之一。

幸闻贵公司新开发项目,将采用高档铝型材。鉴于此,我司经缜密商议,针对贵公司所需产品,并本着长期合作、共同发展的理念,特向贵公司提供我司铝型材的报价:

| 表面处理方式 | 价格 | 备注 |
|---|---|---|
| 素材 | 23 400元/吨 | |
| 电泳银白 | 26 000元/吨 | |
| 氧化古铜 | 25 400元/吨 | |
| 氟碳烤漆(二涂二烤) | 32 900元/吨 | |

注:(1)铝锭价按下单当日××有色金属网(www.××.com.cn)铝锭价中间价计算。

(2)上述报价含6%±0.5%损耗费。

(3)以上报价含括增值税及距离我公司×公里范围内的运费。

其他报价方式如下:

1.理论结算:在上述加工费价格基础上上调(素材:500元/吨;氧化材:1000元/吨;喷涂材:2000元/吨)。

2.塑封包装:在上述加工费价格基础上上调:1000元/吨。

3.氟碳烤漆:78元/平方米;若按吨位计价,则在素材单价基础上加价9500元/吨。

4.氧化、电泳等其他着色系列报价,在报价的基础上另加:800元/吨。

以上为我公司的优惠价格,如有异议或疑问请致电我方(××:××××××),热切期盼贵公司的回复,并诚邀贵公司领导到我司实地考察。

敬祝

商祺!

××建材有限公司

××××年××月××日

范本内容精讲

报价函是询价函的回函,因此在按照规范格式行文时,只要将买方提出的相关问题和疑虑进行详细解答即可,比如,相关产品的价格、优惠条件、优惠价格。最后向买方提出希望其回复的热切期盼。

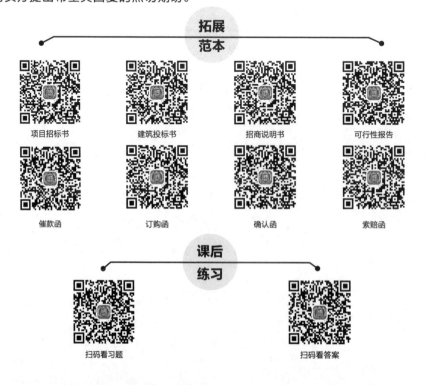

拓展范本

项目招标书　　　建筑投标书　　　招商说明书　　　可行性报告

催款函　　　订购函　　　确认函　　　索赔函

课后练习

扫码看习题　　　扫码看答案

# 宣传类公文写作与范例

宣传类公文具有周知性和新闻性，因此，其内容是可以公开发布的。当行政机关、企事业单位、团体、组织或个人需要公开说明某事项或问题时，常采用这类公文，如启事、声明、海报、新闻稿和通讯稿等。

启事的写作格式
声明的范例解析
海报的组成部分
新闻稿的特点与种类
新闻稿的写作格式
通讯稿的范例解析
……

# 7.1 启事

■写作格式　■范例解析

　　启事是机关、团体、单位和个人有事情需要向公众说明，或者请求有关单位、广大群众帮助时所用的一种说明事项的文体。在古代，启事是用来陈述事情的奏章或函件。无论是古代还是现代，启事都是公开说明某件事的文字，多刊登在报刊上或贴在墙壁上。

## 7.1.1 启事的写作格式

　　启事具有公开性、广泛性、实用性和随意性的特点，其结构比较简单，主要由标题、正文和落款3部分组成。

### 1. 标题

　　启事的标题用来写明启事的名称，这主要由启事的内容决定。若内容是征文，则标题为"征文启事"；若内容为寻人，则标题为"寻人启事"等，依次类推。

### 2. 正文

　　启事的正文是对具体内容的描述，即写明要向大众说明的情况。正文的篇幅一般较短，说清楚启事的具体事项即可，无须过度修饰和阐述。

### 3. 落款

　　启事的落款处要署上发布启事人的姓名或单位的名称，同时注明发布启事的日期。

**提示：如何辨别启事与启示**

　　"启事"是为了公开声明某事而刊登在报刊上或张贴在公共场所的文字，这里的"启"是"说明"的意思，"事"就是被说明的事情。而"启示"的"启"是"开导"的意思，"示"是把事物摆出来或指出来让人知道，"启示"是指启发指示、开导思考，使人有所领悟。这二者含义各有不同，所以不能通用。

## 7.1.2　启事的范例解析

按照内容划分，启事可分为很多种类，如寻物启事、招聘启事、招生启事和征集启事等，下面对这些常见的启事逐一进行详细讲解。

### 1. 寻物启事

寻物启事是个人或单位丢失物品，希望通过启事得到帮助，进而找回物品的一种应用文。

**范本内容展示**

◎ 资源 |Chapter07| 寻物启事 .docx

> **寻物启事**
>
> 　　本人不慎在×××年××月××日于××处丢失了钱包，内有身份证、驾驶证。有拾到者请与××先生联系，必有酬谢。电话: 138×××××××××。
>
> 　　　　　　　　　　　　　　　　　　　启事人: × × ×
> 　　　　　　　　　　　　　　　　　　× × × ×年××月××日

**范本内容精讲**

由本范本展示的内容可知，该启事涉及的事情是寻找钱包及钱包内的物品。正文说明了启事人在什么时间、什么地点、丢了什么东西，并给出了自己的联系方式和酬谢办法，最后落款处写明发布启事人的姓名和发布时间。

寻物启事的标题除了可以直接使用缘故 + 文种，即"寻物启事"外，还可以由具体丢失物品的名称 + 文种构成，如"寻书启事""寻衣启事"等。正文则一般由以下几项内容构成。

- ◆ 丢失物的名称、外观、规格、数量、品牌以及丢失原因、时间和具体地点。
- ◆ 交代清楚拾物者送还物品的具体方式，或注明启事者的详细地址和联络方式等。
- ◆ 写一些表示谢意的话，或者给予拾到者必要的酬金之类的话。

寻物启事一般可张贴在丢失物品的地点，也可张贴在单位门口或街巷较显眼的位置，还可以刊登在报纸杂志上。

### 2. 招聘启事

招聘启事是用人单位向社会公开招聘有关人员使用的一种应用文书，是企、事业单位获得社会人才的一种方式。

**范本内容展示**

◉ 资源 |Chapter07| 公司招聘启事 .docx

**招聘启事**

××公司

**公司简介**

××公司作为××公司的指定业务合作伙伴，负责××公司各项业务代理和技术职称，几年来为××公司输送了大批人才。

现根据××业务发展的需要，××公司现招聘营业员数名，招聘人员工作地点为××区。

**虚位以待，高薪聘请**

1. 营业员

相关要求：大专及大专以上学历，身体健康，性格外向，计算机操作熟练，应往届毕业生均可，男女不限，学生干部优先。

2. 客户经理

相关要求：大专及以上学历，身体健康，善沟通，应往届毕业生均可，男女不限，有销售或服务类工作经历者优先。

3. 装修员

相关要求：大专及以上学历，身体健康，善沟通，应往届毕业生均可，男女不限，有装修工作经历者优先。

**报名及面试安排**

欢迎广大应往届毕业生现场踊跃报名提交简历，我们将根据报名情况尽快组织面试。

我公司长期接收个人简历，简历统一名称为：应聘地+姓名（例如：××区×××），请发送至指定邮箱：××××××，或直接到公司填写报名表。

联系电话：××××××

公司地址：××××××

××××年××月××日

**范本内容精讲**

该公司招聘启事的正文明显分成了 3 部分：公司简介、招聘职位和报名及面试安排，内容比较全面。其中，公司简介部分一般介绍招聘公司的名称，若有需要，还可以简单地概括公司的发展历程和经营成果。招聘职位部分则具体列明招聘岗位和任职要求，有时还会写明具体的薪资待遇。报名和面试安排主要说明报名方式、面试通知事项以及联系方式等内容。

招聘启事的撰写质量直接影响招聘的效果和招聘单位的形象，因此，招聘启事的写作一定要慎重。比较常见的标题形式有"招聘启事""招聘""诚聘"等，另外还有标语、口号式的，特点是活泼，能引人注意，具有一定诱惑力。其次是正文开头，第一种是引子式，直接干脆，三言两语就引出招聘正题，比较适合知名度较高的企业单位使用；第二种是简介式，如本范本，对本单位进行简要介绍，使应聘者对单位有一个大致了解，适合知名度不高的企业或新办企业；第三种是议论式，即把用人单位的用人哲学和对人才的要求用文学化的语言表述出来。但要注意的是，在使用简介式招聘启事时，避免将启事变成公司的产品广告和业务介绍，使用议论式时避免大话连篇。

从大体内容上看，一篇招聘启事主要包括单位名称、性质和基本情况，招聘人才的专业与人数，应聘资格与条件，优先录用条款，应聘方式与截止日期等。由于本范文的招聘启事的标题下方已经注明了招聘单位的名称，因此落款处只注明了发布招聘启事的日期而没有单位名称。有些单位在招聘启事的正文说明了公司长期接收简历，这种属于长期招聘，此时落款处的时间可省略。

### 3. 招生启事

招生启事主要是各类学校、培训班或研究班为了招收学生或学员而写的启事。

**范本内容展示**

◉资源 |Chapter07| 小学生招生启事 .docx

---

**招生启事**

为实施义务教育，本着适龄儿童就近入学的原则，根据区教育局的指示，我校将接待下述居民的适龄（××××年××月××日前出生）儿童入学。

1. 学区范围见"学区范围表"。

2. 报名时请携带父母与子女同册的（新生户口必须有身份证编码，同时上交户口主页及新生页的复印件）、不动产权证、独生子女证、父母身份证和接种证明等有关证件。（外来借读的新生除上交以上证件外，还要提供与我校学区图一致的暂住证的原件和复印件）

3. 具体报名时间：××月××日~××月××日，上午××时~××时，下午××时~××时。

4. ××月××日上午×时公布新生分班名单和新一年教师名单，×时抽签确定各班班主任及任课教师。

5. 请家长携适龄儿童按期到校报名。

补充说明：凡适龄儿童不能正常报到上学的，需到我校提出申请暂缓入学。

×× 小学校

××××年××月××日

---

范本内容精讲

本范本所展示的是某小学发布的招生启事，正文第一自然段说明了发布启事的原因、目的、背景和原则，接着写明了招生覆盖的学区范围。很显然，为了更清楚、明白地描述学区情况，一般会以表或图的形式展示。然后说明学生报名需要准备和提交的证件与资料、具体报名时间、分班名单和教师名单的公布时间以及请家长带学生按期到校报名和注意事项的说明。

无论是哪种招生启事，都应写清楚学校性质、任务，所设专业及其培养目标，修业年限，招生范围、对象，报名或报考方法、地点和时间等，必要时还应简要介绍学校的师资、图书和设备等软硬件的基本情况。需要学生报考的学校，在招生启事中还应清楚地说明考试科目和录取分标准等信息。对于非义务教育的招生启事，如高中、大学等，其内容会相对较多，因其要对学校进行简单的介绍，还要对分班制度、所有专业以及学分、学费等进行介绍。因此，招生启事的正文内容可视具体情况灵活撰写，只要将需要说明的事项内容完整、清楚地表述出来即可。

### 4. 征集启事

征集启事，是指企事业单位（包括个体工商户和私人企业）为了征集商标、牌名、厂名、包装、图案、文稿和广告词等，通过报纸、杂志、广播电视和招贴橱窗等媒体进行宣传，以吸引消费者兴趣的一种实用性文书。

征集启事具有诱发消费者参与兴趣、反馈新信息的作用，通过征集启事的吸引，消费者在积极参与征集活动的同时，也就有意或无意地将各种信息反馈给企事业单位，企事业单位从中选择有利于自己产业发展或产品更新的信息，以促进自身的发展。

根据征集内容的不同，征集启事可分为投资征集启事，商标、牌号、厂名和包装图案等征集启事，文稿、广告词征集启事等。投资征集启事是企事业单位为了征集投资而刊播、招贴的一种启事；商标、牌名、厂名、包装图案、文稿和广告词等征集启事与文学语言关系较密切，一般会通过比赛活动达到征集作品的目的。

**范本内容展示**

◉ 资源 |Chapter07| 手机摄影大赛征集启事 .docx

> "××××××"手机摄影大赛征集启事
>
> 夏天是什么？
>
> 夏天，是"接天莲叶无穷碧，映日荷花别样红"；
>
> 夏天，是"水晶帘动微风起，满架蔷薇一院香"；
>
> 夏天，是"明月别枝惊鹊，清风半夜鸣蝉"；
>
> 夏天，是"风吹古木晴天雨，月照平沙夏夜霜"；
>
> 夏天，是"晴日暖风生麦气，绿阴幽草胜花时"；
>
> ……（省略）
>
> 繁华夏日处处美，山山水水都是情。这个夏天，你那里是否有满墙爬山虎的斑驳树影？是否有蓝得像油画般的天空？你有没有撑把油纸伞，在雨中惬闲漫步？
>
> 这个多彩、激情的夏天，你怎么品味夏天的味道？哪些瞬间突然拨弄了你的心弦？这个暑假，毕业游、亲子游中你有哪些特别的见识和体悟？快拿出手机，按下快门，记录下你眼中的夏季，与我们相约，一起感受夏之美，参加由××网、"××公社"、"××杂志社"联合举办、××合作社独家赞助支持的"××××××"手机摄影大赛吧！
>
> 一、大赛主题
>
> ××××××
>
> 二、征集内容
>
> 围绕"××××××"主题，可以通过归舟、渔歌、炊烟等，描绘夏天的人文风情；也可通过落日、阳光、沙滩等，展现夏日的自然风光；可以记录孩子暑期的欢乐时光和内心成长，也可定格新时代社会发展新气象，人们生活新面貌等，以此彰显华夏大地的生态之美，弘扬人与自然的和谐相处之风。
>
> 总之，和夏天有关的一切景、物、人和事，无论是火热的，还是清凉的，均在征集之列。
>
> 三、征集时间
>
> 投稿期限：××××年××月××日×时至××月××日×时。
>
> 投票期限：××××年××月××日×时至××月××日×时。
>
> 四、征集对象
>
> 所有手机摄影爱好者。
>
> 五、征集要求
>
> 1.参赛作品须为手机拍摄；不接受数码相机拍摄和胶片相机扫描件以及纸质作品投稿。
>
> 2.参赛作品应为手机一次性拍成的原始照片，仅可在手机上作亮度、对比度、色彩饱和度、裁剪、像素压缩等简单处理，禁止用电脑软件深度加工制作。
>
> 3.参赛作品大小不超过3M为宜，使用外接镜头等手机附件请在作品介绍中注明。
>
> 4.参赛作品内容健康向上，有艺术美感，附100字以内的作品介绍。
>
> 5.参赛作品凡涉及的版权、肖像权、名誉权事宜由作者自负。
>
> 6.本次活动不收参赛费，所有参赛作品概不退稿，请作者自留底稿。
>
> 六、征集方式
>
> ××日报微信公众号"××"为本次活动唯一参赛平台，××日报微信公众号"××"和××网为本次活动发布平台。
>
> 1.已关注"××"的参赛者，进入公众号，再点击下方"摄影大赛"菜单栏直接参赛。
>
> 2.未关注"××"的参赛者，先点击"关注"，再通过自动弹出的"摄影大赛"页面参赛。
>
> 3.在弹出的图文框点击"投稿"进入投稿页面后按以下程序投稿：
>
> ①上传手机摄影作品。
>
> ②作品标题（不超过12个字）；
>
> ③作者真实姓名；
>
> ④手机号码（参赛手机号码将为获奖时领奖重要依据，务必如实填写）；
>
> ⑤作品简介（不超过100个字）；
>
> ⑥上传完毕后点击"提交"按钮，跳转到"我的作品"页面可查看作

**范本内容精讲**

本范本内容较多，这里只展示了其中一部分。该征集启事主要是对手机摄影大赛的文学语言作品进行征集，内容包括大赛主题、征集内容、时间、对象、要求、方式以及评选方式、奖项设置和主办方声明。

从该征集启事的正文内容可以看出，其开篇采用了排比法和引用法等写作手法，引出大赛的主题，强有力地说明了大赛的主题与"夏天"有关，有效地增强了征集启事的趣味性。这也是征集启事的特点之一。除此之外，征集启事还具有有奖性和竞争性的特点，有奖性是指征集启事在宣传介绍征集内容的同时，以一定数额的奖金或奖品作为吸引消费者兴趣的手段，本范本展示的手机摄影大赛的征集启事以"奖项设置"部分体现该特点；竞争性是指征集启事在公开征集时，其本身就已经进入竞争机制，若不存在竞争，征集启事的发布者也无须花费财力、精力和人力搞什么趣味性浓、奖金奖品丰厚的征集手段了。

在写作征集启事时，征集内容的项目要详而明，尤其是征集的内容和要求，如

果是投资征集启事,则重点要将地点(含地理位置)详细告知。根据征集启事的目的,注明恰当的征集方式,注意写作的语体风格。

# 7.2 声明

■一般格式 ■范例解析

声明是发布方公开表态或进行说明使用的一种文体,常表现为声明文告。它主要是一种针对有关事项或问题向公众披露或澄清事实,表明自己事务立场和态度的启事类应用文。

而"申明"是"郑重说明"的意思,两者的不同之处在于,"声明"重在公开宣布,目的是以让公众知道;而"申明"重在说明,目的是说服对方。

## 7.2.1 声明的一般格式

声明的作用主要有 3 点:①表明立场、观点和态度;②警告、警示;③保护机关、单位、社会团体、企事业单位、组织和个人的合法权益。声明一般由标题、正文和落款 3 部分构成。

### 1. 标题

声明的标题主要有 3 种:①最常见的形式,是以"声明"二字直接作为标题;②事由 + 文种,如"免责声明""营业执照作废声明"等;③发文单位 + 事由 + 文种,如"××公司授权法律顾问××律师声明"。

### 2. 正文

声明的正文要写明发表声明的原因和对有关事项的立场与态度,具体写作可分 3 个部分完成:先写明发表声明的原因,包括撰写者对基本事实的认定;再写表明撰写者态度和立场的内容,有时也直接写下一步将要采取的措施,这是声明的核心内容,需要公众协助,比如,希望公众检举揭发侵权者或违纪者,还应写明具体的联系方式，如地址、电话、传真和邮政编码等；最后写结束语，如"特此声明"，作用是强调发文目的，有时也可不写。

### 3. 落款

声明的落款部分要写明发布声明人的姓名或单位名称，同时注明发文日期。发文者的称呼要真实，若有重名的情况，应通过身份证号码加以区分。发文日期要精确到"日"。

由于声明涉及的内容都是客观存在的事实，因此发文者在撰写声明时要重视一些细节，比如，要严格区分声明和申明，不能混用二者；遗失声明登报的，一般另有格式，要遵从报社的格式要求，通常处理成"×× 遗失 ××，号码为 ×××，特声明作废"；声明的内容不得侵犯他人的权益。

## 7.2.2　声明的范例解析

声明通常有两类：一类是当自己的某种合法权益受到侵害，为了维护自己的合法权益并引起公众关注，要求侵权方停止侵害行为的声明；另一类是在自己遗失了支票、证件等重要凭据或证明文件时，为防止他人冒领、冒用而发表的声明。

### 1. 维护声明

维护声明属于上述提到的第一类声明，用于维护自身合法权益并要求侵害方停止侵害行为的情形。

**范本内容展示**

◎资源 |Chapter07| 维权声明 .docx

范本内容精讲

本范本展示的是某食品有限公司发表的维权声明，是维护声明的一种。由于声明具有警告和警示的作用，因此该声明文件的标题以红色字体以突出强调。

由本范本声明内容可知，该公司的产品和品牌被冒充，相关权益被侵犯，为了维护自身的权益，公司发表了声明。撰写者没有直接以"声明"二字作为标题，而是在这两个字的前面加上了"郑重"二字，这更体现了该公司发表该声明的庄严性和警告目的。

第一自然段用简单的一句话说明了公司的基本情况，明确了公司的地位和价值；第二自然段说明了公司被侵犯的具体权益是什么，同时说明发布声明的目的是"为避免消费者上当受骗，维护××的合法权益"，然后就以"特发布以下声明："的句式引出正文主体部分的声明内容。一般来说，维权声明的内容包括发文者自身拥有的权益、权利和资格，以及其他连带责任等问题。

### 2. 免责声明

免责声明属于前述提到的第二类声明，是在发布者遗失重要凭据或证明文件时防止他人冒领、冒用所发出的声明。

范本内容展示

◎资源 |Chapter07| 员工离职通知及免责声明 .docx

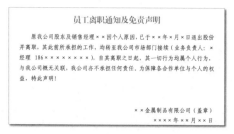

员工离职通知及免责声明

原我公司股东及销售经理××因个人原因，已于××年×月×日退出股份并离职，其此前所承担的工作，均转至我公司市场部门接续（业务负责人：×经理 186××××××××），自其离职之日起，其一切行为均属个人行为，与我公司概无关联，我公司亦不承担任何责任。为保障各合作单位与个人的权益，特此声明！

××金属制品有限公司（盖章）

××××年××月××日

范本内容精讲

本范本展示的是某金属制品有限公司发表的关于某员工离职的通知和免责声明，虽然该声明没有警告的意思，但该声明的发出需要警示或提醒其他用人单位，因此标题的字体颜色也使用了红色，以此突出并强调该员工已经从发布声明的公司离职。

通常而言，免责声明的篇幅比维权声明的篇幅短，因为其只需说明相关事实和己方不再对相关事实负责即可。如本范本中，"原我公司股东及销售经理……（业务负责人：×经理 186×××××××××）"，这些内容就是在陈述员工已经离开公司，目前相关业务由谁负责的相关事实。而"自其离职之日起……我公司亦不承担任何责任"，这些内容就是在说明公司不再对该员工的行为负责。最后，强调公司作出该声明的目的，即："为保障各合作单位与个人的权益，特此声明！"

也就是说，免责声明的正文一般由两部分内容构成：①现状、事实；②说明不再对某人的行为或某事情承担责任。

# 7.3 海报

■组成部分 ■范例解析

海报是一种常见的宣传方式，属于招贴类应用文。它多用于影视剧和新品宣传中，利用图片、文字、色彩和空间等要素进行完整地结合，以恰当的形式向人们展示宣传信息。

## 7.3.1 海报的组成部分

正规的海报通常包括活动的性质、主办单位、时间和地点等内容，虽然海报的样式非常灵活，可根据具体需求进行版面设计、规划，但总的来说，主要包括标题、正文和落款 3 个部分。

### 1. 标题

为了体现海报所反映活动的主旨或比赛主题，海报的标题通常直接由活动的内容承担，如"××音乐会""圣诞特惠酬宾""年度假日聚会"等。很少会直接以"海报"二字作为标题，因为这样会显得海报很枯燥、乏味。

### 2. 正文

海报的正文主要写明活动的目的和意义，主要项目、时间和地点，参加的具体方法和一些必要的注意事项等。很多时候，为了凸显海报的宣传性，会将海报的正文直接以图画的形式展示。

### 3. 落款

海报的落款，即署上主办单位及承办单位的名称，同时注明海报的发文日期。海报是广告的一种，可以在媒体上刊登、播放，或张贴在人们易于看见的地方，所以其广告性很强，因此其版式可以做一些艺术性处理，以吸引观众。同时，在写作海报内容时还要注意，文字要简洁明了，篇幅短小精悍；活动地点、时间和主要内容等要具体、真实，可以使用一些具有感召力的词语，但不能夸大事实。

## 7.3.2 海报的范例解析

根据海报的用途，可将其分为 5 种不同类型，如表 7-1 所示。

表 7-1 海报的类型

| 类　型 | 简　述 |
| --- | --- |
| 广告宣传海报 | 可以传播到社会中，主要是提高企业、个人、产品或服务的知名度 |
| 现代社会海报 | 主要是反映较普遍的、被大多数人接纳的、提供现代生活重要信息的海报 |
| 企业海报 | 被企业部分认可，利用这样的海报可以影响员工的思想，引发其思考 |
| 文化宣传海报 | 主要是用于宣传文化、艺术的海报 |
| 影视剧海报 | 让观众了解影视剧的人物线索和主题，同时达到宣传的效果 |

在实际运用中，可将上述 5 种海报统称为活动宣传类海报，还有一大类海报，其着重点在于"促销"，因此称为促销类海报。下面对这两大类海报常见的种类进行详细介绍。

### 1. 活动宣传类海报

活动宣传类海报是指单纯的活动宣传，而不包括电商平台的促销活动。该类海报的作用就是对某一活动或事项进行通知、说明和宣传，以期得到受众的支持或参与。

**范本内容展示**

◉ 资源 |Chapter07| 圣诞节活动海报 .docx

范本内容精讲

由本范本展示的海报可知，这是对圣诞活动进行的宣传，也是对可能参加活动的人的通知。如果标题不是"圣诞活动海报"，而是"圣诞节优惠酬宾"或"圣诞节大促销"之类的标题，则该海报更符合"促销类海报"的类型。

由于本范本展示的海报属于活动宣传类海报，因此无须对活动做过多的说明，只要写清楚活动主题、时间、地点以及主办单位的信息即可。如果相关活动需要入场券或入场费（如门票），则需要在海报中加以说明。另外，对海报进艺术性处理时，海报的样式和图案风格要切合海报的内容，否则海报的宣传效果会大打折扣。

## 2. 促销海报

促销海报大多用来推广和促销某个产品或某项服务，通常会涉及折扣内容。

范本内容精讲

本范本展示的是圣诞节店铺的促销海报，标题可认为是"圣诞特惠酬宾！"，正文内容是店铺中商品的折扣信息和海报下方的特惠时间，右侧的店铺地址、邮编、联系电话以及营业时间等可认为是海报的落款部分。

该促销海报的整体色调为橘色，颜色较统一，避免了颜色太多而掩盖海报主题和正文内容。纯粹的色调可以使海报整体看起来更整洁、美观和大方，也显得更专业。

不仅如此，各部分字体的颜色也要进行恰当的搭配，比如，该海报背景色调为橘色，且落款内容又较多，如果正文内容采用与背景色调对比较明显的黑色，就会使整个海报外观看起来很死板，所以这里将主题和正文内容字体的颜色用红色表示，不仅与整个海报的色调属同一色系，且红色很显眼，能突出海报的主要内容，达到引人注意的目的。

另外，虽然淡蓝色、淡绿色这样的冷色调会显得海报更清新，让观众感觉更舒适，但因为圣诞节处于冬季，为了给观众一种温暖的感觉，故选择了橘色这样的暖色调。对其他艺术性的处理，海报中使用的图片内容都与"圣诞节"这一关键字相衬，营造了良好的圣诞节气氛。

制作海报文字内容时，要注意文案，促销主题一定要突出、显眼；正文信息不宜过多，点到为止；海报画面要有层次感，比如，主题置于画面的主要位置，活动规则置于画面最下方；大胆留白，以更好地突出主要内容；画面具有号召力，语言风格要热情洋溢；充分考虑海报的场景，以景促情、以情动人。

# 7.4 新闻稿

■特点与种类　■写作格式　■范例解析

新闻稿是指公司、机构、政府或学校等单位通过媒体渠道，用来公布有新闻价值的消息的稿件。新闻稿通常会以电子邮件、传真、书信等形式分发给报纸杂志、电台、电视台或通讯社的编辑，经过处理后最终成为新闻或消息。

## 7.4.1　新闻稿的特点与种类

新闻稿的特点可用 4 个字概括：新、短、快、活。新，是指及时报道最新的事实；短，是指新闻稿的文字简明扼要，篇幅短小；快，是指报道及时快速；活，是指新闻稿的表现手法灵活，形象生动。

新闻稿一经媒体发布，即成为消息或新闻，根据不同的划分依据，新闻稿的类型有以下 4 类如表 7-2 所示。

表 7-2　新闻稿的类型

| 依　据 | 具体种类 |
| --- | --- |
| 报道内容 | 政治新闻稿、经济新闻稿、文教新闻稿、军事新闻稿、体育新闻稿、法治新闻稿、社会新闻稿等 |
| 新闻和事件的关系 | 事件新闻稿、非事件新闻稿 |
| 反映的对象 | 人物新闻稿、事件新闻稿 |
| 篇幅长短 | 一句话新闻稿、标题新闻稿等 |

在我国新闻界，通常根据新闻的写作特点将其分为 4 类，如表 7-3 所示。

表 7-3　我国新闻界的消息种类

| 种　类 | 描　述 |
| --- | --- |
| 动态新闻稿 | 涉及动态消息，这种新闻稿迅速、及时地报道国内、国际的重大事件，报道社会主义建设中的新人新事、新气象、新成就、新经验。这类新闻稿中有些属于一句话新闻稿，内容更简单，文字更精简 |
| 综合新闻稿 | 也称综合消息，指综合反映具有全局性情况、动向、成就和问题的新闻报道 |
| 典型新闻稿 | 也称典型消息，是对某一部门或某一单位的典型经验或成功做法的集中报道，用以示范引导，带动全局 |
| 述评新闻稿 | 也称消息述评，它除了具有动态新闻稿的一般特征外，还往往在叙述新闻事实的同时，由作者直接发出一些议论，简明地表达作者的观点，如记者述评和时事述评就是其中两种 |

## 7.4.2　新闻稿的写作格式

写作新闻稿前，要设想并回答读者可能会问到的问题，这些问题构成了新闻稿（消息）的 5 要素，即何时（When）、何地（Where）、何人（Who）、何事（What）和何故（Why）。有的新闻稿中还会有另一个要素"如何（How）"，在这 5 个 W 和一个 H 中，最主要的是何事、何人，写作时要注意这些内容。

在弄清楚"我要说些什么"后，接下来就要弄清楚"怎么说这些内容"，显然，这就涉及如何安排这些内容，使其形成一篇新闻稿。而大多数新闻稿结构都是"倒金字塔式"的，即最重要的材料放在前面，次要的材料放在后面。在实际写作中，新闻稿由标题、导语、主体、背景和结尾5部分构成。

### 1. 标题

标题是新闻稿的"眼睛"，好则吸引读者，差则连好消息都会被埋没。所以，标题的作用就是推荐，因此必须简明、准确地概括新闻内容，帮助读者理解报道的事实。新闻的标题主要有3种：主题（正题）、引题（眉题）和副题（次题）。主题用于概括和说明主要事实和思想内容；引题用于揭示新闻的主题思想或交代背景、说明原因，烘托气氛；副题用于揭示报道的实施结果，或作为内容提要。

### 2. 导语

导语是一篇新闻稿的第一自然段或第一句话，常用简明生动的文字写出新闻中最主要、最新鲜的事实，揭示新闻的主题思想。所以，导语要抓住事情的核心，要能吸引读者继续阅读新闻。图7-1所示的是新闻撰写者写作导语时的思维过程。

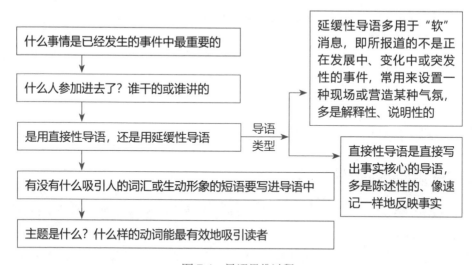

图 7-1　导语思维过程

撰写者写作导语时要"只言片语显要点"，尽可能地避免表7-4中的导语写作十忌。

表7-4　导语写作十忌

| 项 目 | 举 例 |
|---|---|
| 忌名称罗列式导语 | 某一活动往往由五六家单位主办，有的撰写者在导语中将这些单位全部罗列出来，使导语显得既啰唆又臃肿。这样的内容可放在新闻末尾 |
| 忌"为了"式或目的式导语 | 将新闻事实所要达到的目的放进导语里，使导语膨胀沉重，如"为了迎接……，为了贯彻落实……，财政部……"。这时省略目的会更好 |
| 忌背景材料式导语 | 新闻背景材料一般是解释新闻主体的，如果一开始就用背景材料，不仅说不清楚，而且容易使读者感到一头雾水。所以，导语应开门见山直叙事件情况 |
| 忌用学术语言作导语 | 将一些难懂的、学术专业性很强的专业名词放在导语中，容易让人看不懂，因此导语部分要利用好"第二种语言"进行翻译，使之通俗化、大众化、口语化 |
| 忌导语公式化 | 很多经验丰富的通讯员或记者喜欢用一个特定的框架去套用新闻内容，使导语变得公式化，导致其千篇一律、平淡无奇、毫无新意，丧失了新闻的"新""活"这两个特点 |
| 忌导语概念化 | 这样的导语没有具体新闻事实，大多是一些大而空的套话、空话、官话 |
| 忌堆砌数字 | 有些新闻发布者认为导语中加入数字，可提高新闻的可靠性。其实不然，导语中数字过多，则会淹没新闻事实，如果要写，应将数字形象化 |
| 忌导语过长 | 冗长的导语会使人感到沉闷，根本没有兴趣继续阅读下文，一般来说，导语应控制在80个字以内，最多不超过150个字 |
| 忌逻辑混乱 | 导语的逻辑混乱，就会模糊概念，使读者无法抓住新闻的核心事实，比如随意使用因果关系、假设关系或包含与被包含关系 |
| 忌标题与导语重复 | 比如，标题"县××部门举行迎新春座谈会"，导语"昨日，县××部门在该局会议室举行慰问老干部座谈会"，这样的导语给人一种没话找话的感觉 |

### 3. 主体

新闻的主体紧接导语之后，通常是对导语做具体全面的阐述，深入展开事实或进一步突出中心，从而写出导语概括的内容，表现整篇新闻的主题思想。该部分一般按时间顺序或逻辑顺序写作，但也不能违背"先写主要的，再写次要的"原则。

### 4. 背景

新闻的背景，指事件的历史背景、周围环境和其他方面的联系等，写背景的目的在于帮助读者深刻理解新闻的内容和价值，起到衬托和深化主题的作用，即 5 个 W 中的何故（Why）。写作新闻时要注意，背景要用事实去解释，即新闻背景就是事实背景。大多数新闻的背景用来说明新闻事件的起因，显示或帮助读者理解新闻事件的重要性，突出新闻稿件的新闻价值，同时表明记者的观点。

### 5. 结尾

新闻的结尾就是对新闻内容进行总结，进而对读者进行启发或号召，最后展望未来。新闻的结尾与一般记叙文结尾的写作没有太大的不同。需要注意的是，新闻需要报道事实，没有必要把事件的根源及相关问题挖得很深、很透。

**提示：区分消息和信息**

消息是新闻的主体，是传播近期发生事件的报道。从形式上看，消息的标题完整而全面，可以有引题、主题和副题；信息一般只有主题，没有副题，只有在特殊人物的身份需要说明和对科技信息需要补充说明这两种特殊情况下才会有副题，但绝对不会有引题。任何消息都有讯头，用来标明消息的来源；信息不需要讯头，不需要刻意标明作者获取信息的具体地方。消息中包含信息，是信息的载体，得到消息，从而获得信息。从价值上看，信息的价值比消息的价值更高。

## 7.4.3  新闻稿的范例解析

根据前述内容可知，新闻稿可分为很多种类，这里以新闻反映的对象不同，介绍人物新闻稿和事件新闻稿的范例。

### 1. 人物新闻稿

人物新闻稿，即与人物相关的新闻稿件，主要是对近期新鲜事中具有突出表现的人物进行跟踪报道所写的新闻稿。

**范本内容展示**

◎ 资源 |Chapter07| 关于商界风云人物的新闻稿 .docx

### ××商界十大风云人物——×××

（本报讯 记者××）慈善企业家×××被推选为××市第×届影响中国的××商界十大风云人物，并作为代表在颁奖典礼上发表精彩讲话。

××月××日下午，××市商业联合会、××广播电视集团联合举办的"影响中国的××商界领袖暨第×届××商界风云人物"推广活动颁奖典礼于××大酒店隆重举行。××家居××董事长荣获"××市第×届商界十大风云人物"称号，并作为代表上台发言。

第二届××商界风云人物推选标准是：影响力、创新力、责任感。候选对象本人必须是近年在××经济发展大潮中乘风破浪的企业舵手，他们拼搏创新、务实进取、具有国际化视野，创造了一个有一个经济奇迹，为××经济社会发展创造了辉煌业绩，有力推动行业乃至社会的进步，成为行业的佼佼者，商界的楷模。

××家居董事长×××获此殊荣，是对×××先生及其领导下的企业最大的肯定。××家居以卓越的品质、精湛的

工艺、顶级的设计为广大消费者量身打造彰显自我个性与品位的××之家。企业先后获得"中国名牌产品（重点培育单位）""橱柜行业设计金奖""中国木门卓越品质奖"等30多项荣誉和10多项专利，现已发展为中国××家居领军品牌之一。

在颁奖典礼上，×××董事长被推选为"××商界十大风云人物"代表上台发表讲话。×××说道："感恩党和政府为企业的发展创造了良好的大环境，××诞生不到十年，顺应时代潮流，从一个小厂迅速成长为享誉全国橱柜行业的风云品牌。"×××还表示："××品牌在走向成功的道路上，是企业家的社会责任感，驱使我们要把品牌做得更好、更大、更强。我们在肩负企业发展的同时，更承载着维护社会稳定、增加员工收入，提高国家税收的社会责任。××今后将不断进取，为××创造更大的经济效益，为社会做出更大的贡献。"

（××日报 ××××年××月××日）

**范本内容精讲**

本范本展示的是关于某位商界风云人物的新闻稿，标题下方的第一自然段即该新闻稿的导语部分，简要概述了何人"慈善企业家×××"、何事"被推选为……发表精彩讲话"。何人、何事是新闻稿五要素中最重要的两个要素，因此在导语中就作出了说明。

第二自然段说明了何时"××月××日下午"、何地"于××大酒店隆重举行"、何故"推广、颁奖"。而第三、四自然段则是该新闻稿的背景材料，叙述了风云人物的推选标准和××家居董事长成为风云人物的原因。最后一个自然段引述了风云人物代表的发言内容，作为新闻稿的结尾，对新闻内容进行总结，同时引发读者思考，号召广大企业家明确自己肩上的责任，为地区、社会作出更大贡献。正文结束后，另起一行居右书写新闻稿的发布媒体、编辑人员或记者的姓名以及新闻发布日期等内容，通常用括号括起来，作为新闻稿的落款。

### 2. 事件新闻稿

事件新闻稿，是指以某个独立的新闻事件为核心而写作的新闻稿件。

**范本内容展示**

◉资源 |Chapter07| 施工企业拖欠工资的新闻稿.docx

## ××丢了××市场

(本报讯 记者×××)承建××高速公路路基桥涵第×合同段的××集团有限公司，因严重拖欠农民工工资，闯了"红灯"，丢掉了××市场。这一消息在公路建设施工企业中引起强烈反响，施工企业负责人连连感叹："因小失大！"

××××年以来，××交通厅每年都设法安排沿线农民参与公路建设，要求各施工企业与各市县劳务输出部门及农民工签订劳动合同。一大批农户增加了收入，不少人因此摆脱了贫困。

前不久，××交通厅在全区高速公路建设项目质量大检查中发现，××不认真履行合同义务，没有与农民工签订劳动合同，拖欠农民工工资数百万元，经建设单

位多次督促，仍然没有采取有效措施予以解决，引发农民工多次阻挠施工。××月中旬，××交通厅下发通知，责令××15日内清理完成拖欠的所有农民工工资。××并未予以重视，更没有及时清欠。

日前，××交通厅已从××的项目款中扣除×万元，分发到农民工受众，并对××进行停牌处罚，取消其两年内在我区公路建设市场的投标资格。此举使××上了交通部的黑名单，对于一个辗转于全国公路建设市场的施工企业来说，这将是一块难以抹去的"疤"。交通厅副厅长××说："农民工是社会的困难群体，交通厅针对××的问题下'狠手'，就是希望通过这件事告诫施工企业，再也不能不把农民工的权益当回事了。"

(××日报 ××××年××月××日)

**范本内容精讲**

本范本展示的新闻稿涉及的内容是建筑施工企业拖欠员工工资的消息，同样，第一自然段是本新闻稿的导语部分，说明了何人"××集团有限公司"、何事"因严重拖欠农民工工资，闯了'红灯'，丢掉了××市场"、何地"××高速公路路基桥涵第×合同段"。然后以这一消息造成的影响以及施工企业负责人的感叹引出新闻稿的主体内容。这样的导语比前一个新闻稿的导语更具有趣味性。

本范本展示的新闻稿主体部分先介绍了该新闻事件的背景，即公路建设给沿线农民带来的好处，也是对新闻稿主题思想的概括，即公路建设对社会发展的重要性；接着陈述新闻涉及事件的具体事实，对导语中提到的新闻事件做了更加详细的描述，包括该施工企业如何拖欠农民工工资、如何无视交通厅下发的通知、交通厅对其作出了怎样的处罚以及该事件对施工企业的影响等，这部分就是新闻稿的"如何（How）"。最后以交通厅副厅长的话"农民工是社会的……"作为新闻稿的结尾，总结新闻内容的同时，对广大施工企业提出希望、作出告诫。

# 7.5 通讯稿

■常规格式　■范例解析

通讯稿是通讯稿件，简称通讯。它是运用记叙、描写、抒情和议论等多种手法，具体、生动、形象地反映新闻事件或典型人物的一种新闻报道形式，是记叙文的

一种，是报纸、广播电台和通讯社常用的文体。从本质上来说，通讯稿也是新闻稿的一种。

## 7.5.1　通讯稿的常规格式

通讯稿一般由标题、正文和落款 3 部分组成，下面来看看这 3 个部分的写法。

### 1. 标题

通讯稿的标题要充分说明事件的主题，因此其形式通常为事件 + 文种，如"乡镇便民服务中心经验通讯稿""五四晚会通讯稿"等；有时直接以事件或活动内容、主题等作为标题，不带"通讯稿"3 个字，如"温馨留蓝天 爱心在人间——××家人向西南航空公司致谢"。

### 2. 正文

通讯稿的正文可以分 3 个层次书写：①介绍活动或事件的时间、地点、主办方和活动主题，即导语；②简单介绍活动流程，运用一些形容词对活动的热烈情况进行描述，同时写明具体的开始时间和结束时间，即主体；③对活动或事件给予好的评价、活动对大家的意义以及寄予每个人的期望或对未来的向往等，即结尾。

### 3. 落款

通讯稿的落款写法类似于新闻稿，可以在正文结束后另起一行居右书写通讯员和摄影者等相关人员的姓名，同时用括号括起来；也可以将这一部分放在标题之下、正文之间，此时称为"讯头"，而不再是落款。

通讯稿具有严格的真实性、报道客观性、较强实践性和描写形象性，写作时要根据这 4 个特点进行书写。

## 7.5.2　通讯稿的范例解析

按照不同的写作内容，通讯稿分为人物通讯、事件通讯、工作通讯、概貌通讯、新闻故事、文艺通讯、主题通讯和旅游通讯等类型，最常见的是人物通讯和事件通讯。而按照形式划分，通讯稿可分为记事通讯、访问记（专访、人物专访）、小故事、集纳、巡礼、纪实、见闻、特写、速写、侧记、散记和采访札记等。下面仅对其中常见的人物通讯、事件通讯和工作通讯进行范本讲解。

### 1. 人物通讯

人物通讯就是以报道各条战线上的先进人物为主的通讯，它着重揭示先进人物的精神境界，通过写人物的先进事迹来反映人物的先进思想，使其成为社会的共同财富。有时，这类通讯也报道转变中的人物和某些有争议的人物。但无论怎样，写作时都不可把先进人物写成从来没有过的大智大勇、十全十美，写人叙事力求言真意切、恰如其分，毕竟"金无足赤，人无完人"。

**范本内容展示**

◉资源 |Chapter07| 关于乡村教师的通讯稿 .docx

**严师·慈父·名医**
——记××县××乡××村小民师 ××

（通讯员×× 摄影××）××采访乡村教师——×县××乡××村小民师×××，乡亲们异口同声地称他是名医、是慈父、更是严师！

××××年、×××接过教鞭，在××村小的三尺讲台上一站就是×年。如今，他已由血气方刚的毛头小伙变成了鬓角染霜的"小老头"，可他痴心不改，无怨无悔。说他是名医，不是因为他有多高超的医术，而是因为他一直坚持义务为学生和乡亲们治疗疾病。

××村地处××、××、××三县结合部，离乡所在地也有近×千米。这里缺医少药。刚当上民师时，学生们营养不良而常生病。×××买来一些医学书籍，在认真教书的同时挑灯自学，掌握了儿科推拿术，并学会了用中草药治疗简单的疾病。一次，学生××在课堂上呕泻不止，当即休克。×老师用学到的知识紧急施救，使×××终于苏醒过来。家长闻讯赶来后，感激之泪涌出眼眶，连称×老师"恩人"。为备足常用药品，他用自己微薄的收入在外出开会时尽可能多买些西药，利用星期天和节假日到山里采中草药。

他爱生如子。三年级学生××学习用功，成绩优良，可连

续几天没到校上课了。×老师在家访中得知，其×病故后家庭难以维持生计，只好不读书了。×老师鼻头发酸，眼泪禁不住往外流。他当即决定免去××的学费，并保证供给她课本和学习用品，使即将失学的××重返校园。问及×年中×老师究竟为多少学生资助过书本费和学费，他说："这点小事不足挂齿"。他抓校风、学风十分严格。有人对坚持升国旗不理解，他认为"可激发学生爱国热情"；有人认为学生搞义务劳动是"不务正业"，他说这是培养"集体主义精神和爱劳动的习惯"。学生的红领巾没戴好，他帮助纠正，甚至脸未洗干净他也帮着洗净。

乡亲们还说×老师是真正的"以校为家"。学校教学条件差，没有教具，所用的直尺、三角板、圆规、量角器以及体育器材都是他亲手仿制的。课桌凳、门窗坏了，他亲手补修。房上的瓦片被大风揭了，他亲自上房检修。他说这样可节约一些钱，多资助几个失学儿童。自××年以来，他所教班级的成绩在全区的会考中总是名列前茅，其中×年毕业的40人就有32人升入初中学习。突出的成绩使×老师多次披乡、区、县评为先进教师。他于××年×月获得中国青少年发展基金会"希望工程"园丁奖，去年夏天还光荣地出席了全省乡村教师"夏令营"活动。

×老师为当地的教育事业做出了突出贡献，在乡亲们中有着"敬业、尽职、爱学生、爱事业"的良好口碑。

**范本内容精讲**

从本范本展示的内容上看，该通讯稿报道的是某乡村教师的教学工作情况，这就体现了通讯稿写作的要求之一，即"写人离不开事"，如若离开事例、细节和情节去写人，通讯稿势必会写得非常空洞。

标题有主、副两个，主标题说明了该通讯稿的主题，副标题则给出人物信息。而落款"通讯员××摄影××"用括号括起来放在正文之首，成为"讯头"，并加粗以凸显效果。正文第二自然段概括说明了该乡村教师的教学历程和突出作为，即"他已由血气方刚的毛头小伙……治疗疾病"。第三、四、五自然段则具体描述该教师在教学过程中所做的日常事务，交代事情发生的时间、地点、起因、经过和结果，突出其敬业精神，这部分写作要有严格的真实性、客观性。最后一个自然段对人物事迹进行总结、评价，发掘人物的精神风貌，间接表扬和鼓励坚守在教师岗位的工作人员积极做好工作。

## 2. 事件通讯

事件通讯，就是报道典型的、有普遍教育意义的新闻事件。写事显然离不开与事件有关的人，但它不像人物通讯那样着力刻画人，而是以事件为中心，在事件的总画面中为了写事而写人。

**范本内容展示**

◉ 资源 |Chapter07| 关于打工遇难获救的通讯稿 .docx

范本内容精讲

本范本展示的是某人外出打工遇难并获救的事件通讯，标题采用主、副标题的格式，体现了通讯稿的主题和事件内容。

正文第一自然段概括了通讯稿的事件详情和中心思想。

第二自然段至第五自然段都在描述该居民从踏上打工之途到最后为了保命而截肢的事件经过，中间得到了社会各界的帮助。

第六、七自然段则描述了该居民从康复出院到回到家乡的经过，其间也得到了广大社会人士的帮助，这两部分的写作不仅涉及人，描述了事件经过，还突出表现了社会对于遭受困难的人的热心帮助，充分弘扬了互帮互助的精神。

最后一个自然段以简单的反问句来结束正文的书写，以引起读者的反思，让想要外出打工的人们能够意识到做事前深思熟虑的重要性。

这篇通讯稿稍显冗长，可以再对语言进行精简。一般来说，通讯稿并非要长篇大论，不需要华丽辞藻的修饰，它更接近于新闻报道，只需简单叙事即可，将事件发生的地点、人物、事件经过以及所感所想等清楚地表达出来。

事件通讯稿可能涉及的人物较多，因此写作过程中要体现立场，人称使用要统一，否则容易给人错乱的感觉。另外，有些通讯稿还会搭配图片，此时就要注意图片内容要与事件主题或事件经过相关。

### 3. 工作通讯

工作通讯，就是反映贯彻执行党的路线、方针、政策中的成绩，总结实际工作中的经验和教训，或探讨有争议的亟待解决问题的报道。

范本内容展示

◎资源 |Chapter07| 某工厂成功之路探秘的通讯稿 .docx

## "卧龙"何以腾飞
### ——××部××胶片厂成功之路探秘

**（本报记者 ××× 通讯员 ×××）** "伏牛"出山，"卧龙"腾飞。××年代建在××省××山深处的××部××胶片厂，今天神奇般屹立在××市的××岗下，成为我国印刷感光器材生产的基地、××省利税百强企业。在社会主义市场经济的大潮中，他们越战越强的秘诀是什么？那就是企业要有一种精神。

记者在这个厂采访时，干部职工介绍了他们如何适应市场需求调整产品结构；如何狠抓产品质量促销售；如何狠抓科技进步……但更令人振奋的是，职工们高昂的精神面貌和他们经常提到的企业精神：艰苦奋斗，团结进取。××年代初期，××胶片厂的建设者们开进了××山。他们住的是简易房，吃的是红薯面窝头，在人迹罕至的深山，万名建设者忍着冬天的奇冷，冒着夏天的酷热，硬是在×年中建起了一座座现代化厂房。××胶片厂的许多职工经历了那段日月，创业的艰难磨练了他们，艰苦奋斗、努力进取的企业精神也像刀刻石雕般印在了这一代建设者的心中。

进入××年代，电影胶片市场趋于饱和。××胶片厂的领导们审时度势，决定转产工业用印刷胶片。新的生产线怎样建起来，是完全靠国家贷款引进国外设备？还是主要靠自己的力量进行技术改造？××胶片厂选择了后一条路。几年来，他们对关键设备××先后进行了×次大改造，使其能生产×毫米厚的涤纶薄膜，填补了国内空白。对××进行了多项改造，实现了××控制、××计量等，使生产的车速由×米/分提高到×米/分，控制精度由1%提高到0.5‰。××胶片厂对国外的先进设备并不排斥，适于厂情的或技术改造中的关键设备也要买。他们分别从×××引进了×条生产线和关键设备，这样技术改造的结果就是产品质量上去了，生产成本降低了，同时还锻炼出一批技术过硬、能打硬仗的队伍。

××××年，该厂被列入《××线企事业单位"××"调整规划方案》之中，开始了由山沟到××的搬迁工作，除山区暂设分厂外，主要生产机构全部搬出。在搬迁中，该厂只用了×万元，还比原计划的×天提前了×天。××机搬迁后一次试车成功，工人们精细地拆装，忘我地工作，为国家节省了大量资金，被××办评为搬迁的典型。转入市场经济后，许多工厂的供销人员成了先富起来的人。然而××胶片厂的供销公司仍然有一支不计名利、朴实能干的队伍。公司经理是一个血气方刚的中年汉子，在××胶片厂已工作×多年。他很为他的同事自豪。他说："我们这么多人长年奔波在祖国各地，只要一说有任务，买张车票就走，出门在外吃住全不讲究，小旅店、小饭馆即可。当然，看到有的单位供销人员拿高奖金，花钱大手大脚，我们也有想法，但我们这支队伍艰苦奋斗的企业精神一直没有丢。"

在××胶片厂，一线工人勤恳耐劳，他们很为自己的工厂自豪。迁入××后电源不足，对生产有影响，今年春天，工厂决定避开用电高峰照常上班，大家没有怨言，高高兴兴完成了任务。××胶片厂的成功，与职工们的精神面貌有重

## 范本内容精讲

由本范本展示的工作通讯稿内容可知，其与事件通讯稿的结构相似，都是在写事件的经过。但是，工作通讯稿重在描述某个单位或个人在某一阶段的大致工作流程，并没有详细地描述工作细节，因此，工作通讯稿比事件通讯稿更具概括性。

正文第一自然段相当于导语，介绍了何时"××年代"、何地"建在××省××山深处"、何人"××部××胶片厂"、如何"成为我国……百强企业"，同时以自问自答的方式突出通讯稿的主题和中心思想——"企业要有一种精神"。第二自然段至第六自然段从不同的角度概括了该厂的发展历程和工作情况，凸显了公司领导人的能力和职工与公司共进退的良好工作氛围，印证了导语提到的越战越强的秘诀。最后一个自然段由通讯稿撰写者对该厂的工作及历程作出总结和评价，肯定了领导人和领导班子对企业和职工的重要性，进一步强调该厂能够成功不是偶然。

除了前述提及的3种通讯稿外，还有经常使用到的通讯稿如表7-5所示。

表 7-5　通讯稿的其他类型

| 类　型 | 简　介 |
|---|---|
| 概貌通讯 | 又称风貌通讯，是以反映社会生活、风土人情、自然风光和日新月异的建设成就为主的报道。它围绕主题集中各方面的风貌和特色，通常运用具体事例来叙述和描写一个地区、一条战线、一个单位、一个点、一个方面的风貌变化，展现时代的步伐和人的思想境界的变化，如"巡礼"、"纪行"、"散记"和"侧记"等形式 |
| 小故事 | 小通讯，用来反映现实生活中的一个片段，通常表现一人一事，线索单一，但有故事情节，短小精悍、生动活泼。人物不能繁多，场面不能太大，不能枝节横生，否则就会失去"小"的特点 |

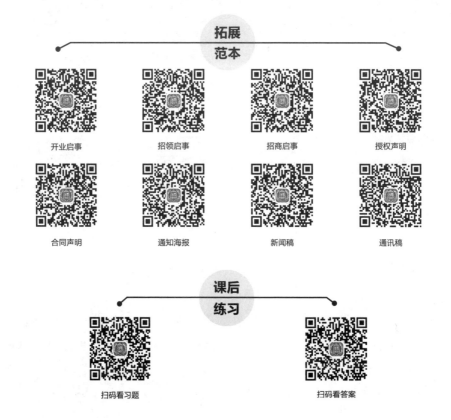

拓展
范本

开业启事　　招领启事　　招商启事　　授权声明

合同声明　　通知海报　　新闻稿　　通讯稿

课后
练习

扫码看习题　　扫码看答案

# 第8章

## ── 会议材料类公文写作与范例 ──

会议材料类公文，就是一切与行政机关、企事业单位、团体或组织等召开的会议有关的材料、手续、文件，如会议提案、会议记录、会议方案、会议总结及会议简报。这些公文有助于工作的顺利开展。

提案的组成结构与写作原则
写作会议提案的入手角度
会议记录的重点和基本要求
会议方案的特点与内容要件
会议方案的范例解析
会议总结的特点与基本格式
……

# 8.1 会议提案

■组成结构　■写作原则　■写作入手角度　■范例解析

要学习写会议提案，首先要了解什么是提案。提案是用来提交会议讨论决定的建议，它的写作主体是个人，而不是机关单位、团体或组织，即使多人附议，也不能更名为议案。

作为政协委员和企事业单位的职工、股份制企业的股东等，具有向同级权力机关提出自己的意见和建议的权利，因此可以撰写提案。提案一般在会议期间提出，也可在休会期间提出。对于企业来说，提案就是鼓励公司全体员工在做好本职工作的同时，积极发现问题、发挥独创的构想，提出创新性改善意见或方案的过程。而会议提案就是在会议开展之前，将会议需要讨论的问题或观点整理成文档，在会议开展期间拿来作为参考资料使用的文件。

## 8.1.1 提案的组成结构与写作原则

撰写会议提案是企业经营管理经常做的一项工作，写好会议提案也是工作中的一项必备技能，具体要从会议提案的组成结构和写作方法上"修炼"。

### 1. 会议提案的组成结构

会议提案主要由4部分构成：案由、主体、理由和办法，具体内容如表8-1所示。

表8-1　会议提案的结构内容

| 结　构 | 具　体　内　容 |
| --- | --- |
| 案由 | 是提案的主旨，与提案内容一致，类似于一般公文的标题。写作时力求简明扼要，不与提案内容脱节或相互矛盾 |
| 主体 | 提案的部门或单位的名称，这里的主体不是指正文主体 |
| 理由 | 是所要解决某项问题的理由、原因或根据，是提案的核心部分。阐述理由时，尽可能地抓住问题的实质或要害，做到明确、扼要、具体，避免笼统、空泛 |
| 办法 | 针对反映出来的问题，提出自己的主张和办法 |

### 2. 会议提案的写作原则

会议提案要坚持严肃性、科学性和可行性,在此基础上,还应遵循以下4个原则。

◆ **准确性原则**:提案中如果有批评意见,要以理服人、以准确服人。提案中列出的数据和情况必须有根有据,不可是道听途说。要客观地反映问题,冷静思考对待,积极提出建议。

◆ **宏观性原则**:要站得高、看得远,想大事、议大事。提案的内容要多抓一些牵动性大,能起到"四两拨千斤"作用的问题,关注宏观大事,将眼光放得尽可能长远。

◆ **超前性原则**:会议提案如果能棋高一着,适度超前,就能引起大家的重视,提前发现企业经营过程中可能存在的问题,促进企业快速发展。

◆ **可行性原则**:提案中所提的意见或建议要量力而行、脚踏实地,尤其是一些建设性项目,如果缺乏可行性,提案的实施工作不但不能落实,还会使相关人员花费较多时间答复,给提案实施工作增加负担。

## 8.1.2 写作会议提案的入手角度

提案者要拿出一份主题鲜明、立意深刻、分析透彻,并具有科学性、可行性和可操作性的提案,并不是一件容易的事,它要求提案者熟练掌握提案写作的入手角度,主要有以下3个角度。

### 1. 选题"新"

一份提案撰写的成败,关键在于选题,做到"新"。要把握领导或职工所想的、要做的、期望解决的问题,要见人之未见,提人之未提。那么,"新"又从哪些方面入手呢? 如表8-2所示。

表8-2　提案选题"新"的方面

| 方　面 | 说　明 |
| --- | --- |
| 体现新精神 | 要围绕企业工作中心,关注社会热点,反映职工民意,要对新问题有警觉,对新事物有预察,对新进展有了解,支持新创举 |
| 选取新角度 | 另辟蹊径,找到新的突破口,从新的侧面阐发相同的主题 |
| 运用新材料 | 提案运用鲜为人知的新材料,不仅可以开拓思考问题的思维,而且可以学习新知识,让人如饮甘泉 |

| 方　面 | 说　明 |
|---|---|
| 吸收新语言 | 尽可能多地吸收新语言，不仅可以增强提案的可读性，还能提高提案的感染力，比如，多用一些生动朴实的群众语言，让人身临其境、如闻其声 |

## 2. 内容"深"

会议提案只有提得到位、写得深刻，才能发人深省、给人启迪，对实际工作起到指导和推动作用。要在有限篇幅内把提案写得有深度、有厚度，开口必须小，即案由要具体。但开口小，并不代表只停留在某一小点或只就某一点往下深究，而是要从这一小点去发散，由小到大地适当延伸，方法有以下 3 种，具体如表 8-3 所示。

表 8-3　提案内容"深"的方法

| 方　法 | 说　明 |
|---|---|
| 由此及彼 | 有些提案案由小，但事关全局，具有一定的普遍性和倾向性，此时，案由确定后，应把视线由此扩展开，触及与之密切相关的"大"上，小中见大 |
| 由表及里 | 罗列了与案由相关的"大"后，就要深入"大"的内部，指出它的实质，从正、反两面分析这么做的好处和理由，以及不这么做的坏处和根源，即紧紧围绕事物的实质进行阐述，由感性认识上升到理性认识 |
| 由近及远 | 从案由追溯到它的历史渊源，预测它的历史发展前景，即由某一方面的问题，看到它可能会与其相关联的其他方面乃至今后造成的影响，使阐述更丰满有力，有助于加深人们对问题的认识，引起人们足够的重视 |

总的来说，要让提案的内容有深度，就是要充分说理，讲清"为什么"，不断深化主题，由小见大，深入实际、深入调查，深思熟虑。

## 3. 描述"准"

会议提案反映的问题必须事实准确、数据可靠、客观公正，这样才能方便相关机构或部门着手实施。撰写者可从以下几个角度提高准确性如表 8-4 所示。

表 8-4　提案描述"准"的角度

| 角　度 | 说　明 |
|---|---|
| 选题命题要准确 | 要找大方向已定但还未能全面落实的问题；或是一个部门难以办到而需要多个部门统一协调的问题；或没有主管部门而属于夹缝中的问题；职工反映强烈且需要立即解决的问题等 |

续表

| 方　向 | 说　明 |
|---|---|
| 列举的事实<br>要准确 | 提案中列出的数据和情况应客观、事实，不片面夸大事实和影响，要把握好<br>量和度，对事实的评价要有分寸、留余地 |
| 说理分析<br>要准确 | 当提案中使用了辩证法，在强调某一方面时不要忽视另一方面；反对一种倾<br>向时要注意到可能掩盖的另一种倾向。要处理好一般与特殊、共性与个性、<br>全局与局部的关系 |
| 体现的政策<br>要准确 | 提案中提倡什么、反对什么、允许做什么和不允许做什么等，都要和有关法律、<br>法规及政策相一致，将涉及的问题和建议置于现行法规和政策允许的范围内 |

## 8.1.3　会议提案的范例解析

对企业来说，会议提案可能涉及方方面面的问题，只要与企业经营管理相关，均可提出。下面针对一些常见的问题，介绍相关提案。

### 1. 与职工有关的提案

企业在经营管理过程中，与职工相关的问题无非就是薪酬、福利待遇，当员工或者企业领导认为员工的薪酬、福利待遇不合理时，都可以向公司提交提案。

**范本内容展示**

◎资源 |Chapter08| 调高公司职工生活补贴的提案 .docx

调高公司职工生活补贴的提案

提案人：×××

附议人：×××　××　×××　×××

为保障员工的生活水平，体现企业关怀，公司分区域按标准给予每位员工一定的生活补贴，但是随着经济的发展，该标准已明显不适应当前的物价，建议适当调高该补贴标准，理由如下：

1.原生活补助标准太低，不适应当前物价水平；现有标准规定一线城市每人每月×元，二线城市×元，三线城市×元，但是放眼当下的物价水平，生活成本不断提高，现有标准已不足以保障员工基本生活水平。

2.项目员工的工作量大、时间久且环境艰苦，因此项目食堂应尽量保证每日早、中、晚、宵夜都能均衡，并在保证量的基础上要适当提高质量，以支撑高负荷工作，保障员工身体健康。

回复：分公司××年对员工的生活补助费做了统一调整，与其他分子公司相比不算低，但也不算最高，分公司的人工成本一年比一年高，是否再增加生活补助费，要视分公司的经济效益而定。

××××年××月××日

**范本内容精讲**

本范本展示的是一份内容比较简单的提案，由提案的标题（案由）可知，该提案的主旨是调高公司职工的生活补贴。

标题下方是提案的主体，即提案人、部门或单位，有时也有附议人，如本范本所展示的。主体下方紧接着写明提案理由，包括解决"职工生活补贴不适应当前物价"这一问题的理由、根据和原因。写作时可以先概括解决问题的目的，再分点说明理由和原因，如本范本所展示的，先以"为保障员工的生活水平……理由如下："的句式成段，引出下文要提及的具体理由，然后以"1.2……"这样逐点列明的形式明确、具体地写明需要解决问题的理由。最后一个自然段以"回复："开头，突出说明提案的实施办法，通常是提案监督会作出的主张或具体的办法，这里的主张是"是否再增加生活补助费，要视分公司的经济效益而定"。实际写作中，写好会议提案要注意以下事项。

◆ 联名提案时，发起人应作为第一提案人，便于实施提案时沟通情况。

◆ 公开性提案要详细注明通信地址，如在什么地方、街道或楼号，邮政编码、联系电话等，以便承办单位联系。

◆ 审查委员会审查提案时，要填写审查意见，具体根据提案内容和有关单位的职责分工确定承办单位。

◆ 一事一案，切忌一案多事，否则不仅讲不清楚问题，还会导致无法确定承办单位，不利于提案的实施。

◆ 书面提案可用钢笔或毛笔，也可用打印件，但提交的必须是原件，不能用复印件代替，这也是存档的规定。

### 2. 与企业运营有关的提案

"企业运营"就是与企业的产品生产和服务创造等密切相关的各项管理工作的总称，因此，与企业运营有关的提案会涉及经营过程中的采购、生产、销售和售后等各个环节出现的问题。

**范本内容展示**

◉ 资源 |Chapter08| 解决现有人才紧缺问题的提案 .docx

### 解决现有人才紧缺问题的提案

提案人：×××

附议人：×××　××　×××　×××

目前，××、××地铁等项目区间的施工模式下，项目规模变大，工作量增加，迎检接待任务重，对外协调工作量大，工程技术、商务概算、安全管理和项目总工等方面的管理人员缺乏，已经满足不了项目管理工作的需要。随着分公司今后项目规模和数量的不断增加，分公司应该在积极解决现有紧缺人才的问题的同时，超前谋划，尽快引进、培养和储备相关管理人才，以保证人才需求。

1.分公司现有人才引进渠道需要进一步拓宽。从社会招聘、学校订单培养、劳务队伍中引进优秀人才等都可以，只要是装备公司需要，就可引进，可适当放宽学历要求。

2.人才培养的梯队建设，重要岗位要有针对性地增加配置，比如设备、安全的管理人员，指定兼职的人员协助干好相关管理工作，可以避免出现人才断层。

3.公司内部择优现场培养，寻找感兴趣又有相关专业能力基础的员工，按照分公司的一、三、五人才规划，让他们充实到项目管理中去，必要时提拔到管理岗位，避免出现人才短缺现象。

4.支持管理人员走出去学习和培训。

回复：根据分公司地铁、高铁项目的发展，分公司在××××年调整了人才引进计划，采取了招聘应届大学本科生、社会人才和学校订单培养等方式引进人才，今后可以考虑从劳务队伍中引进一些优秀人才。关于人才培养，分公司一直都很重视这项工作，根据近几年地铁大上的情况，在项目人员尤其是技术人员的配备上加大力度，引进的大学生尽量安排在技术岗位上锻炼，结合分公司"一三五"人才培养工程和"××"的方针，采取导师带徒和名师带徒等手段，加快人才的培养步伐，项目领导要担当人才培养的带头人和领路人，尽快培养出一大批地铁高铁骨干人才队伍。

××××年××月××日

**范本内容精讲**

由本范本展示的标题可知，该提案的主旨是解决公司人才紧缺的问题。同样，主体部分有提案人和附议人。主体下方第一自然段概括说明了公司某些项目的人才短缺现状，即"项目规模变大……已经满足不了项目管理工作的需要"，以及需要积极解决人才紧缺问题和人才储备问题的必要性，即"随着分公司今后项目规模和数量的不断增加"。

与前一个范本展示的提案结构规划有所不同，该提案主体下方的第一自然段是"理由"部分，紧接着的"1.2.3.4."这4点内容属于"办法"，即提案人针对项目人才紧缺这一问题提出一些参考实施办法。而"回复："部分的内容则是提案监督委员会作出的具体实施办法的决定，即针对项目人才紧缺这一问题的主张。无论提案涉及什么内容，都要在正文结束后落款，并注明提案的成文日期。

有些提案涉及的问题比较复杂，其篇幅可能较长，此时可以按前言→背景→目的→构想→策略→要件→粗略性的行程表→预算→风险课题→结尾的写作顺序编写提案。其中，前言包括提案构想、主旨、内容概要或者结论；背景包括证据、资料和相关事件，尽可能用图形表示或用数据说话；目的主要描述提案实施后可以带来的美好愿景；构想则是提出创意、想法；策略是提出执行"构想"的具体办法和措施；

要件则列举实施"策略"时的必要硬件、软件、程序或体制等；粗略性的行程表则描述执行期间的每个时期起止与产生的效果；预算则以"要件"为基础计算出预算、附加利益或营业费用等支出情况；风险课题则列举提案实施时可能遇到的各种障碍和应对方法；结尾部分通常注明提案书的联络方式。

然而，也有一些企业为了简化提案内容，便于使用者快速理解提案的内容，会直接制作提案表。图 8-1 所示为某公司的表格式会议提案。

**会议提案表**

| ××公司××会议第××号提案 | | | |
|---|---|---|---|
| 提案人 | | 所在部门 | |
| 填日期 | | 提案编号 | |
| 理由 | （写明提出建议或意见的理由） | | |
| 措施 | （写明实现所提主张的措施） | | |
| 审查意见 | | | |
| 审查人签名（盖章） | | | |
| 备注 | | | |

图 8-1　表格式会议提案

# 8.2　会议记录

■记录重点和基本要求　　■一般格式　　■记录技巧　　■范例解析

会议记录是指在会议过程中，由记录人员把会议的组织情况和具体内容记录下来形成的文档。

## 8.2.1　会议记录的重点和基本要求

负责做会议记录的人称为记录人员，他们一般会在开会前提前到达会场，并安排好进行会议记录的位置，该位置通常靠近主持人、发言人或扩音设备，以便准确、清晰地聆听他们的讲话内容并做好记录。那么，记录人员在做会议记录时应突出的重点有哪些呢？

- 会议中心议题和围绕中心议题展开的有关活动。
- 会议讨论、争论的焦点及各方的主要见解。
- 权威人士或代表人物的言论。
- 会议开始时的定调性言论和结束前的总结性言论。
- 会议已经议决的或议而未决的事项。
- 对会议产生较大影响的其他言论或活动。

除了牢记上述所列会议记录的重点之外，记录人员还要重视会议记录的基本要求，主要有如图 8-2 所示的 6 点内容。

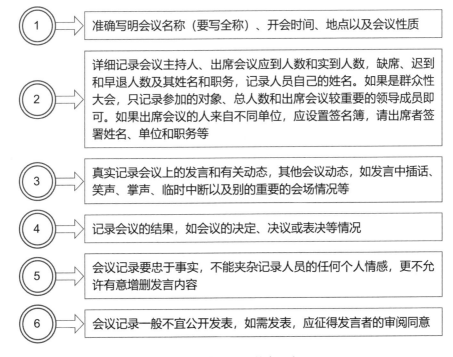

1 → 准确写明会议名称（要写全称）、开会时间、地点以及会议性质

2 → 详细记录会议主持人、出席会议应到人数和实到人数，缺席、迟到和早退人数及其姓名和职务，记录人员自己的姓名。如果是群众性大会，只记录参加的对象、总人数和出席会议较重要的领导成员即可。如果出席会议的人来自不同单位，应设置签名簿，请出席者签署姓名、单位和职务等

3 → 真实记录会议上的发言和有关动态，其他会议动态，如发言中插话、笑声、掌声、临时中断以及别的重要的会场情况等

4 → 记录会议的结果，如会议的决定、决议或表决等情况

5 → 会议记录要忠于事实，不能夹杂记录人员的任何个人情感，更不允许有意增删发言内容

6 → 会议记录一般不宜公开发表，如需发表，应征得发言者的审阅同意

图 8-2　会议纪要基本要求

会议记录的"记"有详记和略记之分，略记是记录会议大要，即会议上的重要或主要言论；详记则记录的项目必须完备，记录的言论必须详细完整。若要留下包

括上述内容的会议记录，则需要靠"录"，如笔录、音录和影像录等，这些都是手段，最终还是要将录下来的内容还原成文字。

## 8.2.2 会议记录的一般格式

会议记录的格式一般包括 3 个部分：会议的组织情况、会议的内容和结尾。每个部分的具体内容如表 8-5 所示。

表 8-5　会议记录的组成部分

| 结　构 | 内　容 |
| --- | --- |
| 会议的组织情况 | 要求写明会议名称、时间、地点、出席人数、缺席人数、列席人数、主持人和记录人的姓名等 |
| 会议的内容 | 要求写明发言、问题、报告、传达人、建议、决议等，这是会议记录的核心部分。对于发言的内容，有摘要式记录和全文式记录两种方法。摘要式记录只记录会议要点和中心内容，即把发言者讲了哪几个问题，每个问题的基本观点与主要事实、结论、对别人发言的态度等记录下来，多用于一般性会议；全文式记录需要记下会议的全部内容，且尽量记录原话，有录音条件的可先录音，会后再整理成文字，没有录音条件的应由速记人员担任记录，没有速记人员的可多配置几名记得快的人担任记录员，会后互相补充，这种方法多用于某些特别重要的会议或特别重要人物的发言 |
| 结尾 | 会议结束，内容记录完毕，另起一行写"散会"二字。如果中途休会，要写明"休会"字样 |

记录人员实际进行会议记录时要重视以下注意事项。

◆ **真实、准确**：要如实地记录发言者的发言，不得添加记录者自己的观点、主张，不得断章取义，尤其是会议决定之类的内容更不能有丝毫误差。

◆ **要点不漏**：决议、建议、问题和发言人的观点、论据材料等要具体、详细地记录，一般情况的说明可详记重点，略记大概。

◆ **始终如一**：记录人员从会议开始到结束都要认真负责地记录到底。

另外，凡是发言都要把发言人的名字写在前面，并且一定要按照"先发言记录在前，后发言记录在后"的顺序进行记录。记录发言时，重点要详细，重复的内容可略记。

## 8.2.3 会议记录的技巧

会议记录的技巧可概括为4点："快""要""省""代"，详细操作手法如图 8-3 所示。

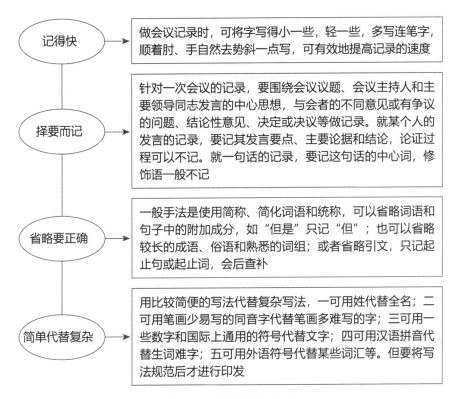

图 8-3 会议记录的技巧

## 8.2.4 会议记录的范例解析

按照会议性质来分，会议记录包括办公会议记录、专题会议记录、联席（协调）会议记录和座谈会议记录等。下面主要对前两种会议记录进行详细介绍。

### 1. 办公会议记录

办公会议记录是记述机关或企事业单位等对重要的、综合性工作进行讨论、研究和决议等事项的一种会议记录，一般有例行办公会议记录，即记述例行办公会议情况及其议决事项的会议记录；还有现场办公会议记录，即为解决某重大问题而召集有关方面和有关单位在现场研究、议决或协商的办公会议记录。

**范本内容展示**

◎资源 |Chapter08| 总经理办公会议记录 .docx

---

**会议记录**

会议名称：公司总经理办公会议

会议时间：××××年×月××日×时　　主持人：×××

会议地点：公司××会议室　　　　　记录人：××

出席人员：总经理×××

党委书记×××　　　　　　　　总会计师×××

副总经理×××　　×××　　×××

列席人员：总经理助理×××　　　　　经营规划部部长×××

党委办公室主任×××　　　　人力资源部副部长×××

缺席人员：×××副总经理（因公出差）

主要议程：一、讨论修改职代会报告讨论稿

二、讨论确定××年公司生产经营计划

三、讨论确定干部调整方案

一、讨论修改职代会报告讨论稿

（一）×××主读职代会报告（讨论稿）

全年公司生产经营完成情况：生产汽车××万辆，其中××公司生产汽车××万辆，销售汽车××万辆，××公司生产汽车××万辆，销售汽车××万辆，实现工业增加值×万元。

（报告讨论稿附后）

（二）审议职代会报告讨论稿

××：全年公司在十分困难的情况下，生产经营情况同比有增长，但存在的困难不少，对困难的总结要全面、客观……。

×××：全年在销售上我们采取了一系列有效政策……。同意报告中对销售工作的总结。

（三）对职代会报告进行表决

××（总经理）：同意报告。

---

××（副总经理）：同意报告。

××（副总经理）：同意报告。

表决结果：应参加表决人数×人，实际参加表决人数×人，同意×人（其中×××通过主持人电话征求意见，表示同意），会议一致通过职代会报告讨论稿。

二、讨论确定××年公司生产经营计划

（一）经营规划部部长×××介绍××年公司生产经营计划草案

注：要求目前

（二）审议××年公司生产经营计划草案

注：要求目前

（三）对××年公司生产经营计划安排进行表决

注：要求目前

三、讨论确定干部调整方案

（一）听取人力资源部副部长×××报告部分干部调整方案

本次干部调整共×人，其中：岗位变动×人；免职×人；新奖接×人（详细调整名单附后）。

（二）会议讨论

注：要求目前

（三）对会议表决

注：重要干部逐人表决，一般干部可实名制票决。

表决结果：×××××××××××。

×××××××××××。

散会

会议主持人签字：×××　　　　会议记录人签字：×××

（本会议记录共×页）

---

**范本内容精讲**

本范本展示的会议记录直接以"会议记录"4个字作为标题，没有用"会议名称+文种"的形式，实际运用时也可以这样写作，因为会议记录的"组织情况"部分会突出强调会议名称。

本范本所展示的会议记录中，组织情况部分介绍了会议名称、会议时间、主持人、会议地点、记录人、出席人员、列席人员、缺席人员和主要议程等内容。其中，出席人员是指正式参会人员，列席人员是指由于工作或其他原因被邀请参加会议的人员。会议内容部分主要按照议程的顺序逐一记录，每一项议程又按"相关人主读/介绍/报告→审议/讨论→表决→表决结果"的时间先后顺序进行记录，过程中涉及的文件资料，均以括号括注说明"××附后"，鲜明地体现了记录的逻辑性和完整性。结尾部分写明"散会"二字，标志着会议记录结束，在会议记录的末页最下方，会议主持人和会议记录人要分别签字确认。

一般来说，办公会议记录大都按照会议议程的时间顺序逐次记录。有些公司为了更清楚地展示会议记录的各项内容，会事先编制会议记录表，记录人员只需在恰当的位置填写对应的内容即可，图 8-4 所示是一种比较简单的办公会议记录表。

图 8-4　会议记录表

## 2. 专题会议记录

专题会议记录是专门记述会议讨论、研究的情况和成果的一种会议记录，主要特点是主题的集中性和观点意见的分呈性相结合，既要归纳比较集中、统一的认识，又要将各种不同观点和倾向性意见都表达出来。

**范本内容展示**

◎ 资源 |Chapter08| 专题研讨会议记录 .docx

××××年××月××日××时　　议记录

会议名称：××市××第×中心小学关于写字教学的专题研讨会
会议时间：××年××月××日××时～×时
会议地点：××中心小学××会议室
参加人员：全体教师
主持人：×××　　　　　　　记录人：×××
应到人数：×人　　　　　　　实到人数：×人
主要议程：一、浅谈对小学生写字教学的点滴认识
　　　　　二、如何进行写字教学
　　　　　三、如何在小学语文教学中进行写字教学
　　　　　四、横平竖直彰显人性色彩——论写字教学
　　　　　五、低年级写字教学专题讲座
　　　　　六、讨论结果
**一、浅谈对小学生写字教学的点滴认识**
主讲：×××
时间：×时～×时
主要内容：小学低年段写字教学应从以下几方面入手。
1. 明确写字的要求，培养良好的书写习惯。
2. 激发写字兴趣。
3. 教给写字方法，提高写字能力。
4. 重视写字教学，保证写字时间。
**二、如何进行写字教学**
主讲：××
时间：×时～×时
主要内容：对于低年级的写字教学，我认为可从以下几方面着手。
1. 榜样示范，以身作则。

2. 培养兴趣、持之以恒。
（1）生动有趣的故事激励。孩子们爱听故事，爱讲故事，通过生动的故事，可以让孩子们明白道理，学到知识，从而引发他们对汉字的喜爱。
（2）形式多样的竞赛激励。竞赛不但能调动学生练字的积极性，还能培养学生良好的竞争意识以及互相合作的集体意识。
（3）定期举办作业展览。
3. 观察字形，合理布局。
（1）基本笔画；（2）字的偏旁；（3）字的结构。
4. 多加练习，因材施教。
5. 齐心协力，严格要求。
**三、如何在小学语文教学中进行写字教学**
主讲：×××
时间：×时～×时
主要内容：
1. 培养学生的兴趣
（1）教师要和学生建立良好的师生关系，让学生对写字产生浓厚的感情。
（2）给学生营造学习写字的氛围。
（3）平时上课的内容要少而有链接，多让学生有更多的时间练习。
（4）肯定学生的成绩和指出其中的不足。
（5）要经常举行写字比赛活动。
2. 培养学生书写习惯
（1）养成正确的坐姿习惯。
（2）规范正确的执笔方法。
（3）要安下心来，坐下人来。

范本内容精讲

由本范本所展示的会议记录内容可知,该专题会议的主题是"如何进行小学生写字教学"。因为是专题会议,因此发言人可能比较多,这里按照教师的发言先后顺序以"一、二……"的形式对每位发言教师的发言内容进行概括性的记录。

该会议记录的"组织情况"部分写明了会议名称、时间、地点、参加人员、主持人、记录人、应到人数、实到人数和主要议程。其中,会议时间表示的是整个专题会议从开始到结束的时间。但因为每位发言教师有其各自的发言时间,所以每位教师的发言内容部分又会具体写明该教师发言的时间段。并且,记录人员在记录每位教师的发言情况时,均对"主讲"、"时间"和"主要内容"这3项内容进行描述,且要具体、清晰、准确。

由于这是专题会议记录,其结果是对所有发言人的发言进行总结得来的,因此研讨结果需要统一在会议记录末尾书写,包括总结出的所有关于小学生写字教学存在的问题和今后应采取的措施。也就是说,每位发言教师发言完毕后不会单独出现研讨结果部分。拓展到其他专题会议记录,一份会议记录只会有一个会议结果。

# 8.3 会议方案

■特点与内容要件　　■写作格式　　■范例解析

会议方案是在会议召开前对构成会议的各个要素作出系统周密的书面安排的会议文书,属于计划类应用文。它一般是为大中型或重要的会议所做的预设方案,企业内部召开的小规模例会可通过简易会议计划或会议通知来预先安排好会议事务。

## 8.3.1　会议方案的特点与内容要件

会议方案具有两个显著特点:一是针对性,它主要是针对大中型或重要会议所做的规划安排;二是指导性,它对会议的整个进程有指导作用。那么,会议方案具体应包括哪些内容要件呢?

◆ 确定会议名称、议题、指导思想和任务要求。

◆ 确定与会人员、时间地点、会议期限、日程安排和会议领导。

◆ 确定会议通知内容、会议通知跟进落实、程序和要求以及会场布置要求。

◆ 确定会议文件资料的种类、内容和要求以及会议设备和用品的种类与要求。

◆ 会议后勤安排、会议记录安排、会场服务安排、会议预算安排。

◆ 议定事项催办和反馈的程序、要求、责任人以及其他注意事项。

在会议召开前对会议的目的、规模、时间、地点设施、内容、议程、日程、组织形式、会议文件、经费和后勤服务等要素作出周密安排，促成会议顺利举行，取得满意的预期效果。

需要注意的是，有些会议还需要向上级机关请示核准，此时会议方案便作为上级审核批准的重要依据。还有一些会议方案可发挥通知的作用，向联办或与会单位通报筹备情况，以便做好必要的会议准备。

## 8.3.2 会议方案的写作格式

会议方案通常由标题、正文和落款这3大部分构成，每个部分应写明的内容如下。

### 1. 标题

最标准的会议方案标题格式为"召开单位或范围＋会议名称＋文种"，如"××集团公司第×届第×次职工代表大会筹备方案"；有时可省略会议召开单位这一要素，如"年终总结暨表彰大会方案"。需要撰写者明确的是，会议方案的文种名称不仅仅是"会议方案"，还可以是"方案""筹备方案""筹备接待方案""计划""策划方案"等。

### 2. 正文

会议方案的正文部分一般还会分为3个小部分，相关内容如表8-6所示。

表8-6 会议方案的正文组成部分

| 部 分 | 内 容 |
|---|---|
| 开头 | 对会议的基本要素进行说明，如召开会议的缘由、根据、单位、会议名称、时间、地点和会期等，引出下文 |

| 部 分 | 内 容 |
|------|------|
| 主体 | 一般分条列项，写出会议的宗旨、主题（内容、议题）、规模（与会人员）、议程、日程、会议形式、会晤机构的组织和分工、会议文书、会议经费、保障措施及筹备情况等事项，相当于一般计划的"目标要求"、"措施方法"和"实施步骤"等 |
| 结尾 | 一般书写结束语，具体要根据会议方案的性质而定。属于下级机关请示上级机关的会议方案，可写类似请示报告的结尾语，如"以上方案，当否，请批示"，而上级机关通知下级机关的会议方案，一般不需要单独写结束语 |

### 3. 落款

会议方案的落款部分一般要写明方案的制发单位或机关名称，签署日期，并加盖公章。

撰写者在具体写作会议方案时，要考虑全面、科学安排，如会前把举行会议的有关规定、各种程序、各方面可能遇到的情况都要考虑到，总览全局、全面统筹；要明确要求、安排细致，尤其是涉及人数多、头绪繁、内容杂的大中型会议，要对材料撰拟、分发、会标制挂、座位排列制作、安全保卫和医疗服务作出明确安排，准确计算会议衔接时间；要灵活机动，留出弹性空间，防止安排太紧；要层次分明，合理安排条款间的逻辑顺序。

## 8.3.3　会议方案的范例解析

会议方案一般按照会议性质划分，主要有工作会议方案、代表会议方案和表彰奖励性会议方案。其中，工作会议方案是比较笼统的说法，企业内部大多数会议方案均可称为工作会议方案，这里具体介绍后两种会议方案。

### 1. 代表会议方案

代表会议的参加人数一般较多，召开时间较长，会议程序严格，且不同级别的代表会有不同要求，所以这类会议方案的写作比较复杂。

**范本内容展示**

⊙资源 |Chapter08| 职工代表大会筹备方案 .docx

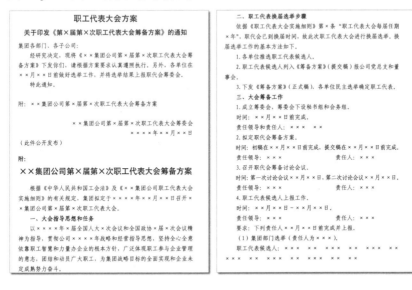

**范本内容精讲**

由本范本展示的内容可知,这是具有通知作用的代表会议方案。"通知"部分作为整个会议方案的首部,说明有"职工代表大会筹备方案"这一文件,并对相关会议的工作内容和方案的实施要求等作出概括性说明。如果会议方案不需要单独以"通知"来达到通知的效果,则这里的首部可以省掉。

本范本是一份关于职工代表换届选举的会议方案,方案内容包括4项,即大会指导思想和任务、职工代表环节选举步骤、大会筹备工作和大会开展工作。"职工代表环节选举步骤"内容说明了会议的开展目的,整篇方案包括了应有的内容要件,如会议名称、会议规模、会议召开的时间和地点、相关材料的报送期限、会议日程安排、组织领导和出席人员以及准备要求等。

需要注意的是,像本范本一样有通知作用的会议方案或者请示批准的会议方案,具体的方案将作为附件展示,此时需要在方案标题前加"附:"字样。

**2. 表彰奖励性会议方案**

表彰奖励性会议除了会议本身之外,因涉及奖旗、奖状和奖品之类的物品,所以财务和物资方面要做好准备工作，会议方案的写作也会比较复杂。

### 范本内容展示

◎资源 |Chapter08| 年终总结暨表彰大会方案 .docx

**年度总结暨表彰大会方案**

××××年是公司蓬勃发展的一年，公司所取得的每一点进步和成功，离不开全体员工的辛勤劳动和无私奉献! 为总结××年的经验教训，指导××××年的发展规划，同时为了增强企业凝聚力，表彰先进树立楷模，激励员工奋发上进，特制定××××年度总结表彰大会会议方案及评比方案。

一、会议名称：××公司××××年度总结暨表彰大会。
二、会议主题：总结××××年工作，表彰先进、展望未来。
三、会议主持人：××总经理
四、会议时间：初定××××年1月28~31日（其中一天）。
五、会议地点：××楼××厅。
六、出席人员：集团领导、全体员工及合作单位代表，合计约×人。
七、评优具体标准和内容：见附件《关于年终评选先进的通知》。
八、会议议程：见附件《集团××年度总结表彰大会议程》。
九、会议工作组负责事项
1.行政人事部负责如下事项
（1）制发会议通知、邀请函，编写《关于年终评选先进的通知》及会议议程。(负责人：×××)
（2）会议进行过程中与会人员的发言提示，控制好发言时间和顺序的正常进行。(负责人：×××)
（3）会前通知参会人员的会议时间。(负责人：×××)
（4）台牌、横幅、荣誉证书、椅子、会场的背景布等准备工作。(负责人：×××)
（5）做好会议签到、编排位次、检查引领与会人员入席及纪律检查工作。(负责人：×××)

（6）将各部门的年总结、年计划、预算方案打印并分发到相关人员手上。(负责人：×××)
（7）董事长发言稿。(负责人：×××)
（8）负责××厅会前和会后的清洁工作。(负责人：×××)
（9）开会员工接送用车。(负责人：×××)
（10）负责会议拍照。(负责人：×××)
（11）负责会前奖项排序的最终确定和奖金的到位情况.(负责人：×××)
（12）晚上文化娱乐活动的组织与安排。(负责人：×××)
2.总部基建设组负责事项
负责向行政人事部报基地合作单位代表名单并发送邀请函，做好合作单位代表聚餐、联欢引导工作。(负责人：×××)
3.基建机修组负责事项
负责检查音控机、灯光、话筒、投影仪和开会时的音控工作等。(负责人：×××)
4.后勤组和总部采购组负责如下事项
（1）负责拟两份×元一桌菜单及酒水交到行政人事部审核，并控制好成本。(负责人：×××)
（2）负责清点桌子、椅子和餐具等，保障用餐有序。(负责人：×××)。
（3）晚上文化娱乐活动水果、酒水和零食的采购。(负责人：×××)
（4）组织协助食堂聚餐的工作。(负责人：×××)
（5）晚上晚上文化娱乐活动会场布置。(负责人：×××)
5.安保组负责如下事项
（1）协助行政人事部负责会场、食堂的秩序以及清退场中无关人员，保证会议、用餐地点的安全。(负责人：×××)

### 范本内容精讲

本范本展示的是一份年终总结暨表彰大会的会议方案，标题的文种用的是"方案"。正文第一自然段阐述了公司本年度所取得的进步和成功，同时说明了召开会议和制定会议方案的目的，即"为总结……激励员工奋发上进"。

接着是主体部分，写明了各个会议方案的内容要件，如会议名称、会议主题、主持人、会议时间和地点、出席人员、评优具体标准和内容、会议议程以及会议工作组负责事项等。无论是哪种会议方案，内容要件都至关重要，不能随意删减。不同的会议方案，内容要件会有所不同，具体视会议性质而定。而任何会议方案，其必备的内容要件通常包括会议名称、会议主题、主持人、会议时间和地点、出席人员、会议议程以及会议工作安排等。

有些会议方案的内容较多，要装订成册，此时会涉及封面页，那么，会议方案的标题就直接写在封面上，里页的第一页最上方可不再重复书写会议方案的标题，而是直接开始书写方案的开头。

# 8.4 会议总结

■特点与基本格式　■范例解析

　　会议总结是总结的一种,是指社会团体、企事业单位在会议结束后进行回顾检查、分析评价,从而肯定成绩、总结经验、找出差距、得出教训和一些规律性认识的一种书面材料,工作中经常使用。

## 8.4.1 会议总结的特点与基本格式

　　会议总结有"三性",即经验性、规律性和借鉴性,具体介绍如表8-7所示。

表 8-7　会议总结的特点

| 特　点 | 描　述 |
|---|---|
| 经验性 | 会议总结是事后成文,这与计划刚好相反。会议总结是对开会经历所做的总结,写作往往更多地采用叙述方式,而总结的内容通常是一些有规律性、经验性的点,充分体现会议总结的经验性 |
| 规律性 | 会议总结不是把会议上发生的事情罗列在一起,它必须对会议情况进行认真的整理、分析和研究,找出某种或一些具有普遍性的规律。会议总结要产生评价议论,即主题和小观点,但议论不是逻辑论证式,而是论断式,即推论判断 |
| 借鉴性 | 无论是会议总结,还是其他诸如工作总结、教学总结、学习总结或生产总结,都对以后的工作、学习有借鉴和参考作用 |

　　会议总结与会议方案一样,大致结构包括标题、正文和落款,其中正文部分由开头、主体和结尾3部分组成,如表8-8所示。

表 8-8　会议总结的基本格式

| 结　构 | 描　述 |
|---|---|
| 标题 | 会议总结的标题形式一般为"会议名称＋文种",如"××公司年终会议总结报告"。由于很多会议总结最终都以报告的形式成文并提交,所以标题中文种通常用"总结报告" |
| 正文 | 1. 开头:概述会议情况,总体反思评价,提纲挈领,总括全文;<br>2. 主体:分析会议内容,总结经验教训;<br>3. 结尾:分析会议中暴露的问题,明确公司今后的工作方向 |

续表

| 结　构 | 描　述 |
| --- | --- |
| 落款 | 署上撰写会议总结的人的姓名，同时注明会议总结的成文日期 |

## 8.4.2 会议总结的范例解析

不同性质的会议，其会议总结的写作侧重点不同。下面介绍工作中经常用到的工作会议总结和谈判会议总结。

### 1. 工作会议总结

工作会议总结在工作中最常用，企事业单位对在运营过程中涉及的与工作内容相关的会议作出的总结，都可称为工作会议总结。其写作的重点在于会议上提出的与工作内容相关的问题、解决办法或措施以及经营成果等。

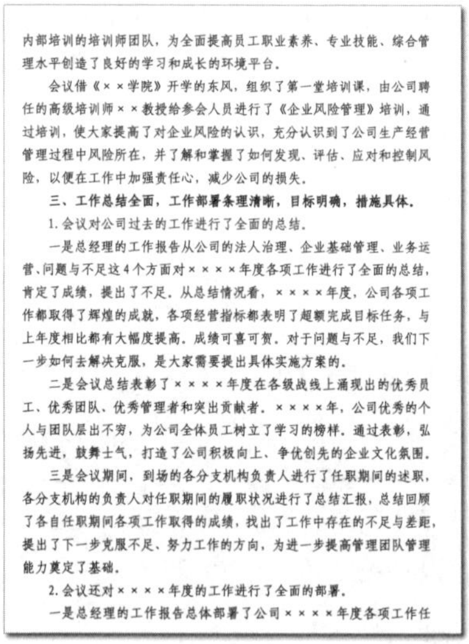

范本内容展示

◎资源 |Chapter08| 公司年度工作会议总结 .docx

**公司××年度工作会议总结**

公司××××年度工作会议历时×天半的时间，会议议程已全部进行完毕，总结本次会议的召开，有以下几个特点。

**一、会议规模宏大，时间紧，任务重。**

本次会议扩大了参会人员的范围，与往年的工作会议相比，增加了公司本部全体人员、省外分支机构的参会代表；受表彰的优秀员工、优秀团队、突出贡献、优秀管理者的数量也增加了许多，参会人员数量近×人，是公司成立以来，规模最宏大的一次工作会议。

会议共进行了×个重要的议题，内容多，是历次工作会议之最。虽然历时×天半，时间较长，会议进行得非常紧张，会议休息的时间较少，但参会代表都克服疲劳，认真听取各项会议议程的报告内容，领会会议的精神，并利用会议召开的休息时间，讨论交流会议的精神，座谈会议的落实措施。

**二、会议召开的形式新颖，效果好，影响大。**

本次会议改变过去只有公司内部人员参会的会议惯例，特别邀请了园区政府领导及各级政府行业主管部门领导参加会议，听取了政府领导及行业主管部门领导介绍了××行业一些新的发展方向及政府为促进行业发展出台实施的一些新政策，为公司的发展开阔了新的思路。同时，政府及行业主管部门领导通过听取总经理的工作报告，了解公司的经营规模及发展战略，加大公司对外宣传的力度，扩大公司在政府与行业内的影响力，提高公司的品牌形象，以便争取政府及行业主管部门领导给予公司更大的指导与支持。

会议隆重举行了《××学院》的开学仪式，为公司系统地打造学习型组织、加强员工技能培训拉开了新的序幕，同时还聘任了×名公司内外部优秀的管理人才和专业技术人才作为公司的内部培训师，组成公司

内部培训的培训师团队，为全面提高员工职业素养、专业技能、综合管理水平创造了良好的学习和成长的环境平台。

会议借《××学院》开学的东风，组织了第一堂培训课，由公司聘任的高级培训师××教授给参会人员进行了《企业风险管理》培训，通过培训，使大家提高了对企业风险的认识，充分认识到了公司生产经营管理过程中风险所在，并了解和掌握了如何发现、评估、应对和控制风险，以便在工作中加强责任心，减少公司的损失。

**三、工作总结全面，工作部署条理清晰，目标明确，措施具体。**

1. 会议对公司过去的工作进行了全面的总结。

一是总经理的工作报告从公司的法人治理、企业基础管理、业务运营、问题与不足这4个方面对××××年度各项工作进行了全面的总结，肯定了成绩，提出了不足。从总结情况看，××××年度，公司各项工作都取得了辉煌的成就，各项经营指标都表明了超额完成目标任务，与上年度相比都有大幅度提高。成绩可喜可贺。对于问题与不足，我们下一步如何去解决克服，是大家需要提出具体实施方案的。

二是会议总结表彰了××××年度在各级战线上涌现出的优秀员工、优秀团队、优秀管理者和突出贡献者。××××年，公司优秀的个人与团队层出不穷，为公司全体员工树立了学习的榜样。通过表彰，弘扬先进，鼓舞士气，打造了公司积极向上、争优创先的企业文化氛围。

三是会议期间，到场的各分支机构负责人进行了任职期间的述职，各分支机构的负责人对任职期间的履职状况进行了总结汇报，总结回顾了各自任职期间各项工作取得的成绩，找出了工作中存在的不足与差距，提出了下一步克服不足、努力工作的方向，为进一步提高管理团队管理能力奠定了基础。

2. 会议还对××××年度的工作进行了全面的部署。

一是总经理的工作报告总体部署了公司××××年度各项工作任

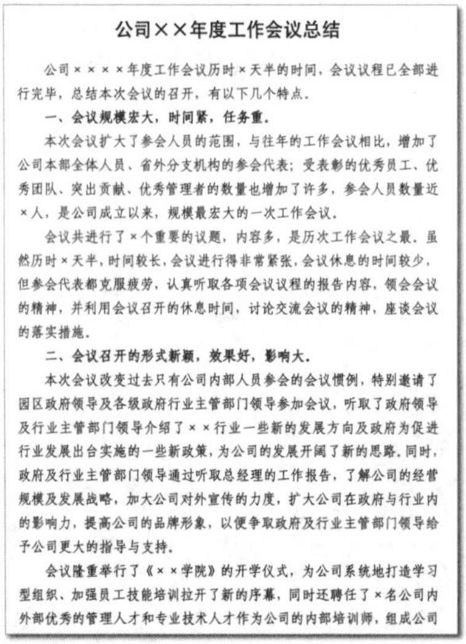

范本内容精讲

**本范本所展示的是某公司年度工作会议的总结，标题下方书写正文，第一自然段为开头部分，总结了年度工作会议的历时时间，同时也说明了会议议程已全部进**

行完毕，接着以一句"**总结本次会议的召开，有以下几个特点**"突出文体，同时表明该工作会议总结的主要内容是对会议的特点进行概括，引出正文主体部分的内容。

主体部分分点列明工作会议的特点，共4项，分别以"一、二……"来表示。不仅如此，工作会议总结的重点是要从对过去工作的总结和对未来工作的部署这两大方面着手写作，本范本主要集中在第三个特点。本范本最后一个自然段是整篇工作会议总结的结尾，说明会议圆满完成并取得好的效果，同时对员工和管理者提出号召和希望，并展望未来，这也是工作会议总结惯用的结尾手法。

### 2. 谈判会议总结

谈判会议是指有关方面在一起相互通报、协商、交涉、商量或磋商，以便对某重大问题找出解决办法，或通过讨论对某事取得某种程度的一致或妥协的会议，而谈判会议总结就是对这一类会议的情况作出的总结文件。

`范本内容展示`

◉ 资源 |Chapter08| 商务谈判会议总结 .docx

**公司与××公司的商务谈判总结**

我们小组作为与××仪器设备有限公司代表与××汽车职业学院进行了谈判，并有效地销售出本公司的机械设备。我们的商务谈判已经结束了。从整体上看，我们小组表现出了极佳的状态。谈判结果既达到了我们预定目标，同时也与对方建立了长期友好合作的关系，增进了双方之间的友谊，最终双方签订了合作的协议，达成了共赢。虽然在此次谈判中实现了我们最初拟定的目标，但是在此次谈判中我们还是有许多值得吸取的经验教训及需要总结的问题。

一、谈判准备阶段

1. 谈判人员的职务分配：根据各组员的性格特点、组织能力、表达能力、应变能力确定个组成员的职务分配。

(1) 主谈人——×××，负责整个谈判流程，包括双方初次见面的握手礼节的设计、小组成员介绍、开场气氛的营造、谈判通则的最后确定、报出本方谈判的意图、根据谈判时的具体情形选择有代表性的3个左右的谈判策略并运用。

(2) 首席——×××，对谈判中的让步、协议达到决策，设置一两个谈判僵局，谈判中每个议题结束时进行谈判小结。

(3) 法律人员——×××，如对《中华人民共和国合同法》、《国际合同法》、《国际货物买卖合同公约》、《经济合同法》等法律进行详细解读后在谈判中为我方提供法律支持。

(4) 财务人员——×××，负责对谈判中涉及的财务问题提供支持。

(5) 记录人员——×××和×××，负责谈判中双方谈判内容的记录。(含：谈判时间、地点、参与人员、讨论的议题、已经达成的一致或存在的分歧。附上：现场照片。)

(6) 总结人员——×××。

除此之外，前期安排：谈判方案及合同——×××、×××（针对××汽车教学模型和汽车驾驶模拟器）。

2. 谈判主题：谈判对手希望购买我方产品，即汽车驾驶模拟器、××汽车教学模型。

3. 准备谈判资料：

(1) 我方根据市场需求、营业方向选定相关产品的购买对象，并将相关产品的配置、参数、各地报价、市场情况清楚，调查谈判对方成员对方的经营、财务、信誉状况。

(2) 相关法律资料有《中华人民共和国合同法》、《国际合同法》、《国际货物买卖合同公约》、《经济合同法》。

(3) 备注：①《合同法》违约责任第×条，当事人一方不履行合同义务或者履行合同义务不符合约定的，应当承担继续履行、采取补救措施或者赔偿损失等违约责任（例如：自然灾害、经济危机等）。②相关法律资料合同范本、背景资料，对方信息资料、技术资料，对方信息资料。

4. 确立谈判目标。

A. 战略目标：通过感情交流，向对方展示我们合作的诚意，争取实现双赢，以争取长期合作。

B. 我方要求：我们争取以可接受的××折扣比率成交，零部件必须配套购买，买方如需培训，公司可派出技术人员，费用另计。

C. 我方底线：a. 以 DIF 价的×%价格成交；b. 付款定金不低于×%。

D. 感情目标：争取此次合作，希望不仅能够达成合资目的，更能够建立长期友好关系。

5. 谈判对手的调查及协议的谈判条件

谈判对手：××汽车职业学院

`范本内容精讲`

本范本所展示的是某公司的谈判小组与某汽车职业学院进行的谈判会议的总结，正文第一自然段概述了谈判会议的具体情况和谈判结果，即"从谈判的整体上看……达成了共赢"，同时还说明了谈判会议中存在的问题和需要吸取的经验、教训，以"虽然……但是……"的句式引出主体内容。

主体部分有4项：谈判准备阶段、谈判正式展开、谈判过程中的策略变化与运用（应急预案）、谈判人员的表现以及谈判结果的评价与领悟，概括了整个谈判会议的经过、使用策略、谈判结果以及领悟（学到了很多、出现很多问题）。结尾部分说明了谈判小组在谈判时的不足，明确了今后谈判工作的方向，即"我们深切地领悟到……的重要性"。一般来说，写好会议总结需要考虑一定的要点。

◆ 充分占有材料，认真分析材料：会议总结往往是对工作任务实践情况的回顾和分析，使用背景材料可以起到比较、映衬的作用，增强说服力。

◆ 提炼具有规律性的结论：会议总结不能只罗列现象，而应通过丰富的素材对会议内容加以充分的分析、认识、归纳和概括，从中提炼出具有普遍性、规律性的观点，得出符合工作实际情况的结论。

◆ 既要照顾全局，又要突出重点：一份会议总结要反映和体现一个公司在某个时期或某项工作的基本面貌，内容要有相对完整性。这里的基本面貌并不是面面俱到或主次不分，而是突出重点，略写一般。

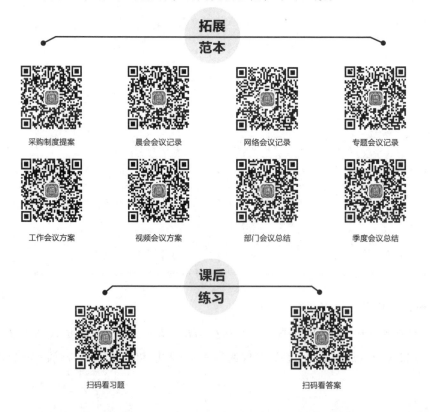

拓展
范本

采购制度提案　　　晨会会议记录　　　网络会议记录　　　专题会议记录

工作会议方案　　　视频会议方案　　　部门会议总结　　　季度会议总结

课后
练习

扫码看习题　　　　　　　　扫码看答案

# 第**9**章

## —— 专用书信类公文写作与范例 ——

　　一般来说，专用书信类公文都是一些以"××书"或"××信"作为名称的公文类型，如证明信、推荐信和建议书等。在工作中，一些商务函件的写作手法与书信类似，因此也归集到书信类公文中，如邀请函。

证明信的特点与写作格式

不同类型推荐信的使用情况

推荐信的范例解析

建议书的行文格式

邀请函的一般结构

公开信的格式与写作注意事项

······

# 9.1 证明信

■特点　■写作格式　■范例解析

　　证明信是指以行政机关、社会团体、企事业单位或个人的名义凭借确凿的证据证明某人的身份、经历或某件事情的真实情况时所使用的一种专用书信。

## 9.1.1 证明信的特点与写作格式

　　在工作或生活中，证明信一般被直接称为"证明"，因此具有如下两个特点。

◆ **凭证的特点**：证明信的作用贵在证明，是持有者用来证明自己身份、经历或某件事情真实性的一种凭证，因此具有凭证自带的特点。

◆ **书信体的格式特点**：证明信也是一种专用书信，无论什么形式，格式都与书信的格式基本一致。

　　那么，证明信的写作格式究竟是怎样的呢？显然，它与信件一样，主要由5部分构成，如表9-1所示。

表9-1　证明信的写作格式

| 结　构 | 内　容 |
|---|---|
| 标题 | ①直接以"证明"二字或者"证明信"3个字作为标题；②事由＋文种，如"有关××问题的证明／证明信""收入证明""离职证明""财产证明"等 |
| 称谓 | 标题下方另起一行，顶格书写单位名称或个人称呼。有的证明信属于通用型，可以省略称谓部分而直接书写正文 |
| 正文 | 书写被证明的事实 |
| 结尾 | 一般是固定用法的词句，如"特此证明" |
| 落款 | 书写出具证明的单位名称并加盖公章，同时注明出具证明信的日期；如果是个人出具的证明信，则可亲笔签名，也可加盖私章 |

　　需要注意的是，有些证明信因为情况特殊，需要进行一些备注，此时的备注通常放在落款之后。

## 9.1.2 证明信的范例解析

根据出具单位的性质，可将证明信分为组织证明信和个人证明信，前者又可具体分为普通书写证明信和印刷证明信。在实际运用中，我们常常以证明信的事由为依据进行划分。下面就来看看一些常见的证明信。

### 1. 离职证明

离职证明是用人单位与劳动者解除劳动关系的书面证明，是用人单位与劳动者解除劳动关系后必须出具的一份书面材料。如果某应聘者已经有工作经验，在进入被应聘企业之前会被要求提供离职证明。

**范本内容展示**

⊙资源 |Chapter09| 离职证明 .docx

> **离职证明**
>
> ××公司：
> 　　兹有×××（姓名）同志于××××年××月××日至××××年××月××日期间在我公司担任××职务，在职期间，工作努力，无不良工作表现。现因×××××原因申请离职，并已正式办理离职等相关手续。以后其一切相关事宜均与我公司无关。
> 　　特此证明。
>
> 　　　　　　　　　　　　　　　　　　××公司（单位盖章或人事章）
> 　　　　　　　　　　　　　　　　　　××××年××月××日

**范本内容精讲**

本范本展示的离职证明符合离职证明一般结构，即标题、称谓、正文、结尾和落款，而这里的称谓"××公司"是应聘者原工作单位对其即将进入的公司的称呼。

一般来说，离职证明的正文部分要写明离职者的姓名、在原公司工作的起止时间及担任的职务、其间有无不良表现、离职的原因、离职手续的办理情况以及员工离职后的行为与原公司的关系等内容。其中，"在原公司工作的起止时间"可以合并写作，如本范本展示的"于××××年××月××日至××××年××月××日在我公司担任××职务"也可分开书写，如"于××××年××月××日入职我公司担任××职务，至××××年××月××日因×××××原因申请离职"。

另外，离职者是否与原公司签订保密协议、是否可以遵从择业自由等问题，在离职证明信中都要作出明确的说明，如"因该员工未签订相关保密协议，遵从择业自由"。如果应聘者是被原来的单位开除的，则原单位应开具开除证明而不是离职证明。当原单位开具离职证明时，必须加盖鲜章，复印件无效，而且盖的章必须是单位的公章或单位的人事章。

## 2. 收入证明

收入证明是在日常生产经营活动中，工作者个人需要对经济收入的一种证明文件，通常在办理签证、银行贷款和信用卡等业务时会要求由当事人单位出具对其经济收入的证明。

**范本内容展示**

◎资源 |Chapter09| 个人收入证明 .docx

---

### 收入证明

　　兹有我单位（××公司）员工×××，身份证号码：×××××××××，在我司工作×年,任职××部门××职务,月收入为人民币(大写)××元(小写：××元)。

　　特此证明.

××公司（加盖公章）

××××年××月××日

---

**范本内容精讲**

在本范本中，该收入证明没有称谓部分，说明它没有特定的主送机关，在任何需要该证明的情况下都可以使用该证明信。

收入证明主要由工作者的现工作单位出具，基本内容要包括出具单位的全称、员工姓名和身份证号码、入职时间或工作年限、任职部门和担任职务以及月收入或年薪收入等情况。若有需要，还可在正文之后、结尾之前写明需要说明的事项，如"本单位谨此承诺上述证明资料的真实、有效，如有不实，本单位愿意承担由此产生的一切法律责任"。同样地，单位在开具收入证明时必须加盖鲜章，复印件无效，而且盖的章必须是单位公章或单位的财务章，必须是圆章。

在一些比较特殊的情况下，所需要的收入证明会有一些特点，如贷款收入证明中可能会提及员工的住房公积金情况，如图 9-1 所示。

**收入证明**

××银行××分行：

兹有同志×××，身份证号：×××××××，系我单位（××公司）正式工作人员，进入我单位工作时间为××××年××月××日，现任职务为××。经核实，该同志月均收入人民币（小写）××元，月均实收收入合计人民币（小写）××元（含住房公积金）。

我单位保证上述情况真实无误。

特此证明。

××公司人事部（盖人事部门公章）

××××年××月××日

注：本证明一式两份，中央国家机关住房基金管理中心、住房公积金贷款经办银行各执一份，具有同等法律效力。

图 9-1　贷款收入证明

### 3. 事件证明

一般来说，事件证明就是对事件的真实性作出证明的书信，其被证明的对象是整个事件，而不是某个人或像收入证明一样的某个细小证明事项。

**范本内容展示**

◉资源 |Chapter09| 事件证明 .docx

**证明信**

各相关部门负责人：

××慈善联合基金会是经××省民政厅登记注册，具有独立法人资格的非营利性公益组织，属省级公募基金会。

"××"志愿者团队是一群长期致力于开展公益志愿活动的志愿团体，长期奋斗在公益服务的一线。他们倡导自立自强、奉献友爱、团结互助的志愿者精神。现定于××××年××月××日～××日每日××时～××时在××处为白血病患者×××开展"××"义演义卖活动，以帮助他脱离生命危险。请相关部门予以支持协助为盼。

特此证明。

××慈善联合基金会

××××年××月××日

**范本内容精讲**

本范本展示的是一份对事件真实性作出的证明文件，从正文第一自然段和第二自然段开头部分，很多人会错将该证明信看成身份证明，即证明 ×× 慈善联合基

金会或 ×× 志愿者团队的身份。然而，看第二自然段后面的内容，再结合出具该证明信的单位署名，可分析得知，这是一份证明事件真实性的证明文件，即证明某时、某地为某人开展的某项活动是真实存在的。

在实际运用中，可从何时、何地、何人等基本情况所描述的是人还是事件来区分是离职证明、收入证明还是事件证明。由此可见，事件证明的正文内容大多包含了对出具证明信的单位的简单介绍，以及相关团队或活动的基本介绍。

# 9.2 推荐信

■不同类型的使用情况　　■一般格式　　■范例解析

推荐信是一个人或一个单位为了推荐另一个人去接受某个职位或参与某项工作而写作的信件，是一种应用写作文体。

## 9.2.1 不同类型推荐信的使用情况

不同类型的推荐信会用于不同的情况和环境，但不同类型的推荐信也有相似之处，一般来说，都用于考察申请人各方面的资格和品质。以下是一些常用推荐信使用情况的介绍。

### 1. 与雇用有关的书面推荐信

与雇用有关的推荐信通常都由知道求职者的技能以及他的有关性格特征等信息的人书写，可能是求职者的前一位雇主，也可能是求职者前一家任职公司里的直属上司，还可能是前一家任职公司里的同事。

### 2. 学术推荐信

学术推荐信适用于各种情况，如某人申请学术奖金或实习机会、学生申请研究生院、高中学生申请大学或申请奖学金以及某位老师为了获得某所学校的某一个职位等，这些使用者会请求他人为他们书写推荐信。

### 3. 性格或个人推荐信

性格或个人推荐信适用于儿童监护、领养申请、假释听证、住房申请以及申请一个高等俱乐部或社团的会员资格等情形。这类推荐信的共同特点是它们通常（但不总是）由朋友或家人书写，而雇主也可能在某些情况下提供性格推荐信。性格推荐信一般不如就业或学术推荐信更具说服力。

还有一些是上述推荐信的综合，如公职候选人可能会请某人写推荐信，一位商人可能会请他人推荐产品或服务，销售人员可能会请求同事以推荐信的形式对其进行介绍，也有人会要求他人书写评价某人表现的推荐信或类似于表扬信的推荐信。

## 9.2.2 推荐信的一般格式

实际运用中，推荐信有时也被用作介绍信，二者没有明显的区别。推荐信通常由标题、称谓、正文和落款 4 部分构成，具体内容如表 9-2 所示。

表 9-2 推荐信的一般格式

| 结 构 | 内 容 | 要 素 |
|---|---|---|
| 标题 | 一般直接以"推荐信"3 个字作为标题 | 文种 |
| 称谓 | 接收推荐信的单位名称或个人姓名，姓名后可加"同志""先生""女士"等称呼 | 接收方单位名称或个人姓名 |
| 正文 | 可分为开头、主体和结尾，开头部分叙述写信目的、推荐人与申请人的关系、推荐人在什么环境下认识申请人、相识多久、申请人需要推荐信的理由；主体部分写明推荐人对申请人的资格评估和个人特质评估，如推荐人初识被推荐人时对他有何种特别印象、被推荐人的沟通能力、成熟度、抱负、领导能力、团队工作能力、品质以及其他需要改进的地方等；结尾部分写推荐人对于被推荐人的整体评估结论 | 推荐人的身份、在何种身份下认识被推荐人、认识多长时间或何时认识、被推荐人的表现、学习能力、成绩、工作能力、领导能力和团队合作能力等各方面的具体评估结果 |
| 落款 | 出具推荐信的单位名称或个人姓名，并署名出具时间，若是单位出具，需加盖单位公章 | 单位名称或个人姓名、成文时间、公章 |

写作推荐信时要注意，一是尊重事实，客观推荐，写推荐信的人要本着对自己、对用人单位、对被推荐人负责的态度，客观、公正地向用人单位提供被推荐人的真

实情况；二是篇幅要短小精悍，礼节周到，介绍被推荐人时，不要面面俱到，只需把被推荐人具有能胜任某一方面工作的才能说清楚即可，内容要详略得当。

## 9.2.3 推荐信的范例解析

生活中常见的推荐信有学术推荐信、与雇用有关的推荐信等。下面就来看看具体的推荐信范本。

### 1. 毕业生求职推荐信

毕业生求职推荐信，是指由学校领导或教师出具的推荐其校内或所教的学生进入某企业任职的推荐信，是典型的与雇用有关的推荐信。写信人的身份不同，写作风格和一些称呼上的用语会有细微差异。

范本内容展示

◎ 资源 |Chapter09| 毕业生求职推荐信 .docx

**范本内容精讲**

由本范本所展示的落款署名可知，该推荐信是以个人名义出具的，一般是被推荐毕业生的班主任。如果是校级比较优秀的毕业生，其推荐信可能会由某位校方领导以学校的名义出具，此时落款署名处为学校名称，同时加盖学校公章，必要时还会署上推荐人的姓名，如"校长：×××"。

该推荐信中，称谓部分使用的是很平常的称呼，没有点明具体的用人单位，这是因为校方或教师在出具推荐信时还不知道该学生的应聘单位，保险起见，就使用"广撒网"形式的普通称谓。正文第一、二自然段是开头部分，阐述了推荐人和被推荐人的关系是师生关系，如"我学生××"，如果是校方出具，此处可将用语变为"我校学生××"；也总结了该学生在校期间的总体表现。第三自然段至第六自然段是主体部分，从学习、思想、工作和生活这四个方面阐述了该学生具有的能力和暂时的不足。最后一个自然段是推荐人对该生进入应聘企业后会带给企业的好处及其个人能胜任工作岗位的评价结果。如果以校方名义出具，落款处的推荐人可更改为"××大学"，并加盖公章。

### 2. 学生实习推荐信

与毕业生求职推荐信类似，学生实习推荐信是校方领导或教师出具的推荐其校内或所教的学生进入某企业实习的推荐信。

**范本内容展示**

◎资源 |Chapter09| 学生实习推荐信 .docx

**推荐信**

尊敬的领导：

兹有我校 201×级××专业的××学生到贵单位进行××实习，实习期为××××年××月××日至××××年××月××日，此次实习是我校为了学生更好地获得实践经验，从而更快适应社会的有效途径，对此学校高度重视学生实习工作，为此，诚恳地希望贵单位给予大力支持和协助，使学生切实圆满完成实习任务。学生在贵单位实习过程中，烦请按照贵单位规章制度的要求，对学生严格管理，并在实习结束时对学生的实习情况给予鉴定。

××大学

××××年××月××日

由该范本展示的学生实习推荐信的落款处署名可知，推荐信是以校方的名义出具的，需要注意的是，此时需要加盖学校的公章。

由于学生实习推荐不会牵涉学生毕业后是否在实习单位工作，因此推荐信的正文内容较少，一般不会着重阐述实习学生在校期间的学习和生活情况，只需要说明学生的年级、专业和姓名，实习的工作，实习期，实习的目的，以及学校针对学生实习任务的完成情况向实习单位提出的各种请求，如学生在企业内部应遵守企业规章制度，学生完成实习工作后由实习单位出具实习鉴定书，如本范本"诚恳地希望贵单位给予大力支持和协助……在实习结束时对学生的实习情况给予鉴定"。

### 3. 出国深造推荐信

出国深造推荐信是推荐人推荐学生或员工到国外某所大学进行深造学习的推荐信，由此可见，被推荐对象可以是学生，也可以是企业员工。

◉资源 |Chapter09| 员工出国深造的推荐信 .docx

**推荐信**

尊敬的先生或女士：

您好，我是×××，××公司的总经理。得知我公司优秀员工××想要出国深造，我感到非常高兴和无比欣慰。这样一个上进的年轻人应该接受良好的教育，拥有更辉煌的未来。因此，我很荣幸地向贵校强烈推荐这位优秀青年。

××曾在大四的时候来我公司报告实习。他利于闲暇时间大量阅读参考有关业务的书籍，虚心向其他员工请教。渐渐地，他开始精通各项业务，并取得一定成绩。对此他并没有满足，更没有骄傲自大。相反，遇到难题他仍然虚心与同事交流讨论，直到找出解决方案为止。鉴于他在实习期的出色表现，我公司招收他为正式员工（通常我公司不予考虑应届毕业生）。

现在，作为我公司的一名业务精英，××工作更加认真、负责、努力，为所有同事树立了榜样。付出就有收获，他因此被评为本公司优秀员工，并享有高额奖金。

虽然从某种程度上来说，如此优秀的员工即将踏上留学之途是我公司的损失，但是考虑到他的前途，我依然毫不犹豫地支持他远赴贵校深造。真诚期望贵校能同样支持他，给他一个提升自己、实现梦想的机会。谢谢！

××公司

总经理：××

××××年××月××日

该推荐信的称谓部分没有直接用接收信件的学校名称，而是用"尊敬的先生或女士"，这样可以保证将员工出国深造的信件送达即将要就读学校中负责出国留学事项的具体个人，提高了信件的传递效率，使公司和员工能尽快得到回复。与此同时，由于不知道接收信件的个人是男性还是女性，因此用"先生或女士"。

从该推荐信正文第一自然段的内容可知，这是一份推荐企业员工出国深造的推荐信，具体说明了推荐人的情况，包括姓名、就职公司和具体职位，如"我是×××，××公司的总经理"，并在此之前写了礼貌称呼"您好"；接着表明了公司得知员工有出国深造想法后的态度，并叙述写作推荐信的目的，即"这样一个上进的年轻人应该接受……的未来"。第二、三自然段是对该员工从实习期到转为正式员工这一过程中的工作表现的概括性描述，体现了员工的好学、认真、负责和努力等优点。最后一个自然段为结尾部分，表达公司对该员工的不舍、推荐员工出国深造会给公司带来损失以及作出推荐决定对员工今后发展的帮助等，以退为进，让接收信件的学校进一步意识到员工的重要性，提高同意入学的概率。同样地，此处落款处也应加盖公司的公章。

# 9.3 建议书

■特点　■行文格式　■范例解析

建议书是个人、单位或集体向上级机关和领导，就某项工作、完成某项任务或进行某种活动提出某种建议使用的一种常用书信，有时也叫"意见书"。

## 9.3.1 建议书的特点

建议书具有以下 3 个显著特点。

### 1. 较强的文本性

建议书是面对有关部门或上级领导提建议使用的一种文书，它没有公开倡导具体实施的特点，只是作为一种想法被提出来，所以具有较强的文本性。

### 2. 较强的可塑性

建议书中提出的所有建议都必须经有关部门、领导批准认可后才能被实施，所以具有较强的可塑性，它不是最终的定文形式，可以被修改、删减，甚至弃之不用，这就要视具体情况而定。

### 3. 存在不确定性

建议书是向有关领导或部门提出的建议，是否被采纳要由有关领导或部门决定，因此所提建议的审批结果不确定。

由此可见，与倡议书相比，建议书是面对领导和有关部门发出的，一般是中肯地提出自己对接收建议书一方的工作的意见和建议，没有要求对方去做的意思，不具有号召性；而倡议书通常是面对群体发出的，虽然具有建议性质，但主要是宣传、鼓励受众去做，具有一定的号召性。

## 9.3.2 建议书的行文格式

建议书的行文格式与一般书信大体相同，主要由标题、称谓、正文、结语和落款3部分构成，具体介绍如表9-3所示。

表9-3 建议书的行文格式

| 结　构 | 内　容 |
|---|---|
| 标题 | 通常只写"建议书"3个字，有时为了突出建议的具体内容，写成"建议事项 + 文种"的形式，如"关于 ×× 的建议书" |
| 称谓 | 一般是对接收建议书一方的称呼。提出的建议希望得到哪些人的响应或批准，称呼就写哪些人，如"尊敬的 ×× 总经理" |
| 正文 | ①礼貌语，通常使用"您好！"，其后一般另起一行书写正文；②开头，先写所提建议对应的问题是什么，再写提出建议的理由；③主体，写所提建议的具体内容，如果内容较多，可分点列明；④结尾，一般写一句希望上级机关或领导采纳建议的话，如"希望 ×× 能采纳我 / 我们的全部建议" |

| 结　构 | 内　容 |
| --- | --- |
| 结语 | 位置是正文之后、落款之前，一般写表示敬意的话或祝福语，如"祝您工作顺利""祝生意兴隆"等 |
| 落款 | 写提出建议的团队或部门名称，或者个人姓名，同时注明建议书的成文日期 |

写建议书时，撰写者要认真负责，要从实际出发、实事求是，要根据具体问题、实际需求和可能条件等提出切实可行的、有价值的建议，内容要具体、实在，不说空话、套话，不提过高的要求，不用过激的言辞，要有分寸，切忌拖泥带水、废话连篇、东拉西扯、不得要领。

**提示：建议书的作用**

建议书是人民群众、公司员工等发表意见、提出建议的一种工具，在社会主义国家，每个人都有责任和义务对一些关系集体或个人的某些利益的事情发表自己的看法，所以必然可以增强人民群众或公司员工建设有中国特色社会主义祖国或具有核心竞争力企业的热情和责任感，密切党和群众、公司与员工等之间的联系。另外，建议书可以充分调动各方面的积极因素，集中广大群众或员工的智慧，更好地推进工作顺利开展。相关政府机关或企业应想办法使建议这条渠道更畅通，切实地调动广大群众或公司员工的积极性，使许多合理化建议可以反馈给有关方面，以帮助他们更好地开展工作。

## 9.3.3　建议书的范例解析

各行各业在市场经济中都会或多或少地存在一些问题，因此都可能使用到建议书。虽然类别不好划分，但大家对一些常见的建议书还是要有一定的认识。

### 1. 员工给公司的建议书

员工给公司的建议书是典型的"下对上"行文，此类建议书通常需要得到上级领导或部门的认可与批准，所提建议才会被采纳。

范本内容展示

◎ 资源 |Chapter09| 员工给公司的建议书 .docx

### 建议书

尊敬的 ×× 总经理：

您好！

我作为 ×× 品牌的一员，时刻关注着公司的命运，因为"公司兴则个人强"。自己作为员工，通过半年多时间的观察，我有些以下感触：

1. 公司并非像外界媒介上宣传的那样有强烈的磁场。保守而不像品牌应有的激进。作为品牌公司，一定要有强烈的号召力和感染力，这是自上而下传达出去的。

2. 企业没有长远规划和近期目标、年度目标，部门没有明确的、实操的目标，个人有的或许只是一腔热诚，时间长了会变得迷茫。而市场竞争更加激烈，时间是不等人的。

3. 作为公司高层以及各部门领导，没有传达给我们员工一种信心和信息，大家私下只会猜测，动摇军心，可以说上下级之间严重缺乏对话。

4. 缺乏团结、拼搏、创新、激情的奋斗精神，大家每天只是按部就班，各司其职，部门之间联系不紧密，各自为营。

5. 员工待遇在同行业中处于中低水平，没有任何激励考核制度，或者有制度但不能很好地执行下去。

6. 没有认真坚持推行培训、培养制度，人才重视程度不高，老员工已是老油条，新员工没人带，人才流失率异常。

7. 企业文化流于表面，没有深入人心、没有形成自发的企业精神，没人敢说真话、提谏言，有好的建议或意见要么就是保留，要么就是得不到认可并及时推行，公司不能让大家有归属感。

8. 员工不懂自己公司的产品，没有产品培训及新品内部推介。最先接触到产品的一定是公司的员工，若员工都不了解和接受自己的产品，想说服消费者就比较困难。

那么，我认为公司目前的重点不是抢抓市场，也不是建立足够多的终端网络，而是先笼络住员工的心，公司上下拧成一股绳、凝结成强烈的向心力，我想肯定能指哪儿打哪儿！建议如下：

1. 改善员工工作、生活条件。人首先是为了一张嘴而活着，为了一张床而生存，为了改善现有生活条件而努力奋斗，实现个人和社会价值。我们公司有自己的员工食堂和小区宿舍，大家的生活应该是不存在问题。还可以更好地改善食堂膳食，营养是大家干事业不可缺少的基本要素。宿舍可以安装宽带，丰富大家的业余生活，当然也会有员工利用条件"充电"，拓展自己的专业知识，更好地投入工作上。

2. 丰富企业文娱活动。不定期的办公室聚会可以增强凝聚力，同时反过来有助于增强团队精神，最终会对工作环境产生好的影响，营造一个积极向上的工作氛围。如中秋节前夕的晚会、元旦节前的野餐、重阳节的爬山、三八节前的出游、员工的生日聚餐、团队庆功会等，这些都可以成功地将员工聚到一起度过快乐的时光。同时，最好再将这些活动通过图片展示、DV 摄制等手段保留下来，放在公司或团队的网站或网页上，让这些美好的回忆成为永恒，时刻给员工温馨的体验与团队归属的激励。

范本内容精讲

从本范本展示的建议书的"称谓"来看，可以确定这是公司员工写给公司某总经理的一封建议书。称谓后的第一自然段单独用礼貌语，突出了员工对公司领导的尊敬。

正文第二自然段及其下文的 8 点感触是本建议书的开头部分，表明了建议者的身份，同时阐明作为公司的一名员工，发现了公司经营管理中的诸多问题，由于内容较多，所以用"我有些以下感触："的句式总起，然后分点列明。将公司存在的问题罗列出来后，建议者就要针对这些问题提出相应的建议，即建议书的主体部分，此时同样以"建议如下："的句式总起，然后分点列明。倒数第二自然段是建议者对自己所提建议进行的说明，并希望公司领导能接受，甚至采纳，这是该建议书的结尾部分。最后一个自然段是结束语，祝总经理工作顺利，公司发展越来越好。落款处要署上建议人的姓名，注明建议书的成文日期。

### 2. 公司给员工的建议书

很显然，公司给员工的建议书是"上对下"行文，此类建议书通常具有号召、倡导之意，由上级或领导直接发布，作用与倡议书相似。

**范本内容展示**

◉ 资源 |Chapter09| 公司给员工的读书活动建议书 .docx

读书活动建议书

公司的全体员工:

在这春暖花开、万物生长的季节里,我们迎来了一年一度的世界读书日。

1995 年,联合国教科文组织宣布将 4 月 23 日定为"世界读书日"(又称"世界图书日"),要求社会人员人人读书。图书成为生活的必需品,读书成为每个人日常生活中不可缺少的一部分。×年来,已有×多个国家和地区参与此项活动。每年的 4 月 23 日,全国各地不同肤色、不同种族的人都聚集在一起,进行演讲、阅读、比赛写作等活动,庆祝这个越来越被人重视的节日。

作为一家上市企业,公司一直秉持着丰富员工的企业生活,让员工学到更多的发展准则,鼓励大家在业余生活中多学、多问、多看,将自己打造成为一个更加优秀的人。

值此世界读书日来临之际,公司倡议:

4 月 23 日这一天,让我们大家都开始阅读起来。

……(可接具体的活动内容)

××公司<br>××××年××月××日

**范本内容精讲**

本范本所展示的建议书是公司对员工发起的读书倡议,这样的建议书不会指导员工一定要去做什么事,只是一种倡议、倡导。先看标题,该建议书使用了"建议事项 + 文种"的标题形式,突出了建议内容。

这类建议书一般不是针对某一个问题而提出建议的,因此不会涉及正文开头部分的"所提建议对应的问题"这一内容,而是直接阐述提出相应建议的原因以及背景,如本范本正文的第一、二自然段,说明了读书活动建议的背景是 1995 年宣布的将 4 月 23 日定为"世界读书日"。第三自然段说明公司建议员工读书的理由,即"让员工学到更多……将自己打造成为一个更加优秀的人"。

本范本建议书在提出建议的理由之后,用一句承上启下的"值此世界读书日来临之际,公司倡议:"句式引出下文要提出的具体建议,这里包括概括性的倡议事项"4 月 23 日这一天,让我们大家都开始阅读起来",在这之后,建议者可提出具体的活动内容,包括活动时间、地点以及日程安排等细节。落款处署上单位名称和成文日期。

### 3. 给行政机关的建议书

通常来说，无论是个人还是组织、集体，只要发现了一些社会性问题，都可以向行政机关提出建议。下面来看一个简单的建议书模板。

**范本内容展示**

◎资源 |Chapter09| 关于购房问题的建议书 .docx

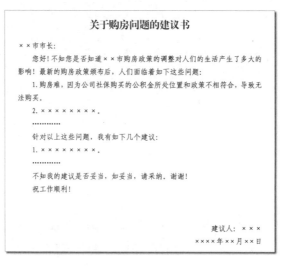

**关于购房问题的建议书**

××市市长：

　　您好！不知您是否知道××市购房政策的调整对人们的生活产生了多大的影响！最新的购房政策颁布后，人们面临着如下这些问题：

　　1. 购房难，因为公司社保购买的公积金所处位置和政策不相符合，导致无法购买。

　　2. × × × × × × × × ×。

　　…………

　　针对以上这些问题，我有如下几个建议：

　　1. × × × × × × × × ×。

　　…………

　　不知我的建议是否妥当，如妥当，请采纳，谢谢！

　　祝工作顺利！

建议人： × × ×
× × × ×年× ×月× ×日

**范本内容精讲**

本范本所展示的建议书，其标题形式是"建议事项 + 文种"。由称谓可知，该建议书是写给行政机关的相关领导的，即"× × 市市长"。

正文第一自然段阐明了写这份建议书的背景和原因，是"× × 市购房政策的调整对人们的生活产生了影响"，然后以"最新的购房政策颁布后，人们面临着如下这些问题："这样的句式引出所提建议对应的问题，并分点列明，清晰、具体，有利于行政机关的领导快速知道问题所在；再以"针对以上这些问题，我有如下几个建议："的句式承上启下，引出下文要提及的具体建议内容，并分点列明，让行政机关领导快速了解人民群众对相关国家政策提出的具体建议，同时有利于领导针对性地批阅每一项建议，提高建议"上行下达"的效率。最后，建议人还要礼貌地询问领导自己的建议是否妥当，如果妥当，就请求领导采纳，这样会增加领导对建议人的好感，进而同意将建议付诸实践。

有些给行政机关的建议书是行政机关之间的文件，其格式与一般的建议书格式有很大的不同，如图 9-2 所示。其主要区别是行政机关之间的建议书有发文字号。

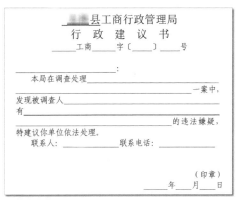

图 9-2　行政机关建议书

# 9.4 邀请函

■一般格式　■范例解析

邀请函是邀请亲朋好友或知名人士、专家等参加某项活动所发的邀约性书信，有时也被称作邀请信。在日常的各种社交活动中，这类书信使用比较广泛。

## 9.4.1　邀请函的一般结构

商务活动邀请函是邀请函的一个重要分支，主体内容符合邀请函的一般结构，即由标题、称谓、正文和落款 4 部分组成，具体介绍如表 9-4 所示。

表 9-4　邀请函的格式

| 结　构 | 内　容 |
| --- | --- |
| 标题 | ①直接以"邀请函"3 个字为标题；②礼仪活动名称＋文种，如"××××年终客户答谢会邀请函"；③礼仪活动名称＋文种＋个性化的活动主题标语，如"××××年终客户答谢会邀请函——××活动"，这种形式通常分主、副标题，其中个性化的活动主题标语常作为副标题，以体现举办方特有的企业文化特色 |

续表

| 结　构 | 内　容 |
|---|---|
| 称谓 | 邀请函的称谓一般使用统称，并在统称前加敬语，如"尊敬的 ×× 先生 / 女士"或"尊敬的 ×× 总经理"等 |
| 正文 | 开头：写明商务礼仪活动主办方正式告知被邀请方举办礼仪活动的缘由、目的、时间以及地点等；<br>主体：写明商务礼仪活动的具体事项和要求、日程安排等；<br>结尾：对被邀请方发出得体、诚挚的邀请，一般写邀请惯用语，如"敬请光临""欢迎光临"等 |
| 落款 | 写明礼仪活动主办单位的全称和邀请函的成文日期 |

　　邀请函最大的作用是邀请，只需将商务礼仪活动的时间、地点等基本情况告知被邀请者。因此其内容要简洁明了，文字不能太多，否则导致函件不美观，同时也掩盖了"邀请"这一主要目的。除此之外，在写作邀请函时还应注意以下事项。

- ◆ 被邀请者的姓名应写全，不应写绰号或别名。
- ◆ 两个姓名之间应写上"暨"或"和"字，不能用"、"或"，"。
- ◆ 应写明举办活动的具体日期，如 ×× 月 ×× 日，星期几。
- ◆ 写明举办活动的地点。

## 9.4.2　邀请函的范例解析

　　与本书第六章所介绍的催款函、询价函和报价函等商务函相比，邀请函是商务函中偏重于"情"的信函，起到维护双方友好关系的作用。根据邀请对象的不同，邀请函有以下几种常见的类型。

### 1. 给商业伙伴的邀请函

　　商务活动中，经常遇到合作伙伴之间为了与工作相关的事情而邀请对方参加某项活动的情况，此时为了表示尊重，就会向对方发出正式的邀请函。

范本内容展示

◎资源 |Chapter09| 秋冬订货会邀请函 .docx

××公司××秋冬羊绒衫（补充）订货会邀请函

××先生/女士：

　　您好！

　　首先非常感谢阁下一直以来对本公司事业发展的理解和支持。

　　××××年××秋冬羊绒衫（补充）订货会兹定于××××年××月××日至××月××日在××商业中心×座×号盛大举行，届时诚邀阁下莅临现场品鉴，共握商机，齐创未来。

　　恭候

商祺

　　　　　　　　　　　　　　　　　　　　　　　　　××公司

　　　　　　　　　　　　　　　　　　　　　　××××年××月××日

**范本内容精讲**

本范本所展示的显然是某公司向其合作伙伴发出的关于秋冬羊绒衫订货会的邀请函，标题采用"礼仪活动名称＋文种"的形式概括说明了活动的主题。

称谓部分使用了统称"×× 先生／女士"，然后另起一行空两格书写礼貌语，并单独成行，再另起一行空两格书写公司对合作伙伴的感谢之词。实际运用中，礼貌语和感谢语可以合并成一个自然段。对于该邀请函来说，感谢之词就是发出邀请函的缘由。

而紧接着的内容就是订货会的具体事项和邀请方发出的诚挚邀请，其中，具体事项包括订货会名称、时间和地点，诚挚的邀请即"届时诚邀阁下莅临现场品鉴"。最后写明邀请方举办订货会的目的是"共握商机，齐创未来"。

结尾以"恭候商祺"作结，向被邀请方表达邀请方的诚意。落款处署名举办方的单位全称，并注明邀请函的成文日期。

### 2. 给知名人士或专家的邀请函

当行政机构、企事业单位、组织或团体等因为要开展一个特殊的活动，或者一场特殊的会议，需要有知名人士或专家莅临指导、坐镇，就需要向他们发出正式的邀请，此时就会用到邀请函。

**范本内容展示**

◉资源 |Chapter09| 大会嘉宾邀请函 .docx

**邀请函**

尊敬的××先生/女士：

　　××大会是××领域以及××行业的一次盛会，也是一个中立和开放的交流与合作平台，它将引领软件人对中国软件产业做更多、更深入的思辨，积极推进国家信息化建设和软件产业化发展。

　　本届大会的主题是"×××"，将围绕软件工程、信息系统、行业动态、人才培养等方面进行深入广泛的交流。会议将为来自国内外高等院校、科研院所、企事单位的专家、教授、学者、工程师提供一个代表国内软件行业产、学、研最高水平的信息交流平台，分享有关方面的成果与经验，探讨相关领域所面临的问题与动态。

　　本届大会将于××××年××月××日至××日在杭州举行。鉴于您在相关领域的研究与成果，大会组委会特邀请您来交流、探讨。如果您有演讲的题目，请于××月××日前将您的演讲题目和详细摘要通过电子邮件发给我们，没有演讲题目和详细摘要的，我们将难以安排会议发言，敬请谅解。

　　另外，我们联系了酒店安排住宿（准四星），××月××日将在所在酒店设立接待处，如有需求，请将您的行程和住宿要求等情况填写在附表中，于××月××日前通过电子邮件反馈回组委会。

　　此致

敬礼

　　　　　　　　　　　　　　　　　　　　　　　××大会组委会
　　　　　　　　　　　　　　　　　　　　　　　××××年××月××日

**范本内容精讲**

　　由于知名人士和专家并不了解活动或会议的基本情况，所以因特殊活动或特殊会议而给知名人士或专家发送邀请函时，需要在正文写作之前交代相关活动或者会议的基本情况，如会议或活动的性质、主题、举办的作用和目的等，即本范本正文的第一、二自然段，是正文的开头部分。

　　第三、四自然段写明大会的具体时间、举办地点、邀请被邀请者的原因"鉴于您在相关领域的研究与成果……"以及相关工作安排"如果您有演讲的题目……通过电子邮件反馈回组委会"。最后结尾部分以"此致敬礼"作结，完成落款部分的书写即可完成邀请函的写作。需要注意的是，"此致"两字一般另起一行空两格书写，"敬礼"两字另起一行顶格书写。

### 3. 给亲朋好友的邀请函

　　通常而言，给亲朋好友的邀请函所涉及的事情大多是家事，比如，生日邀请函、婚礼邀请函、宝宝百日宴邀请函以及乔迁邀请函等。这些邀请函的写作风格和用语基本一致，接下来，具体来看看常见的婚礼邀请函。

**范本内容展示**

○资源 |Chapter09| 婚礼邀请函 .docx

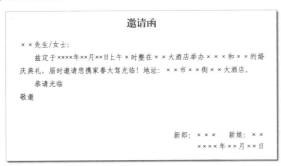

**范本内容精讲**

本范本所展示的婚礼邀请函是比较中规中矩的样式，完全符合邀请函的大体格式和写作用语要求。

一般来说，婚礼邀请函的正文内容很少，只需交代清楚婚礼举办的时间、地点以及表达新人对被邀请者的诚挚邀请即可，不需要说明新人结婚的原因，否则不合常理。因为婚礼邀请函除了比较注重婚礼的具体安排外，还很重视邀请函的外观设计，如果正文内容较多，会严重影响邀请函的美观，也不利于被邀请者获取新人婚礼的重要信息。

另外还需要注意，如果邀请函的正文中没有提及新人的名字，则落款处要署上新郎和新娘的姓名，同时注明邀请函的制作日期。当然，正文中已经提及新人姓名的，落款处也可重复注明，也可省略不写。图 9-3 所示的是另外一种格式比较个性化的婚礼邀请函，实际生活中，大多采用的是个性化的婚礼邀请函。

图 9-3 婚礼邀请函

# 9.5 公开信

■格式与注意事项　　■范例解析

　　公开信是将内容公之于众的信件，其内容一般涉及比较重大的问题，具有普遍的指导、教育和宣传作用。公开信可以笔写，也可以印刷；可以张贴，也可以刊登，还可以广播。它的公开对象比较广泛，可以是写给社会上的某一部分人，也可以是写给某个人，无论是哪种，从写信者的角度看，都是希望有更多的人阅读、了解甚至讨论公开信中的事情或问题。

## 9.5.1　公开信的格式与写作注意事项

　　与其他书信类公文一样，公开信也由标题、称谓、正文和落款 4 部分构成，各部分应写明的内容如表 9-5 所示。

表 9-5　公开信的格式

| 结　构 | 内　　容 |
| --- | --- |
| 标题 | 常见的公开信标题有 3 种形式：①直接以"公开信"3 个字作为标题；②受文对象＋文种，如"致××公开信"；③发文单位＋受文对象＋文种，如"××致××公开信" |
| 称谓 | 对受文对象的称呼，针对发信的对象多寡和发信方式的不同，有的写集体称呼，如"同志们""朋友们""同学们"等；有的写个人姓名或职务。另外，在称呼之前，根据不同对象的身份特点，使用相应的修饰语，如"尊敬的""亲爱的" |
| 正文 | ①开头：写关怀、问候和祝愿之类的话语，给人以亲切、温暖的感觉，同时还要写明问题或事件的原因和背景；<br>②主体：如果是事件，则写明事件的经过和结果；如果是问题，则写明问题的主要表现和实质。同时，还要表明发文者对人物或事件的态度，或赞扬，或批评，或提出某种主张、建议等，有些公开信还会发出号召；<br>③结尾：写表示祝愿的话，如"此致敬礼""祝全体居民……"等 |
| 落款 | 写发文单位名称或个人姓名，注明公开信的发文时间 |

　　写好公开信，有以下几个问题必须要注意。

　　◆　考虑需要与可能，的确有写公开信的必要，或者的确有实现公开信所说的目标的可能时，才会用"公开信"这一公文类型。

◆ 既要诚心诚意地将发表公开信的理由告诉受文者，又要向受文者灌输公开信的基本思想，切忌夸大其词。

◆ 把握好发表公开信的注意角度和最佳时间，使公开信取得良好的社会效果，这就要求公开信的写作与发布必须及时。

公开信是将不必保密的内容公之于众，让大家周知和讨论的信件。一封好的公开信，在宣传中会产生较大影响，使人们积极参与讨论，树立良好的社会风气，指导工作广泛开展和推动活动顺利进行。

## 9.5.2 公开信的范例解析

公开信通常分为4种类型，其写法各有不同。这里只对其中两种类型做详细介绍。

### 1. 发给私人的公开信

由于某种原因，找不到收信人，但信件又比较紧急，一定要发给收信人本人不可。此时就可写作公开信，并通过报刊或广播公开发布，写信人和收信人双方就有可能取得联系。

**范本内容展示**

⊙资源 |Chapter09| 写给某律师事务所某律师的公开信 .docx

**致××律师事务所×××的公开信**

×××：

　　对××学术造假一事，××电子有限公司在××××年××月按照相关程序，向××大学纪委等××所在单位的相关组织部门及领导进行了实名举报，也向国家专利局提出异议，要求国家专利局进行相关审查并提供了有关证据。这是对学术尊严的维护，是对相关单位名誉的维护，也是本企业对自身权益的维护，完全合规合法。

　　然而，举报人却接到了您发出的律师函，但遍查律师函，没有发现您具有发出该律师函的法律依据。您是受××科技有限公司委托发出律师函，但举报人举报的是××，并不是××科技有限公司。既然如此，我们认为您无权发出律师函，更没有权利代表××科技有限公司发出这样的律师函。作为持有××电子有限公司股份的股东，现要求您恪尽职守，立刻收回相关的以公司名义发出的律师函，否则，作为股东，将追究您的相关法律责任，并将相关情况向相关司法行政部门汇报，追究您不当职业的责任。

××电子有限公司

××××年××月××日

从本范本所展示的公开信标题可知，这是一封写给私人的公开信，但因为涉及的问题比较严重、紧急，一定要及时通知收信人不可，因此采用了发布公开信的方式以期与受文者取得联系。

称谓部分直接以个人姓名作称呼。正文第一自然段说明了对学术造假一事已经进行了相关处理，并且处理方式是合法合规的事实。第二自然段以"然而"开头，强调事件的发展有了变化，而且是不好的变化，接着该自然段便提出某律师事务所的某律师向举报人发出的律师函没有法律依据，而该律师也没有权利发出律师函的异议。同时要求该律师收回相关律师函，并作出不这么做就将追究其法律责任的说明，表明了发文者对待该律师向举报人发出律师函这一事实的态度。

由于该公开信的受文对象是某律师事务所的某一位律师，且这个人给发文单位带来的影响是不好的，因此发文单位可根据需要省略结尾处表示祝愿的话语，正文结束后即落款。

虽然该公开信的正文中以公司股东的口吻要求律师收回律师函，但因为股东在某种程度上代表了公司，因此落款处的署名依然是公司名称而不是股东姓名。如果公开信的标题使用的是"发文单位 + 受文对象 + 文种"的形式，此时落款处可不必再署名，只需注明公开信的发布日期即可。

一般来说，生活中常见的写给私人的公开信多用于遇到未留名的好人好事需要表示感谢，或者为找寻失去联系的亲人而公开的寻亲信息等情况。

### 2. 写给有关对象的公开信

写给有关对象的公开信是指领导机关、群众团体或个人针对某一问题写给有关对象的公开信，这类公开信有的是表扬，有的是批评，有的是倡导树立好风气，有的是提出建议或作出工作部署。

◎资源 |Chapter09| 写给某市外来朋友的公开信 .docx

## 致外来朋友们的公开信

从全国、全省各地来到××务工、经商、居住的朋友们：

欢迎你们来到"×××××××"。××山清水秀、气候凉爽。近年来在你们的共同参与和支持下，经济社会发展取得了长远进步，城市面貌发生了翻天覆地的变化，已成为一座适宜居住、适宜创业的城市。感谢你们为××做出的巨大贡献！

亲爱的外来朋友们，为进一步给你们搞好服务，市委、市政府近期制定了加强和创新流动人口服务管理的一些具体措施，以使你们在××生活得更加舒适、方便，使社会更加和谐有序，让全体人民共享经济社会发展的成果。

根据市委、市政府的安排部署，我们将于××××年××月××日起集中开展《××市居住证》办理试点工作。如果您在××居住了一个月以上并准备长期居住，就请您及时办理《××市居住证》。办证之后，您及您的家人就可以享受到诸多基本公共服务，如拥有平等的公共就业服务，您就读义务教育阶段学校的子女在收费和管理等方面将享受与本市学生同等的待遇。如果您符合条件，还可以申请公共租赁住房或贷款购买住房，可以参加城镇职工基本社会保险，同时在传染病防治、儿童预防接种、妇幼保健等方面享有与本市户籍人口同等的服务等。如果没有办证，您及您的家人在工作和生活中将会有诸多不便。

办理《××市居住证》不需要交纳任何费用，为简化办理程序，只需要您带上本人身份证或其他有效身份证明的原件和复印件，以及两张身份证照片，已婚育龄妇女还需带上户籍地出具的已审验婚育证明等资料，到我们设置的办证大厅或您所在街道（社区）流动人口管理办公室（您所在区域的办证地点和办证程序及咨询电话我们将会另行详细告知），我们的工作人员就会为您提供热情周到的办证服务。

亲爱的外来朋友们，我们期待您的合作，期待着您早日成为"新××人"。同时，希望你们自觉把自己当成××大家庭中的一员，热爱××、建设××，共同维护××开放和谐的良好形象，成为一名文明市民。

最后，真诚祝愿所有的外来朋友们在××安居乐业、工作顺利、身体健康、家庭幸福、如意吉祥！

××市流动人口服务管理工作领导小组办公室
××××年××月××日

**范本内容精讲**

由该公开信的称谓可知，这是一封写给从全国、全省各地去到××市务工、经商、居住的人群的公开信，对象明确。通读公开信可知，涉及的内容是市委、市政府向这些人群提出办理《××市居住证》的建议，并作出具体的工作部署。

正文第一自然段表达了该市对这些外来朋友的欢迎和感谢；第二自然段则说明了进行相关工作部署的目的和意义。这两个自然段是公开信正文的开头部分。

第三自然段阐明了对外来朋友在该市办理居住证的相关工作的具体部署，以及这些人群办理了居住证后可以享受的便利服务；第四自然段则对办理居住证的费用、所需资料等事项进行详细的说明，并给这些外来朋友办理居住证提供方便；第五自然段则是号召这些外来人员积极办理当地的居住证，成为该市大家庭中的一员。这3个自然段是公开信正文的主体部分。

最后一个自然段则向这些外来朋友表示祝愿，是公开信正文的结尾部分。整封公开信的内容布局和逻辑关系非常明确：感谢→公开信的写作目的→相关工作部署情况→工作部署的补充说明→发起号召→祝愿。

如果公开信正文主体部分涉及的问题、建议或者主张比较多，就要分点列明，这样清晰明确，很容易使受文者清楚公开信的重点。

除了本范例介绍的两种公开信，另外两种公开信分别是问候、表扬、鼓励类公开信和给予澄清的公开信。

◆ **问候、表扬、鼓励类公开信**：以领导机关、群众团体的名义，在纪念活动、传统节日或其他必要的情况下给有关单位、社会阶层、集体或个人发出的书信。这类公开信有问候、表扬和鼓励的作用，结构与普通书信基本相同。

◆ **给予澄清的公开信**：群众反映某人在从事某种工作时涉嫌不合法操作的，某人或相关部门给予澄清时使用的公开信。这类公开信比较常见，如娱乐圈明星涉嫌抄袭事件时使用，相关单位涉嫌损害公众利益时使用，或者有关企业或人员涉嫌违法、违规操作时使用等。这类公开信的写法与普通书信相同，但由于一般要寄给报刊编辑部、广播电台或电视台，因此需要有信封。

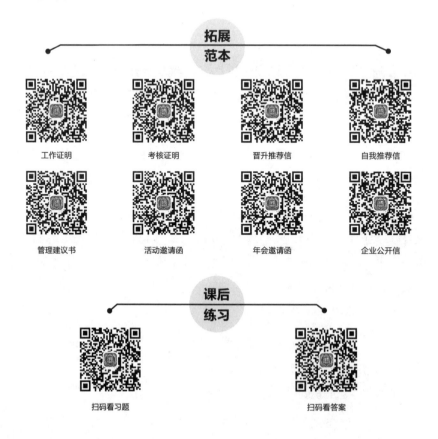

拓展范本

工作证明　　　考核证明　　　晋升推荐信　　　自我推荐信

管理建议书　　　活动邀请函　　　年会邀请函　　　企业公开信

课后练习

扫码看习题　　　　　　　扫码看答案

# 慰问类公文写作与范例

慰问类公文，即对他人表示祝贺、表扬、哀悼等所用的一种文体，以表示我们的慰问之情。慰问类公文有贺词、悼词、讣告、表扬信等不同的文体，我们可通过这些文体来了解慰问类公文的写作特点和方法。

贺词的特点和写法
贺词的范例解析
悼词的基本格式和注意事项
悼词的范例解析
讣告的格式及写作要求
表扬信的格式和注意事项
......

# 10.1 贺词

■特点 ■写法 ■范例解析

贺词是祝贺喜庆之事的一类应用文。以函件形式送达的贺词通常叫作贺信，通过电报发出的贺词通常称作贺电。贺信、贺电都是贺词，贺年片也属贺词范畴。

## 10.1.1 贺词的特点和写法

贺词，一般是单位、团体或个人应邀参加某一重大会议或活动时，向主人表示祝贺、感谢之意。所发表的讲话，必须有祝贺的文字内容，行文时一般是在一行的开头表示对对方的祝贺。

贺词的结构内容一般包括 4 部分，分别是标题、称谓、正文和落款。而普通的生活贺词很少会写上落款，只有在涉及行政公文或公司发布贺词时才会落款，如图 10-1 所示。

**中共中央、国务院致中国工商业联合会**
**第十二次全国代表大会的贺词**

各位代表，同志们：

值此中国工商业联合会第十二次全国代表大会隆重召开之际，党中央、国务院谨向大会表示热烈的祝贺！

……

祝中国工商业联合会第十二次全国代表大会取得圆满成功！

中共中央
国务院
××××年××月××日

图 10-1 贺词

### 1. 标题

标题一般采用“祝贺内容 + 贺词”的格式，如“结婚贺词”“生日贺词”“酒店开业贺词”等。

### 2. 称谓

书写贺词一定要有称谓，这有点像行政公文的主送机关。生活中的贺词称谓可以随意一点，可凭自己与被贺方的关系来书写，如"李兄""小王"等。在面向公共场合时，常用称谓有"朋友们""女士们、先生们"。

### 3. 正文

正文的书写可以分4个层次：祝贺之词→对他人的工作成就等予以赞扬→表达你的愿望→祝贺语。

实际行文时要注意以下问题。

◆ 贺词的篇幅可长可短，少则几句话，多则几百字甚至上千字。

◆ 贺词要求感情真挚，切合身份，用语准确、可靠。

◆ 贺词一般在祝贺事情发生的第一时间起草，而且要及时发出。

◆ 贺词通过赞扬被祝贺者的可喜成绩、重大贡献与精神品质，给人希望与鼓舞。

常见的一些歌颂和赞扬的祝福词如表10-1所示。这些词组可以使用在我们的贺词中，为全文添光添彩。

表 10-1 常见祝福词

| 场 景 | 相关祝福语 |
|---|---|
| 结婚 | 爱情永固、白首成约、白头偕老、百年好合、成家之始、缔结良缘、凤凰于飞、瓜瓞绵绵、鸿案相庄、花好月圆、佳偶天成、兰菊庭芳、郎才女貌、连理交枝、良缘凤缔、鸾凤和鸣、盟结良缘、琴瑟和鸣、天生一对、天作之合、相敬如宾、宜室宜家、永结同心、缘定三生、螽斯衍庆 |
| 生日 | 福如东海、寿比南山、日月昌明、松鹤长春、笑口常开、天伦永享、身体健康、长命百岁、生日快乐、后福无疆、吉祥如意、富贵安康 |

## 10.1.2 贺词的范例解析

贺词有很多种，不同的场合和节日要用不同的贺词，如新婚贺词、开业贺词以及生日贺词等。

### 1.新婚贺词

新婚贺词一般是在婚礼上对新郎、新娘送上祝福时的贺词。

**范本内容展示**

◎ 资源 |Chapter10| 新婚贺词 .docx

**范本内容精讲**

> **新婚贺词**
>
> 赵兄、小雨：
>
> 　值此你俩新婚之际，请接受我及全家美好的祝愿！祝福你们花好月圆，新婚愉快！
>
> 　你俩在爱情的道路上，虽经历了不少风雨，但你们的心是相通的，理想是一致的。如今结为连理，真是良缘佳偶，美好的一双。
>
> 　婚后，希望你们二人更加珍惜双方火热的感情，挚爱如初，生活上互相帮助，工作上互相鼓励和支持，手挽手，心连心，恩恩爱爱，共同进步，白头偕老。
>
> 　祝你们幸福！

**该范本是很典型的新婚贺词，应该是在新人的婚礼上表达的祝福。全文共分了 4 个层次来行文。**

首先，向新人表达祝福："值此你俩新婚之际，请接受我及全家美好的祝愿！祝福你们花好月圆，新婚愉快！"

其次，简单介绍新人的相爱之路，采用的是如下句式："你俩……如今……"

再次，表达对他们婚后生活的祝愿，所用句式是："婚后，希望你们……"

最后，再用一句简短的祝贺语结束行文。

除了该范本所展示的面向新人的新婚贺词外，也有面向婚礼来宾而书写的贺词，由于称谓对象不同，贺词的用语也会有所不同。如图 10-2 所示。

> 各位来宾、亲爱的朋友们：
>
> 　晚上好！在这欢声笑语、花好月圆的喜庆日子里，我们相聚在这里，隆重庆祝王越与阿玉喜结良缘。在这里，首先请允许我代两位新人以及他们的家人，对各位来宾的光临表示衷心的感谢和热烈的欢迎！
>
> 　同时，为了他们完美的结合，让我们以最热烈的掌声，祝福幸福的新郎新娘，祝愿他们的生活像蜜糖般甜蜜，愿他们的人生之路永远洒满爱的阳光。
>
> 　我也衷心地祝愿在场所有来宾家庭幸福、生活美满、身体健康、万事如意！
>
> 　最后，让我们举起手中的酒杯，共同祝福这对新人新婚快乐、永结同心！

图 10-2　婚礼来宾贺词

以下是常用的新婚祝福语。

◆ 欢声，笑声，声声都喜悦。新郎、新娘，愿你们带着这喜悦和幸福走进人生的新篇章！祝福你们！

◆ 愿快乐的歌声永远伴你们同行，愿你们婚后的生活洋溢着喜悦与欢快，永浴在无穷的快乐年华。谨祝新婚快乐！

◆ 在这春暖花开、花好月圆的日子里，你俩永结同好，正所谓天生一对，愿你俩恩恩爱爱、白头偕老！

◆ 今夕何夕，空气里都充满了醉人的甜蜜。谨祝我最亲爱的朋友，从今以后，爱河永浴！

◆ 为你祝福，为你欢笑，因为在今天，我的内心也跟你一样欢腾、快乐！祝你们百年好合、白头到老！

◆ 愿你俩婚礼之日分享的喜悦，将伴随你们共度人生的岁月。

◆ 一生中只有一次美梦实现的奇迹，你俩的整个世界顿时变得绚丽新奇。祝你们永远幸福！

## 2. 开业贺词

开业一般是指经济领域的某项经济活动的开始，一般来说，在朋友、熟人开业之际会向其表示祝福，即开业贺词。

**范本内容展示**

◉ 资源 |Chapter10| 开业贺词 .docx

**范本内容精讲**

**开业贺词与一般的新婚贺词不一样的地方在于根据开业公司所处行业的不同，贺词的用语会有区别。右边的范本是比较标准的开业贺词，可以套用在各行各业上。**

开业贺词

朋友们：

今天是××公司一个值得纪念的喜庆日子，我们在这里庆祝××公司隆重开业。值此开业庆典之际，请允许我代表××对××公司的开业表示热烈的祝贺，对远道而来专程参加此次开业庆典的各位来宾、各界朋友表示热烈欢迎。

××公司是一个朝气蓬勃，充满活力，富有想象力和创造力的企业，历经数年的商海遨游，培养了诚信、稳健的为人之道，坚韧求实的办事作风。我们相信在社会各界朋友的帮助下，在自身努力的拼搏中，××公司一定会逐渐壮大。

谨此，让我们一起建设更美好的明天，最后祝××公司开业大吉，祝开业庆典圆满成功。

该范本分了 3 段来描写，第一自然段书写了对来宾的欢迎，所用句式为：今天是……日子，我们在这里庆祝……开业。值此开业庆典之际，请允许我代表……对……表示热烈欢迎。第二自然段书写了公司的发展和值得赞扬之处，常用句式为：××公司是一个……最后表达了祝愿，祝愿××公司有一个美好的明天。如果开业公司是一家饭店的话，其开业贺词可如图 10-3 所示。

> 有名店，店有名，名扬天下；迎宾楼，楼迎宾，楼满一堂。今天，我们欢聚在这里，共同祝贺××饭店隆重开业。首先，我代表××，对饭店的开业表示衷心的祝贺，对今天参加开业典礼的朋友们表示热烈的欢迎！
>
> 我希望××饭店能立足新区、稳步发展、客源倍至、生意兴隆！厨下烹鲜，门庭成市开华宴；天宫摆酒，仙女饮樽醉广寒。同时，也预祝××饭店开业庆典圆满成功！
>
> 谢谢大家！

图 10-3　开业贺词

以上的开业贺词是典型的饭店贺词，从以下两句话可以很明显地看出，在进行饭店开业贺词的书写时，大家也可以借用这两句话。

◆ 有名店，店有名，名扬天下；迎宾楼，楼迎宾，楼满一堂。

◆ 厨下烹鲜，门庭若市开华宴；天宫摆酒，仙女饮樽醉广寒。

除此之外，还有哪些常用的开业贺词呢？下面，一起来看看。

◆ 今日开业，送上祝福，愿鹏程似锦。

◆ 愿新业兴旺、万事顺心、客来客往、门庭若市、财源滚滚！

◆ 在你新店开业之时，祝福你开张添喜庆，一朵祥云伴前程。

◆ 鞭炮的歌声，是祝你开启成功的大门；宾朋的欢聚，是为你齐聚四方的财星；祝福的贺词，是祝你生意红火的象征。朋友，祝你开业一帆风顺，生意从此辉煌不停！

◆ 祝你生意兴隆，财源广进如滔滔江水连绵不绝；订单不断，如黄河泛滥一发而不可收。

◆ 东风利市春来有象，生意兴隆日进无疆。

## 3. 生日贺词

生日贺词，即在他人生日的时候送上的祝福语，来祝愿对方生日快乐。

范本内容展示

◉资源 |Chapter10| 生日贺词 .docx

范本内容精讲

> **生日贺词**
>
> 亲爱的××：
>
> 　　今天是你的生日，不知不觉我们已经相识 3 个年头了，你是我最重要的朋友，在你生日的今天，请接受我深深的祝福，愿你未来的日子温暖美好。
>
> 　　你聪明大方、待人真诚，所以才有那么多的人视你为友。不仅如此，你在工作中积极进取，不到几年已经连升两级。又孝顺父母，时常陪伴父母。
>
> 　　××，生日快乐。但愿我的千万个祝福，永远伴你左右。

生日贺词有许多种，按照对象可分为两种，一是平辈之间，可以是朋友、同学、同事的生日贺词；二是长辈或上级的生日贺词。这两类贺词的用语有所不同，本范本是像朋友祝福的生日贺词，所以用词随意、亲切一些。在面向上级或是长辈时就一定要使用敬语，以免给人不尊重的感觉。

本范本的贺词内容不是那么讲究，只分了 3 段来书写，首先写了两人之间的友谊，然后写明朋友平日的为人（和善、阳光等），最后表达祝愿（真诚、亲切）。

以下是常用的一些生日祝福语，可以用在我们的生日贺词里。

◆ 送上最美好的祝福和关怀，献上最诚挚的问候和喜悦。在这美丽的季节，愿你一路鲜花相伴，在此祝愿生日快乐！

◆ 每过一个生日就是一个新的开始，亲爱的朋友，在新的一岁到来时，希望你抛开所有的烦恼，永远开心下去！

◆ 八旬且献瑶池瑞，四代同瞻宝婺辉（祝寿贺词）。

◆ 爸爸，在此献上我的谢意，为了这么多年来您对我付出的耐心和爱心！生日快乐！

◆ 又是一个美好的开始，愿我虔诚的祝福，带给你成功的一年，祝你生日快乐！

◆ 感谢您在工作上对我的帮助，感谢您对我的培育，感谢您平时对我的照顾，衷心地祝愿您，生日快乐！

# 10.2 悼词

■基本格式　■注意事项　■范例解析

悼词是指向死者表示哀悼、缅怀与敬意的悼念性文章。它有广义和狭义之分。

广义的悼词指向死者表示哀悼、缅怀与敬意的一切形式的悼念性文章，狭义的悼词专指在追悼大会上对死者表示敬意与哀思的宣读式的专门用于哀悼的文章。

## 10.2.1　悼词的基本格式和注意事项

今天的悼词是从古代的诔辞、哀辞、吊文、祭文一步一步演化而来的。通常来讲，悼词没有固定的格式，与古代的哀悼性文章相比，悼词具有如表 10-2 所示的 3 个特征。

表 10-2　悼词的特征

| 特　征 | 具体内容 |
| --- | --- |
| 总结死者生平 | 悼词是一种具有高度思想性和现实性的文体，所以会以此既寄托哀思，又通过死者的业绩激励后来者 |
| 基调健康 | 虽然悼词是寄托哀思的，但是也不能一味表达悲伤的情绪，所以整个基调要健康，即为我们常说的"化悲痛为力量" |
| 表现形式的多样性 | 悼词既可以写成记叙文或议论文，又能以叙事为主，也能以议论为主，还可以以抒情为主。同时既有供宣读的形式，又有书面形式 |

悼词一般由 3 个部分构成，分别是标题、正文和落款。

**1. 标题**

标题的组成方式有两种：一种是直接由文种名称承担标题，如《悼词》；另一种由死者姓名和文种名共同构成，如《在宋庆龄同志追悼会上的悼词》。

**2. 正文**

悼词的正文通常由开头、中段和结尾 3 部分构成。

**◆　开头**

开头主要包括两个重要的内容：一要表示沉痛心情，二要将死者的基本情况介绍出来。以沉痛的心情说明召开或参加此次追悼会的目的，尽可能全面而准确地说明死者的职务、职称和称呼，以示尊敬，要注意这些称呼之间的先后排列顺序。接着，简要地概述死者何年何月何日何时何原因与世长辞，以及所享年龄等。

◆ **中段**

中段承接开头、缅怀死者,这是悼词的主体部分。该部分主要由以下两方面内容组成。

一是介绍死者的生平事迹,即对死者的籍贯、学历以及生平业绩进行集中介绍,应突出死者对人民、对社会的贡献。

二是对死者的思想、精神、作风、品质、修养等作出综合评价,介绍其对他人和社会产生的积极影响。如既鼓舞、激励了青年人,也为后人树立了榜样等。

该部分的介绍可先概括地说,再具体介绍,也可先具体地介绍,再概括地总结。

◆ **结尾**

结尾主要对死者的逝世表示惋惜并勉励后人。最后要写上"永垂不朽""精神长存"或"安息吧"之类的话语,不管怎样悼词的结尾都不应该是消极的。

### 3. 落款

悼词一般在开头就已经介绍了参加追悼会的人员情况,所以悼词的落款一般只署上成文日期即可。

行文时还要注意以下几点内容。

◆ 在介绍死者的生平事迹时,应该严肃认真,不夸大,不粉饰,要根据事实作出合理的评价。

◆ 要化悲痛为力量,悼词应勉励生者节哀奋进。

◆ 语言要简朴、概括性要强。

## 10.2.2 悼词的范例解析

根据悼词的用途和表现手法,有不同的分类方法。这里,我们主要对两类生活中常见的悼词进行解析,分别是记叙类悼词和抒情类悼词。

### 1. 记叙类悼词

记叙类悼词以记叙死者的生平业绩为主,并适当地结合抒情或议论。这是现代悼词最常见的类型。

**范本内容展示**

◎资源 |Chapter10| 悼词 .docx

**范本内容精讲**

记叙类的悼词一般比较朴素、情真意切，字里行间充满对死者的哀悼和怀念之情。宣读体悼词和书面体悼词均可以采用这种形式。就如该范本的员工对公司领导的去世表达哀思。

该范本分了 6 个自然段来行文，第一自然段表达了悲痛的心情，而第二自然段和第三自然段便向大家表明了该领导的生平业绩和对公司做出的贡献。最后三个自然段表达了对领导离去的惋惜之情，一般有两种写法。

一是一句式，如"×× 安息吧"。

二是概括式，如"×× 和我们永别了，我们要化悲痛为力量……，×× 永远是我们学习的榜样。"一定要注意简短。该范本是第二种情况。

由于表述简洁，没有一些假、大、空的语言，所以记叙类悼词会显得更加情真意切，一般这种悼词以 4 段为宜，一段表心情，两段写生平，最后一段以激励为主，如图 10-4 所示。

**悼词**

敬爱的××总经理：

今天我们怀着悲痛的心情，向您告别，表示哀悼！

××总经理，您在领导××公司的 7 年来，一直勤勤恳恳，任劳任怨，以超前的意识带领全体员工，克服了一个个困难，取得了巨大的胜利，得到了全体员工的尊重和爱戴。

××总经理，您在改革开放的大潮中，发挥了自己的智慧，根据市场经济的理论规律，利用新技术，开发新产品，使公司步入了全市百强企业的行列，为同行业树立了榜样。

但是，正在公司走向一个崭新的时刻，敬爱的××总经理，您先我们而去，与世长辞了，我们失去了一位好领导。在这悲痛的日子里，惜别了，您的精神永远鼓舞着我们。

敬爱的××总经理，安息吧！您的精神永垂不朽！

××××年××月××日

同志们、朋友们：

今天，我们怀着十分沉痛的心情深切悼念离休干部××同志。××同志因患肝癌病医治无效，于 2006 年 6 月 15 日晚 9 时 15 分在××市人民医院与世长辞，享年 91 岁。

在几十年的革命工作生涯中，××同志热爱祖国，热爱人民。其坚真无悔坚持革命信念，高尚的品格勘为后人楷模。

××同志一生勤勤恳恳，任劳任怨。他总是一心扑在工作上，敬业爱岗，廉洁自律。××同志为人正直、谦虚谨慎；生活节俭、家庭和睦。

××同志的逝世，使我们失去了一位好同志。他虽离我们而去，但他无私奉献的精神，仍值得我们学习。我们要化悲痛为力量，以××同志榜样，勤奋学习和努力工作，再创佳绩。××同志安息吧！

图 10-4　悼词

### 2. 议论类悼词

议论类悼词是以议论为主，抒情、叙事为辅的悼词。这类悼词重在评价死者对社会的贡献，议论类悼词能够和现实生活紧密结合，是社会意义较强的一种哀悼文体，如恩格斯的《在马克思墓前的讲话》。

**范本内容展示**

◉ 资源 |Chapter10| ×× 同志追悼会悼词 .docx

**范本内容精讲**

该范本是一篇非常完整的悼词，着重介绍了 ×× 同志生前的各种贡献和事迹。全文可分为 4 个部分，具体内容如下。

◆ 简述 ×× 去世的情况，表达哀思。（第 1 自然段）

◆ 讲述 ×× 的生平。（第 2 自然段）

◆ 从不同的方面介绍 ×× 的贡献和遭遇。（第 3 ~ 8 自然段）

◆ 对去世者的评价、哀痛，对其他人的勉励。（第 9 ~ 10 自然段）

在介绍其贡献时，主要是从以下 5 个方面来进行的。

◆ ×× 同志对中国无产阶级文艺运动和世界各国人民的斗争以及文化交流事业做出了重要贡献。

- ◆ ××同志的作品，充满高度的爱国主义和国际主义精神。
- ◆ ××同志对中国文学运动的贡献是多方面的。
- ◆ ××同志又是一位著名的国际文化活动家和保卫世界和平的战士。
- ◆ ××同志一贯坚持马克思主义、毛泽东思想，坚持社会主义。

去世者担任职务不同，其贡献也不同，书写时可以根据其职位来进行分别叙述，也可以根据时间顺序来叙述其贡献。最重要的是要做到有条有理。

# 10.3 讣告

■格式　■写作要求　■范例解析

讣告，也叫讣文，又叫"讣闻"，"讣"原指报丧、告丧，也指死者亲属向亲友及有关方面报告丧事用的文书的意思，讣告就是告知某人去世消息的一种丧葬应用文体。

## 10.3.1 讣告的格式及写作要求

讣告是死者所属单位组织的治丧委员会或者家属向其亲友、同事或社会公众报告某人去世的消息。讣告要在向遗体告别仪式之前发出，以便让死者的亲友及时做好必要的安排和准备，如准备花圈、挽联等。

讣告可通过专业的网络媒体发布，也可登报或通过电台向社会发出，以便使讣告的内容迅速而广泛地告知社会。

常用一般式讣告，内容主要包括 3 方面，标题、正文和落款。

### 1. 标题

讣告标题有两种写法：一是只写"讣告"二字；二是以逝者名字＋讣告作为标题，如"××讣告"。

## 2. 正文

正文一般分 3 个部分进行书写，也可以对其中一部分内容加以删减，不过，总体以简洁为主，最忌冗长。

首先，在开头就要写明逝者姓名、身份、民族、因何逝世、逝世的日期、地点及终年岁数。

其次，可以简介逝者生平。主要写其生前重要事迹，而且是具有代表性的事迹。

最后，写通知吊唁、开追悼会的时间及地点。

## 3. 落款

讣告的落款与其他公文一样，署明发讣告的个人、团体名称及发讣告的时间。那么，讣告还有哪些需要我们知道的写作要求呢？具体内容如下。

- ◆ 讣告必须在遗体告别仪式之前发出，以便死者亲友与有关方面人士及时地做出必要的准备，如送花圈、挽联等。
- ◆ 讣告只能使用黄、白两色纸，长辈之丧用白色纸，幼辈之丧用黄色纸。
- ◆ 讣告必须使用黑色，四周加黑框，以示哀悼。
- ◆ 讣告的语言要求准确、简练、沉痛、严肃。
- ◆ 现代的书面语与以前的书面语存在着一定的差异，如在讣告中常用的"先考"（已去世的父亲）和"先妣"（已去世的母亲）早已被"先父"和"先母"代替。

## 10.3.2　讣告的范例解析

讣告根据发文者的不同可以分为亲属所发讣告和单位所发讣告。

### 1. 亲属所发讣告

亲属所发讣告比较简单，直接叙事，讲明主要要素即可。

范本内容展示

◎资源 |Chapter10| 讣告 .docx

范本内容精讲

从该范本的篇幅就可以看出，此讣告只简单告知了去世的基本消息，对于逝者的生平并没有介绍。虽然如此，这种格式却是最常用的讣告形式。

> 讣告
>
> 先母×××于公元××××年××月××日于××市病故，享年××岁。兹定于××月××日上午××时，在××火葬场火化，并举行追悼会。谨此讣告。
>
> ××哀告
> ××××年××月××日

该讣告只有一段，一共 3 句话，第一句说明去世的消息，第二句告知追悼会的安排，第三句结束语"谨此讣告"。这 3 句话可以说是万能的 3 句话，几乎所有的讣告都可以套用，其基本格式如下。

先母（先父）××于公元××××年××月××日于××市（医院）病故（或因××病故），享年××岁。兹定于××月××日×午×时，在××火葬场火化，并举行追悼会。谨此讣告。

### 2. 单位所发讣告

单位所发讣告，就是以单位的名义向同事或社会人士告知逝世者消息的讣告。

范本内容展示

◎资源 |Chapter10|×× 同志讣告 .docx

范本内容精讲

该范本的讣告是以单位的名义发布，与亲属发布的讣告有所不同的是该讣告更注重逝世者的工作业绩和职务岗位。所以该讣告要比一般的亲属讣告更详细，不仅介绍了逝者的生平还介绍了逝者曾经担任过的职位。

> 讣告
>
> ××大学原副教授××同志，因病医治无效，于 12 月 15 日在××逝世，享年 66 岁。××是××××人，××××年加入中国共产主义青年团，××××年加入伍，××××年加入中国共产党。××××年 9 月起，历任××大学世界经济政治教研室副教授。××××年 5 月起，历任××大学副主任等职，为学校建设做出了贡献。
>
> ××是政协第×届全国委员会委员，今定于××××年××月××日×时在××火葬场火化，并遵××先生遗愿，一切从简。特此讣告。
>
> ××大学
> ××××年××月××日

该范本分两段来行文，第一自然段包括的内容有去世消息、生平和业绩，第二自然段书写了逝者后事的安排。第一自然段的基本写作格式如下。

单位职称＋姓名，因病医治无效（因……），于××月××日在××逝世，

享年××岁。××是××(省、市)人,××××年任××职位,××××年……,
××××年……,为××做出了贡献。

这是一般格式的讣告,除此之外,还有农村讣告,其用语与本范本有些区别,如
图10-5所示。

**讣告**

今有我村村民××之父××因病久治无效,不幸痛于农历××月××日
下午×时寿终正寝,享年70岁。经本村治丧委员会研究定于农历××月
××日上午×时举行追悼仪式,并葬于祖茔之侧,望各位亲友届时参加。
免带菜祭。

××村治丧委员会
××××年××月××日

图 10-5 农村讣告

# 10.4 表扬信

■格式 ■注意事项 ■范例解析

表扬信,是向特定受信者表达对被表扬者优秀品行颂扬之情的一种专用书信,
主要用于作者在日常工作、生活中受益于被表扬者的高尚品行(或被其品行感动),
特向被表扬者所在单位或其上级领导致信,以期使其受到表彰、奖励,使其精神发
扬光大。

## 10.4.1 表扬信的格式和注意事项

表扬信可以直接写给表扬对象,也可以写给表扬对象的公司或单位,还可以写
给报社、电台和电视台等新闻媒体。表扬信应反映他人的事迹与品质,且要实事求
是,不夸张,语言要热情而简朴。表扬信可分为标题、称谓、正文和落款4个部分,
每个部分的写法如下。

### 1. 标题

标题一般统一写成"表扬信"，并且要居中置于第一行。

### 2. 称谓

表扬信的称谓在开头顶格书写，一般写给被表扬人的上级领导单位，如××单位领导、××学校领导。写给个人的表扬信一般格式是姓名＋先生（或同志、老师）。如果要将表扬信直接张贴到某单位或公司去，那就不必在开头书写受文单位。

### 3. 正文

正文一般在称谓下一行空两格书写，一般包括以下3个要素。

◆ **事迹经过**：概括书写表扬信的写作原因，即被表扬人的事迹，要叙述清楚事迹发生的过程，以及结果和意义。

◆ **表扬的语句**：通过赞美的语言表达对被表扬人的尊崇。

◆ **学习的语句**：除了表扬外，还要向受表扬对象进行学习。

除此之外，结尾处还可以提出建议，希望能对相关人员进行表扬。

### 4. 落款

落款与大多数公文一样，要写明发文单位名称或个人姓名，下一行注明成文日期。

行文时，还要注意尺度，并要注意以下问题。

◆ 叙事要实事求是，叙述被表扬人及事迹时一定要准确无误，既不夸大，也不缩小，恰如其分最好。

◆ 要用事实说话，要充分反映对方的可贵品质，以事实为依据，不要以空泛的说理代替了真实的事迹。

◆ 表扬信语气要热情、恳切，文字要朴素、精练，篇幅要短小精悍。

◆ 表扬信可以组织名义写，也可以个人名义写。除信中给予的表扬外，也可以建议有关部门给予表扬。

## 10.4.2 表扬信的范例解析

从表扬双方的关系来看，表扬信可以分为两种：一是群众之间进行表扬的表扬信；二是上级对下级、团体对个人进行表扬的表扬信。

### 1. 群众之间的表扬信

群众之间的表扬信一般基于某个突发好的事件的发生，比如，见义勇为等，这时受惠者可能会写信给被表扬者或到被表扬者的单位去。

范本内容展示

◉ 资源 |Chapter10| 表扬信 .docx

范本内容精讲

该范本是一位姓刘的先生写给大学某位领导的表扬信，目的是表扬一位姓周的同学在一场大火中见义勇为的行为。

全文分两自然段进行叙述，第一自然段主要书写了周同学见义勇为的整个过程，第二自然段书写了对这位同学的行为的赞扬，更表达了要向周同学学习这种精神的想法，并向该学院领导建议表彰该同学。可以看出，该范本完全符合表扬信的格式，包含了表扬信的基本要素。在书写具体的事件时要注意叙述的重点，可通过以下几点来进行叙述。

◆ **时间及地点**：该例中为 ×× 月 ×× 日中午，某居民区。

◆ **事件原因**：由于孩子在家玩火，造成一场大火灾。

◆ **人物做了什么**：周同学奋不顾身冲进火海，打破窗户玻璃，打开门。

◆ **造成的结果**：在周同学的带领下，大火终于扑灭，避免了一场严重事故的发生。

### 2. 上级对下级的表扬信

上级对下级的表扬信一般是下级单位在职责岗位上做出了喜人的成绩或突出的贡献。

范本内容展示

◎资源 |Chapter10| 市政府给学校的表扬信 .docx

范本内容精讲

该范本是市政府给某学校的一封表扬信，由于是上级给下级单位的表扬信，所以其内容与一般的表扬信会有区别。

一般的表扬信的结尾处会有向领导建议表彰某人的内容，本范本就完全不需要该内容了。该范本的主要内容包含以下 3 个因素。

**市政府给学校的表扬信**

××学院：

在开展"全民文明礼貌月"活动中，你校的师生员工，不仅从自己做起，从本校做起，搞好了清洁卫生，注意了文明礼貌，而且多次利用周休日走上街头清理垃圾，维持交通秩序，开展法律咨询与宣传，义务为群众做好事，为建设精神文明做出了可喜的成绩。在此，市政府特授予你校"精神文明先进集体"的光荣称号。

希望你校师生，发扬优良作风，再接再厉，为取得更大的成绩而努力！

××市人民政府
××××年××月××日

◆ 受表扬单位的优良表现，包括清理街头垃圾、开展法律咨询与宣传。

◆ 授予其光荣称号。

◆ 对该单位的勉励。

该范本中，优良事迹的写法也与上一个案例有所区别，这里采用的是列举式的方法进行描述，将一个个事迹概括出来，而非全面描写一个事件。所以在写表扬信时，根据事迹的多寡可以选择不同的写法。

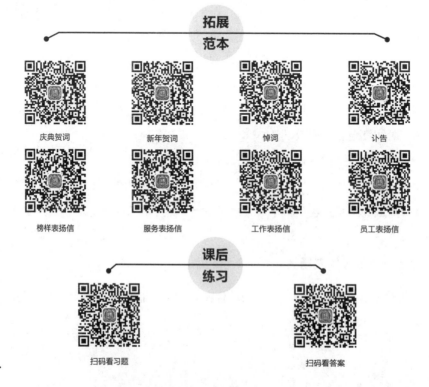

**拓展**
**范本**

庆典贺词　　　　新年贺词　　　　悼词　　　　讣告

榜样表扬信　　　　服务表扬信　　　　工作表扬信　　　　员工表扬信

**课后**
**练习**

扫码看习题　　　　　　　　扫码看答案

# 讲话类公文写作与范例

　　讲话类公文通常用于一些现场讲话、致词的情况，发言人或主持人根据事先写好的讲话类公文稿件进行发言、讲话。这类公文具有较强的反馈直接性、语言通俗性和交流互动性，如开幕/闭幕词、讲话稿等。

开幕词的写作格式
闭幕词的特点
讲话稿的5个特点
欢迎词的特点与写作注意事项
欢迎词的组成结构
答谢词的写作格式和要求
……

# 11.1 开幕词

■适用范围 ■特点 ■作用 ■写作格式 ■范例解析

开幕词一般是党政机关、社会团体和企事业单位的领导人在会议开幕时所做的讲话，旨在阐明会议的指导思想、宗旨和重要意义，向与会者提出开好会议的中心任务和具体要求。

## 11.1.1 开幕词的适用范围、特点和作用

开幕词是在重要会议或重大活动开始时，为会议主持人或主要领导人讲话所写的文稿。无论是召开重要的会议，还是开展重要活动，按照惯例，一般都要由主持人或主要领导人致开幕词，这是一个必不可少的程序，标志着会议或活动的正式开始。那么，开幕词具体有哪些特点呢？

### 1. 简明性

开幕词要简洁明了、短小精悍，多使用祈使句，表示祝贺和希望。开幕词最忌长篇累牍、言不及义。

### 2. 口语化

开幕词一般用作现场讲话或朗读，因此它的语言应通俗易懂、明快上口，具有与现场观众进行良好交流的互动性。

### 3. 宣告性

开幕词是会议或活动的"序曲"，如同一首音乐曲子，因此，它具有宣告会议或活动正式开始的特性。

### 4. 引导性

开幕词一般要阐述会议或活动的宗旨、目的、意义及具体任务和要求等，这对整个会议或活动的成功举行起着引导作用。

### 5. 鼓动性

开幕词具有对会议或活动的良好祝愿,通过介绍会议或活动,增强参与者的参与意识,调动其积极性。

开幕词通常需要阐明会议或活动的性质、宗旨、任务以及议程安排等内容,所以它可以集中体现会议或活动的指导思想,起着定调的作用,对引导会议或活动朝着既定的正确方向顺利进行、保障会议或活动的圆满成功有着重要意义。

## 11.1.2　开幕词的写作格式

开幕词一般由标题、称谓、正文和结束语4个部分构成,每部分应写明的内容如表11-1所示。

表 11-1　开幕词的结构

| 结　构 | 内　容 |
|---|---|
| 标题 | 常见的有4种形式:①只写文种,即"开幕词";②事由＋文种,如"××公司年终会议开幕词";③致词人＋事由＋文种,如"××董事长在××会上的开幕词";④复式标题,主标题揭示会议或活动的宗旨和中心内容,副标题与第②和③种标题的构成形式相同,如"我们的文学应该站在世界的前列——中国作家协会第×次会员代表大会开幕词" |
| 称谓 | 一般根据会议或活动的性质以及与会者或参加活动的人的身份确定称谓,如"同志们""各位代表""各位来宾""公司全体员工"等 |
| 正文 | 开幕词的正文由开头、主体和结尾构成。<br>开头部分一般开门见山地宣布会议或活动开幕,也可以对会议或活动的规模及与会者的身份等作简要介绍,如"参加这次大会的代表有×人,其中有来自……",并对会议的召开及对与会人员表示祝贺。需要注意的是,开头部分即使只有一句话,也要单独列为一个自然段,与主体部分隔开。<br>主体部分是开幕词的核心内容,通常包括3项:①阐明会议或活动的意义,通过对以往工作情况的概括总结和对当前形势的分析,说明会议或活动在什么形势下、为了解决什么问题和达到什么目的而召开的;②阐明会议或活动的指导思想,提出大会或活动的任务,说明会议或活动的主要议程与安排;③为保障会议或活动顺利举行,向与会者或参加活动的人提出会议或活动的要求。<br>结尾部分提出会议或活动的任务、要求和希望,由此可见,开幕词的正文的第3项内容与结尾部分没有太大区别,实际写作时可合并 |
| 结束语 | 开幕词的结束语要简短、有力,并要有号召性和鼓动性。写法上,常以呼告语领起一个自然段,如"预祝大会圆满成功""最后,衷心感谢××的光临,祝大家……"等 |

提示：开幕词涉及的开幕时间的写作位置

开幕词通常用于现场讲话或朗读，如果在结束语之后写明落款，则相关发言人在正式讲话或朗读时会造成一种发言生硬的不适感，但开幕词又不能没有具体的日期。因此，开幕词一般会在标题之下用括号注明会议或者活动开幕的年月日，而发言人在根据开幕词文稿进行发言时，可省略这里的日期不做朗读。

## 11.1.3 开幕词的范例解析

开幕词可以分为侧重性开幕词和一般性开幕词，每种类型的开幕词的重点阐述内容各有不同。下面，就来详细了解一下。

### 1. 一般性开幕词

一般性开幕词只对会议或活动的目的、议程、基本精神和来宾情况等做简要概述，不会做长篇大论的发言。

**范本内容展示**

◎资源 |Chapter11| 开业典礼经理致开幕词 .docx

**范本内容精讲**

这是一篇典型的活动开幕词，称谓部分的称呼根据参加活动的人的身份进行了确定，即"领导""来宾""新老顾客朋友"。另起一行空两格书写礼貌语，再另起一行空两格开始写开幕词正文。

正文第一自然段是开头部分，概括介绍了参与开业典礼活动的来宾朋友，即"出席今天庆典的有……服务于幕后的产品商家等"，接着对在场的嘉宾和朋友的到来表示感谢和欢迎。正文第二自然段是主体和结尾，主体部分概括说明了公司的具体位置、经营宗旨、开业庆典的目的"所谓军功章里有……能更加关注我们、支持我们"以及今后工作的目标"努力打造汽车后市场……得到充实和延伸"；结尾部分再次对到场的嘉宾和朋友表示感谢和欢迎。由于开业庆典的任务就是让大家知道"开业"这件事，因此开幕词结尾没有刻意强调任务。最后一个自然段是结束语，表达了对到场嘉宾、朋友以及公司同事的美好祝愿。落款处只写明发言人的姓名，不带职称，而开幕式致词的时间则用括号注明在标题下方。

### 2. 侧重性开幕词

侧重性开幕词往往会对会议或活动召开的历史背景、重大意义、中心议题或活动详情等做重点阐述，其他问题则一笔带过。

**范本内容展示**

⊙ 资源 | Chapter11 | 学生团员代表大会开幕词 .docx

**××职业技术学院汽车工程系第一次团员代表大会开幕词**

（××××年××月××日）

各位代表、各位来宾、青年朋友们：

在这激情似火的时节，共青团××职业技术学院汽车工程系第一次团员代表大会隆重开幕了！

首先，我谨以大会的名义，向高度重视和关心共青团工作的各位领导致以崇高的敬意和衷心的感谢！向莅临大会的学院党政领导和学院各部门，各单位负责人表示热烈的欢迎！向全院青年团员和青年师生致以亲切的问候和良好的祝愿！

"接天连叶无穷碧，映日荷花别样红"，青春的盛会，火红的事业，今天，出席这次大会的团代会代表×人，肩负着全系团员青年的期望和重托，共商汽车工程系的团学工作发展大计！

我系团总支在系党总支、院团委的正确领导和亲切关怀下，在各部门的大力帮助和关心支持下，团结带领全系团员青年，以服务大局、服务青年为己任，用青春的激情投身学院建设与发展，为学院建设与发展做出了积极努力。

新的起点，新的目标；新的征程，新的奋斗，今后几年，是我院加快建设和发展的关键几年。在这一历史性时刻，召开共青团××职业技术学院汽车工程系第一次代表大会，认真总结××

技术学院近两年我系共青团工作的新经验，分析当代青年的新特点，研究青年工作的新形势，确定今后几年我系共青团工作的指导思想、奋斗目标和主要措施，意义重大而深远，我们要以这次大会为新的起点，明确新任务、开创新局面，创造新业绩，为实现我系及学院跨越式发展贡献青春和力量！

各位代表、同志们，这次大会主要议程有两项：一是听取并审议（本次大会主席团）共青团××职业技术学院汽车工程系团总支第一次代表大会筹备委员会的工作报告；二是选举产生共青团××职业技术学院第一届委员会。我们与会全体代表一定要深刻认识自己肩负的历史重任，珍惜自己的权利，充分发扬民主，以饱满的热情和主人翁精神，畅所欲言、献计献策，高质量完成这次大会预定的各项任务，把这次大会开成一个集思广益、民主决策的大会，一个团结鼓劲、创新务实的大会，一个带领全院团员青年为××职业技术学院的改革、建设和发展满怀信心、开拓进取的大会！

预祝大会圆满成功！

发言人：×××

范本内容精讲

这是一篇典型的会议开幕词，称谓部分的称呼根据与会人员的身份进行了确定，即"学院党政领导和学院各部门、各单位负责人，全院青年团员和青年师生"。另起一行空两格开始书写开幕词的正文。

正文开头部分直接宣布会议开幕，且单独成段，第二自然段则主要介绍与会者及其身份，同时向与会者表达欢迎之意，这也是正文的开头部分。第三自然段开始是主体内容，引用诗词赞颂会议，同时概括说明此次团员代表大会的召开目的，即"共商汽车工程系的团学工作发展大计"。第四自然段阐述了会议召开的背景和当前形势。第五、六自然段概括说明此次会议的召开目的、任务和具体会议议程，其中，第六自然段包括了结尾内容，提出会议的任务、要求和希望，即"我们与会全体代表一定要……开拓进取的大会！"这是典型的结尾与主体合并写作。最后一个自然段书写结束语，祝愿大会圆满成功。

由此可见，该范本开幕词大篇幅地阐述了会议的历史背景、重大意义和召开目的，可轻松识别出它属于侧重性开幕词。虽然不同的开幕词都不适合在落款处注明发言日期，但发言人的姓名大多还是会放置在落款处。

# 11.2 闭幕词

■特点　■写作结构　■范例解析

闭幕词是一些大型会议或活动结束时，由有关领导人或德高望重者代表会议举办单位向会议参与者所作的讲话。其内容一般是概述会议或活动所完成的任务，对会议或活动的成果作出评价，对会议或活动的经验进行总结等。

## 11.2.1　闭幕词的特点

闭幕词与开幕词一样，具有简明性和口语化这两个显著特点。由于其与开幕词是对应的，因此种类与开幕词相同。凡是重要会议或活动，有开幕词就有闭幕词，这是一个必不可少的程序，标志着整个会议或活动的结束。具体有以下几个特点。

### 1. 总结性

闭幕词是在会议或活动的闭幕式上使用的公文稿件，对会议内容、会议精神和进程进行简要的总结，并做出恰当的评价，肯定会议的重要成果，强调会议的主要意义和深远影响。

### 2. 概括性

虽然闭幕词是对会议或活动的进展情况、完成议题以及取得的成果等进行高度概括，但因为临近会议或活动结束，所以其篇幅不宜过长，应短小精悍、简洁明了，避免引起与会者的焦急、反感。

### 3. 号召性

为了激励参加会议或者活动的全体成员实现会议或活动中提出的各项任务而奋斗，增强与会者贯彻会议或活动精神的决心和信息，闭幕词的行文通常充满热情，语言坚定有力，富有号召性和鼓动性。

### 4. 口语化

闭幕词与开幕词一样，用于现场讲话、朗读，因此文字要适合口头表达，语言要通俗易懂、生动活泼。

## 11.2.2 闭幕词的写作结构

闭幕词的写作格式与开幕词的相同，同样由标题、称谓、正文和结束语构成，具体介绍如表 11-2 所示。

表 11-2　闭幕词的格式

| 结　构 | 内　容 |
| --- | --- |
| 标题 | 与开幕词对应，也有 4 种常见形式：①只写文种，即"闭幕词"；②事由 + 文种，如"×× 公司年终会议闭幕词"；③致词人 + 事由 + 文种，如"×× 董事长在 ×× 会上的闭幕词"；④复式标题，主标题揭示会议或活动的宗旨和中心内容，副标题与第②和③种标题的构成形式相同，如"我们的文学应该站在世界的前列——中国作家协会第 × 次会员代表大会闭幕词"。需要注意的是，同一会议或活动的闭幕词的标题书写要与开幕词标题一致 |

续表

| 结　构 | 内　容 |
| --- | --- |
| 称谓 | 与开幕词的称谓类似，根据会议或活动的性质及与会者的身份确定，如"各位老师、同学""各位同人""各位专家"等 |
| 正文 | 闭幕词的正文也由开头、主体和结尾构成。<br>①开头：在称谓之后另起一段首先说明会议或活动已经完成预定任务，现在就要闭幕了，然后概述会议或活动的进行情况，恰当地评价会议或活动的收获、意义及影响，如"经过大家的共同努力，我们圆满完成了各项比赛任务，就要闭幕了……本届运动会由于指挥得力，安排周密……"，两个要点可分段。<br>②主体：闭幕词的核心内容，要写明会议通过的事项和基本精神，或活动的具体开展情况；会议或活动的重要性和深远意义；向与会者提出贯彻会议或活动精神的基本要求等。一般来说，这3个方面的内容都不能少，且基本按照这样的顺序进行写作。<br>③结尾：一般先以坚定的语气发出号召、提出希望并表示祝愿 |
| 结束语 | 以郑重的口吻宣布会议或活动胜利闭幕。如"现在，我宣布：××大会胜利闭幕！""现在我宣布：××活动取得圆满成功，胜利闭幕！"等 |

写作闭幕词的正文主体部分时，要掌握会议、活动的情况，有针对性地对会议或活动的内容予以阐述和肯定，同时可以对会议或活动中未能展开却已认识到的重要问题做出适当强调或补充，行文要热情，文章要简洁有力，起到激发斗志、增强信念的作用。

由于闭幕词用于会议或活动结束，因此要与开幕词前后呼应、首尾衔接，突出会议或活动开展得圆满、成功。

## 11.2.3　闭幕词的范例解析

闭幕词不像开幕词，可根据写作侧重点的不同进行分类。闭幕词一般都是对会议或活动进行总结性发言，重点都是会议或活动的收获、成果、影响和意义。这里以会议闭幕和活动闭幕词来举例讲解。

### 1. 会议闭幕词

会议闭幕词是对开展的会议的基本精神、所完成的预定任务、收获和影响等进行概括总结，通常这些总结性内容要与会议议程提及的议项相一致。

**范本内容展示**

○资源 |Chapter11| 公司工作会议闭幕词 .docx

## 公司工作会议闭幕词
### （××××年××月××日）

各位同人：

　　经过大家的共同努力，××保险××分公司××××年度保险工作会议圆满完成了各项议程，现在就要闭幕了。

　　这次会议虽然只有半天时间，但主题明确、议程紧凑、内容丰富。会议传达了分公司××××年度工作会议精神，大家进一步明确了全省经营管理目标，增强了工作信心。××总经理向大会做了题为《坚定信心 勇担重任 价值发展推动××××年经营管理工作再上新台阶》的年度工作报告，进一步明确了年度指导思想、工作要求，工作目标和工作思路，发出了围绕"四大战略"，实施"六大战术"，提升"五大能力"的动员令。会议上，大家认真听取了业务发展分析、理赔业务分析和财务工作分析，隆重表彰了××年度先进单位和先进个人。会议始终充满了团结、求实、奋进的气氛，充分体现了广大员工对实现××××年各项目标的坚定信心，展现了艰苦创业、永不言败、争先创优的精神风貌。这次大会的成功召开，对于团结和动员全市两级机构全面贯彻落实科学发展观、加快发展步伐、转变发展方式、防范经营风险和提升盈利能力，必将起到积极的推动作用。

　　同志们，××××年度是××保险全面实施××战略发展规划的关键时期，是××保险加快融入经济社会发展大局，紧紧跟

上行业发展步伐的关键之年。我们要切实围绕本次工作会议确定的指导思想、工作要求、工作目标和工作思路，以只争朝夕的紧迫感、从我做起的责任感、爱我家园的使命感，积极投身于各项业务推动中，追求卓越，价值发展，合规经营，努力实现新年开门红，努力完成各阶段工作目标，确保圆满完成××××年度各项工作任务，在××战略发展的道路上迈出坚实的步伐。

　　关于贯彻落实这次会议精神，我认为，吃透会议精神是贯彻落实的前提，采取有效措施是贯彻落实的关键，经营结果是检验贯彻落实的最终依据。希望各县市公司、营销部、各部门要及时召开会议，迅速贯彻落实××中支年度保险工作会议精神，认真部署××××年度工作，并强力组织推动。各单位要在××月××日前上报贯彻落实会议精神的情况。

　　同志们，站在新的历史起点，发展的道路上充满了机遇和挑战。我们相信，在分公司党委总经理室的正确领导下，经过全体员工的辛勤努力和扎实工作，××保险××中支一定会战胜各种艰难险阻，全面夺取各项工作的新胜利！

　　现在我宣布：××保险××中支××年度保险工作会议闭幕！

发言人：××

**范本内容精讲**

　　本范本是一篇某保险公司针对年度工作会议所做的闭幕词，称谓用"各位同人"，不仅体现了公司与员工身份、地位平等，也消除了"各位员工"带给与会者的距离感。同时，因为与会者并不全是员工，还有高管、股东等，用"同人"比"员工"更合适。

　　正文第一自然段为开头，以简洁明了的话概括了公司所有人的努力、各项议程的完成情况，同时郑重宣布会议就要闭幕了；第二、三、四自然段为主体，分别阐述了该工作会议历时时间"只有半天时间"、会议精神、会议主题"坚定信心 勇担重任 价值发展 推动××××年经营管理工作再上新台阶"、具体进展情况"会议上……先进个人"、成果"会议始终充满了……精神风貌"和意义"这次大会的成功召开……必将起到积极的推动作用"；提出了今后工作的要求和目标"我们要切实围绕……迈出坚实的步伐"；对下级单位和部门提出了工作要求"希望各县市公司……上报贯彻落实会议精神的情况"；对全体员工发出号召"同志们……全面夺取各项工作的新胜利！"。

最后一个自然段是结束语部分，使用的是常见的结束语形式"现在我宣布：××会议闭幕！"。落款处署上发言人姓名，而闭幕式日期以括号形式标注在闭幕词标题的正下方。

### 2. 活动闭幕词

活动闭幕词用于某项活动将要结束时的情形，主要对活动的大概流程、进展情况、取得的成果、产生的杰出人物和对以后的工作、生活的影响等进行总结评价。

**范本内容展示**

◎资源 |Chapter11| 公司球赛闭幕词 .docx

**××电业局首届职工篮球、乒乓球赛闭幕词**

（××××年××月××日）

各参赛队、裁判员、教练员、运动员：

××电业局首届职工篮球、乒乓球赛，在局领导的重视下，通过各参赛队的不懈努力和裁判员、教练员和工作人员的辛勤工作，圆满完成了所有赛程，今天就要落下帷幕了。在此，我代表××电业局领导班子，对在这次篮球、乒乓球赛中精心组织比赛的各单位及付出汗水的运动员、教练员、裁判员和工作人员致以崇高的敬意！

这次比赛，我们仅仅用了两天的时间就完成了篮球、乒乓球的所有赛事，按预期的目的圆满结束，这说明本次比赛从筹划、组织到比赛都经过了缜密的安排，同时也反应了××电业人团结合作的精神。赛场上，我们的队员克服了气候、年龄等诸多不利因素，奋力拼搏，以顽强的作风和超人的耐力完成了一场场比赛，充分体现出了电业职工是一支能吃苦耐劳的队伍，是一支招之即来、来之能战的队伍，是一支敢打硬仗、能打胜仗的队伍。

赛场上，比赛虽然激烈，但是友谊更为重要，队员们从我局各单位走到一起，场内是对手，场外是朋友。两天来，队员们切磋了球艺、交流了感情、增进了友谊。比赛不仅锻炼了职工的体魄，更重要的是加强了各单位的相互了解，增强了职工的凝聚力，培养了电业职工敢于拼搏、迎难而上的良好风尚。我们衷心希望，

各单位以这次比赛为契机，把职工体育活动推上一个新台阶，提高到一个新的水平。

在这次比赛中，有的单位取得了优异的成绩，更多的单位没有取得名次，但我们的目的不是名次，而是参与。通过参赛，体现一个单位干部职工的精神风貌，通过参赛宣传企业，树立企业形象。

希望全体运动员在今后的工作中，继续发扬敢打敢拼、团结合作的精神，在我局新一届领导班子的带领下，抓住机遇，努力工作，确保安全生产，加快电网建设，实现建设一流企业的目标，为××经济快速发展和电力能源基地建设创造新业绩。

现在我宣布：××电业局首届职工篮球、乒乓球赛取得圆满成功，顺利闭幕！

发言人：××总经理

**范本内容精讲**

本范本是关于某公司首届职工篮球、乒乓球赛的闭幕词，标题采用"活动举办单位＋活动名称＋文种"的形式，其正下方写明了闭幕式的具体日期。而称谓则根据参加该球赛的人员的身份，确定称呼为"各参赛队、裁判员、教练员、运动员"，由于活动中领导不会随时随地都参加，因此称呼中可省略领导。

正文第一自然段为开头，强调活动名称，提及参加活动的人员，郑重宣布活动即将落下帷幕，与此同时，对参加活动的各类人员表示敬意。第二、三、四、五自然段为主体，第二自然段概括评价了比赛的最终结果"仅仅用了两天的时间……团结合作的精神"和参赛人员通过比赛表现出的精神"赛场上……能打胜仗的队伍"；第三自然段概括总结此次比赛给员工和公司带来的正面影响；第四自然段阐明了比赛的目的"不是名次，而是参与"，侧面表现了此次活动的精神；第五自然段很明确地向全体员工提出了要求，发扬比赛中表现出来的精神，抓住机遇、努力工作，该段可作为主体内容，也可作为结尾。最后一个自然段为结束语，宣布此次活动成功闭幕。

# 11.3 讲话稿

■特点　■格式　■范例解析

讲话稿有广义和狭义之分，广义的讲话稿是指人们在特定场合发表讲话的文稿；狭义的讲话稿，即一般所说的领导讲话稿，是各级领导在各种会议上发表的具有宣传、指示和总结性质的讲话的文稿。

## 11.3.1 讲话稿的 5 个特点

无论是广义的讲话稿，还是狭义的讲话稿，它们都具有如表 11-3 所示的 5 个特点。

表 11-3　讲话稿的特点

| 特　点 | 说　明 |
| --- | --- |
| 内容针对性 | 讲话稿的内容根据会议主题、讲话者和受众等因素决定，因此，写作之前要有针对性地了解会议主题、性质、议题，讲话的场合、背景，领导者的指示和要求，听众的身份、背景、心理需求和接受习惯等 |
| 篇幅限制性 | 讲话通常有时间限制，因此对讲话稿的篇幅就会有特定要求，不能不顾及具体情况而长篇大论。一般来说，用于表彰、通报和庆典等会议或活动的讲话稿篇幅不宜过长，以免喧宾夺主，盖过了表扬、通报和庆祝等目的 |

续表

| 特 点 | 说 明 |
|---|---|
| 语言得体性 | 为了便于讲话者表达意思，易于听众理解和接受，讲话稿的语言既要准确、简洁，又要通俗、易懂。并且，由于讲话具有现场性，所以写作讲话稿时必须提前考虑和把握现场气氛和场合，还要考虑讲话者的身份与口吻的相符性 |
| 交流互动性 | 讲话稿用于现场讲话，因此要符合口语习惯，不能咬文嚼字，要留有足够的临场发挥空间，使讲话者与听众形成良好的互动，善于把抽象的道理具体化 |
| 起草集智性 | 为了提高讲话的效率，维护企事业单位或集体组织的形象，讲话稿经常由专门的文员代笔书写，然后经领导审核是否采用。有的公司或部门还会专设起草小组，领导一般要将写作的目的、背景和写作要求等给起草小组交代清楚，然后由起草小组分工写作、集体撰稿，并在起草的过程中反复讨论、修改，最后递交给讲话者使用 |

**提示：讲话稿与演讲稿、发言稿的区别**

演讲稿是在较隆重的仪式上或某些公众场所发表的包含个人意见、思想或主张的讲话文稿，有针对性、可讲性和鼓舞性等特点，与讲话稿相比，演讲稿更正式。发言稿和讲话稿在不作为公务文书时，两者可以通用，一旦作为公务文书，就需要严格区分使用，发言稿一般体现和参与方平级或下级领导的意见，从自身的实际出发，畅所欲言，具有一定的务实性、灵活性；而讲话稿一般体现主办方或上级领导的意见，从整体出发，具有一定的原则性、政策性和权威性。

## 11.3.2 讲话稿的格式

讲话稿的写作格式与开幕词、闭幕词类似，一般包括标题、称谓和正文这3个部分，每个部分应写明的具体内容如下所示。

### 1. 标题

讲话稿的标题有两种形式：①单式标题，即讲话人姓名＋职务＋事由＋文种，如"××省长在全省教育工作会议上的讲话"；②复式标题，即由一个主标题和一个副标题组成，主标题一般用来概括讲话的主旨或主要内容，副标题则与第①种形式相同，如"同心同德共图大业——在××市庆祝新中国成立×周年大会上的讲话"。

讲话稿的标题通常不会直接出现"讲话稿"3个字，而是以"讲话"二字代替文种名称，但也有标题用的是"讲话稿"3个字。

### 2. 称谓

讲话稿的称谓需要根据与会人员的情况和会议性质来确定，如"各位专家学者""同志们""各位来宾""各位同僚"等。这些称呼都要求庄重、严肃且得体，切忌使用"美女们""帅哥们"等随性化的称呼。

### 3. 正文

讲话稿的正文由开头、主体和结尾3个部分构成，具体说明如表11-4所示。

表11-4　讲话稿的正文结构

| 部　分 | 内　容 |
| --- | --- |
| 开头 | 用简洁的文字把整个讲话中的内容概述清楚，说明讲话的缘由和所讲内容的重点 |
| 主体 | 根据会议的内容和发表讲话的目的，可以重点阐述如何领会文件、指示或会议精神；可以通过分析形势和明确任务，提出做好工作的一些意见；可以结合本单位的实际情况提出贯彻上级指示的意见和具体措施；可以对前面其他领导人或讲话人的讲话做补充讲话；也可以围绕会议的中心议题，结合自己的分管工作谈谈具体的看法和主张等 |
| 结尾 | 讲话稿的结尾用于总结全篇，照应开头，发出号召，或者征询现场与会人员对讲话内容的意见或建议等 |

写作讲话稿时，需要借助一定的资料，撰写者可通过以下途径获取。

◆ 上级的文件，包括各种改革性文件和高层领导、上级领导的重要报告与讲话文件。

◆ 下级基层的汇报资料。

◆ 综合部门和业务部门的简报或内部资料，如统计月报、季报等。

◆ 一些专业会议的材料。

◆ 报纸、杂志上刊载的有关资料。

◆ 自己进行实地调查时获取的第一手材料。

### 11.3.3 讲话稿的范例解析

根据不同的分类依据，会将讲话稿分成不同的种类。按照会议内容的不同，可将讲话稿分为工作会议类讲话稿、庆祝和纪念会议类讲话稿以及表彰会议类讲话稿；根据讲话者身份的不同，可分为领导讲话稿和一般讲话稿。下面，我们对会议内容不同的讲话稿进行详细介绍。

#### 1. 工作会议类讲话稿

工作会议类讲话稿一般是行政机关、企事业单位、集体或组织的领导在各种会议上发表的对前一阶段的工作情况进行的归纳总结，包括成绩、经验和缺点等，同时对下一阶段的工作目标、任务、重点和措施等进行研究和部署。

**范本内容展示**

◎ 资源 |Chapter11| 在年度工作会议上的讲话 .docx

**××在××××年度工作会议上的讲话**

各位同人：

任何事物发展的进程都不是一帆风顺的，总是有各种各样的制约因素阻碍和干扰事物的发展。企业的发展亦是如此。一个企业要想顺利发展，达到不断壮大的目标，就必须找出制约发展的因素，找到问题后，确定有效的方法来解决问题，这样才能保证企业的正常发展。目前，我们建筑施工企业在项目建设过程中普遍存在着一些共性问题，这些问题往往造成我们施工企业不能很好地完成项目建设任务，从而制约企业持续发展。

一、实施性施工组对施工生产的科学指导、计划组织作用发挥不突出，这是制约我们企业管理水平稳步提升的关键因素。

各项目的施工组织计划要认真编写，不能搞应付、交差了事，对内不能应付处理，对外不能应付业主。施工组要与现场的实际情况、现场可利用的一切资源紧密联系，具有较强的实施性、指导性和超前预见性，各项目经理要亲自组织制定实施性施组的框架，解决以什么资源、用什么方法、如何组织以及达到什么目的等问题。施工组织是现场管理的指导性文件，是获得效益的前提条件，一定要走出"编施工组是工程部门的事"这个误区。

集团公司总经理×××说过："一个项目经理如果能够充分发挥技术人员的作用，那这个项目经理就是称职的，工作也是能够干好的。"随着项目工程进展变化来整合优化资源，工程成本控制、创造效益的重要性就更加突出了。

对专业人员的业务培训工作，各级领导不能有误区，不能以工期繁、工作忙、效益不好为借口，恰恰是因为人员素质低、单位效益不好才需要通过培训来提高素质和管理水平，个人在学习时，

时放下工作，通过学习，提高素质和思想认识，会起到事半功倍的作用，各经理部都要思考培训人才用好人才的问题。

二、施工过程控制不严，生产过程可追溯性不强，材料、产品标识不明，仪器、器具送检不及时，造成各种仪器测出来的结果不正确，如测量仪器，如果仪器误差过大，在测量过程中，就会造成我们的测量工作出错，这些都是在施工过程中要进行控制的。

目前，项目经理部里的技术人员经常反映工作量太大，忙不过来，资料非常多，白天在现场，晚上回来加班加得很晚，我想我们忙的主要原因之一是现场记录不及时，记录不能反应现场的实际情况，没达到可追溯性的要求，致使工作零乱，返工量大，质量不高，在进行计价的时候，提供不出监理、业主的要求，加果日常基础工作到位了，资料也做齐全，充分了，别人要什么资料，我们就可以提供什么资料。那么以往被动找资料、应付检查的状况就可彻底转变。

三、内部监理没有起到应有作用，没有正常发挥其功能。

我们要从内部监理人员的配备数量、业务素质等情况综合考虑，以能否满足施工现场质量监控的需要为目标。外部监理人员是我们工作的第三方监督，我们要尊重他们的劳动，在工作中多和他们沟通，加强交流，应该说那种故意刁难、故意找茬的情况是不多的，但如果是我们的工程质量不行，那么人家肯定就要管你。我们内部监理的工作没有做到位，没有达到要求，就必须靠外部监理来保证工程的质量。从长远来说我们要靠加强管理来实现自控。

四、自我完善机制不健全，必须加以改进。

1.各职能部门对本部门负责的质量管理管理体系过程不能进行有效的监控管理，对现场的指导和帮助工作做得不够，造成基层

**范本内容精讲**

工作会议类讲话稿要求态度鲜明、目的明确、内容单一、层次分明、逻辑严密、语气坚定、针对性和号召力强且简洁明快。标题采用"讲话人姓名＋事由＋文种"的形式，称谓则根据参加会议人的身份确定为"各位同人"，统称公司领导和员工。

本范本的正文第一自然段为开头，以普遍现象作为该讲话稿的写作缘由，进而引申到公司存在的相同问题，概括说明此次讲话的重点内容。该自然段最后一句话"目前……制约企业持续发展的关键因素"有承上启下的作用，引出正文主体将要讲的制约企业持续发展的一些关键因素。接着，分别以"一、二、三、四、"这几个大点来阐明制约该公司持续发展的4个关键因素，其中，第四点还罗列了6个小点来说明公司健全自我完善机制的具体措施（本范本只展示了其中部分内容）。而第五点则说明本企业根据自身实际情况采取的措施和得到的良好结果。最后一个自然段则说明此次讲话的目的以及向公司员工发起号召，注意并解决问题，将施工水平推上一个新台阶。

### 2. 庆祝、纪念会议类讲话稿

庆祝、纪念会议类讲话稿一般是行政机关、企事业单位、集体或组织的领导在某一历史事件、历史人物或重大庆典等纪念性会议上发表讲话的文稿，既肯定和颂扬历史事件的重大意义或历史人物、重要人物的丰功伟绩，也立足当前、面向未来，揭示其现实意义，对继承光荣传统、弘扬革命精神等提出具体要求。

**范本内容展示**

◉ 资源 |Chapter11| 在公司成立周年庆典上的讲话 .docx

**范本内容精讲**

由该范本讲话稿的标题可知，这是在公司成立周年庆典上的讲话，具有庆祝和纪念意义。这类讲话稿的写作重点是概括说明企业的发展历程、详述企业的经营成果和实现的重大成绩。与工作会议类讲话稿相比，篇幅更短。

从本范本展示的内容分析，正文第一自然段为开头部分，总结说明了讲话当天是公司成立多少周年的日子，举行此次集会的目的是庆祝公司的生日。同时讲话人说明自己是代表公司的董事会和经理层向各位员工表示祝贺和感谢，并表达了自己对举行周年庆会议的激动心情。第二、三、四自然段是主体部分，而第二自然段概括说明了公司时至今日的发展历程；第三自然段和第四自然段的前半部分阐述了公司发展到现在所取得的成果、进展和知名度；第四自然段后半部分"我想……"则对以后的工作目标进行了总结和说明。正文最后一个自然段是结尾部分，以"我相信……"的句式发起号召，激励公司领导和员工们积极、努力工作，同时展望未来。该讲话稿还有一句结束语，即"谢谢大家！"，这在讲话稿中可以省略，但实际讲话时一般会有此结束语。

### 3. 表彰会议类讲话稿

表彰会议类讲话稿一般是行政机关、企事业单位、集体或组织的领导在针对某一表彰内容对某个人或某些人进行表彰、奖励使用的讲话稿，主要作用是表彰、奖励先进个人或团队，树立工作榜样，号召其他员工努力学习、工作。

范本内容展示

◎ 资源 |Chapter11| 在公司表彰大会暨文艺晚会上的讲话 .docx

范本内容精讲

由该范本讲话稿的标题可知，这不仅是一次表彰大会，还是员工表彰大会和文艺晚会的合并集会。通常来说，公司会在特殊的文艺晚会上宣布受表彰的员工名单，并进行表扬和颁发奖励、奖品，因此标题常用"暨"字连接表彰大会和文艺晚会。

本范本的正文第一自然段说明了此次会议的目的，并向全体员工表示感谢和问候，这是开头。第二自然段则说明产生受表彰员工所使用的方法是"绩效考核"，具体受表彰员工的人数和相应的荣誉称号，以及向这些受表彰员工表示祝贺、致以敬意，向支持受表彰员工的家属表示感谢。第三、四、五自然段概括说明了公司在生产和管理方面取得的成就和进步。第六自然段强调全体员工的努力和重要性。第七自然段向公司所有员工提出希望。第八、九、十、十一、十二自然段是讲话人分别从4个方面对绩效考核工作提出的4点意见。第十三自然段阐明了公司下一阶段的工作任务和目标、指导思想和工作手段，并对员工提出希望。这些是该讲话稿的主体部分。正文最后一个自然段是结尾部分，号召全体员工努力工作，为公司创造美好的明天，并再次向获得表彰的员工表示祝贺。讲话完毕后也可使用结束语，如"谢谢大家！"。

# 11.4 欢迎词

■特点　■注意事项　■组成结构　■范例解析

欢迎词泛指客人光临时，主人为表示热烈的欢迎，在座谈会、宴会和酒会等场合发表的热情友好的讲话。

## 11.4.1 欢迎词的特点与写作注意事项

撰写者要写好欢迎词，就一定要掌握其特点和写作注意事项，下面分别进行说明。

### 1. 特点

欢迎词主要有两大显著特点：欢愉性和口语化。

◆ **欢愉性**："有朋自远方来,不亦乐乎",所以欢迎词应当表达一种愉快的心情,言辞用语必须富有激情并表现出致辞人的真诚。只有这样,才给客人一种"宾至如归"的感受,为下一步工作或活动的完满开展和举办打下良好的基础。

◆ **口语化**:欢迎词本意是现场当面向宾客口头表达的,为了避免冷场,所以需要撰写相关文稿。因此,口语化是欢迎词在写作时的必然要求。可以在遣词造句上运用生活化的语言,使致辞人在照着宣读时简洁又富有生活情趣,拉近主人与来宾的关系。

**2. 注意事项**

欢迎词是出于礼仪的需要而编写使用的,因此要十分注意礼貌,具体有以下几点需要特别注意。

◆ **礼貌**:称呼要用尊称,感情要真挚,尽可能得体地表达自己的原则立场。

◆ **谨慎**:措辞要慎重,切勿信口开河,同时要注意尊重对方的风俗习惯,应避开对方的忌讳,以免产生误会。

◆ **热情**:语言要精确、热情、友好、温和。

◆ **精练**:一般的欢迎词都是一种礼节性的外交或公关辞令,因此其篇幅应尽量短小,言简意赅。

## 11.4.2 欢迎词的组成结构

欢迎词一般由标题、称谓、正文和落款4部分构成,每个部分的具体内容如表11-5所示。

表11-5 欢迎词的结构

| 结　构 | 内　容 |
| --- | --- |
| 标题 | 一般有3种写法:①单独以文种命名,即"欢迎词";②活动内容 + 文种,如"在××学术讨论会上的欢迎词";③致辞人 + 活动内容 + 文种,如"××在××学术讨论会上的欢迎词" |
| 称谓 | 主要根据会议或参加活动来宾的身份确定,顶格书写,如"尊敬的各位先生 / 女士""亲爱的同事们" |
| 正文 | 一般可有开头、主体和结尾3个部分 |

续表

| 结　构 | 内　容 |
|---|---|
| 正文 | ①开头：通常应写明现场举行的是何种仪式或活动、致辞人代表什么人向哪些来宾表示欢迎，如"在××年即将过去，××年就要到来之际，全国普通高校招生改革研讨会在我市隆重举行。我谨代表中共××市人民政府，向国家教委领导和与会代表表示热烈的欢迎！"；<br>②主体：要阐述和回顾宾主双方在共同的领域所持的共同立场、观点、目标和原则等内容，具体地介绍来宾的各方面成就及在某些方面做出的突出贡献，同时要指出来宾此次到访或光临对增加宾主友谊和合作交流所具有的现实意义和历史意义；<br>③结尾：通常再次向来宾表示欢迎，并表达自己对今后合作的良好祝愿 |
| 落款 | 署上致辞单位的全称、致辞人的身份和姓名，同时注明成文日期。和开幕词、闭幕词一样，因为欢迎词也用作现场会议或活动，因此成文时间可写在标题下方。而致辞单位的名称大多会省略不写（正文中未提及致辞单位名称的除外） |

在社会主义市场经济深入发展的大背景下，为了提升形象、扩大影响、增加招商引资或促进经济发展，各地纷纷举办各种不同内容和形式、不同规模的节庆活动。按照管理和程序，在节庆活动开幕式上，常常由一位东道主方面的要员向来宾敬致一篇热情洋溢的欢迎词。那么，撰写一篇合乎规范的节庆活动欢迎词就是活动筹备过程中一项不可忽视的细节工作。

## 11.4.3　欢迎词的范例解析

根据欢迎词的表达方式划分，有现场讲演欢迎词和报刊发表欢迎词，现场讲演欢迎词一般由欢迎人在被欢迎人到达时，在欢迎现场口头发表或会议开幕式上带稿发表；报刊发表欢迎词即发表在报刊或公开发行刊物上的欢迎稿，一般在客人到达前后发表。根据欢迎词在社交中的公关性质划分，有私人交往欢迎词和公事往来欢迎词，下面，对这两类欢迎词做详细介绍。

### 1. 私人交往欢迎词

私人交往欢迎词一般是在个人举行较大型的宴会、聚会、茶会、舞会或讨论会等非官方场合中使用的欢迎稿，通常在正式活动开始前进行。这类欢迎词往往具有很强的即时性和现场性。

范本内容展示

◎资源 |Chapter11| 个人生日宴会欢迎词 .docx

---

**欢迎词**

各位来宾、各位前辈、各位亲爱的同学：

谢谢你们的光临——在我这 20 周岁生日的夜晚！

在这美丽的夜晚，因你们的光临我倍感幸福，也因你们的祝贺让我感觉到我的 20 周岁生日的非凡意义。从今夜开始，我将变得更加认真学习，更加敬爱我的爸爸妈妈、所有关心我的前辈、亲戚、同学、朋友们，更加热爱这美丽的世界，当然我也会变得更加可爱（笑）！长大后，我知道了爸爸妈妈在这 20 年里对我的精心呵护，我的一举一动都牵动着他们的心，为了我能健康成长，爸爸妈妈始终无怨无悔地劳作，在这夜晚，请允许我先对亲爱的爸爸妈妈说声：爸爸妈妈，谢谢你们！

在伯伯、叔叔、阿姨们的眼里，我也许还是个没长大的孩子，但我没有忘记你们平时对我的关爱，没有忘记你们对我调皮的宽容和理解。

今夜，在这儿的还有我平日里形影不离的好朋友和朝夕相处的同学，我真的很高兴你们晚上能来参加我的 20 周岁生日晚会，谢谢你们！愿我们永远是好朋友，好同学！

20 周岁生日的今夜，我似乎一下子觉得自己长大了，更懂事了。

20 周岁生日的今夜，我感受到了来自大家对我的关心和呵护。

20 周岁生日的今夜，我知道了时间的宝贵，让我懂得了珍惜时间。

20 周岁生日的今夜，我更感觉到了亲情的温馨，友情的难得！

20 周岁生日的今夜，我沉浸在前辈、朋友、同学们赐予我的幸福中。

最后，我真诚地想，在我接受来自大家无私的祝福的同时，更想你们也能拥有一个难忘的快乐时光！再次谢谢各位来宾、各位前辈、各位亲爱的同学的光临和对我的关爱！

致词人：×××

××××年××月××日

---

范本内容精讲

本范本所展示的是一位年满 20 周岁的人在其生日宴会上所致的欢迎词，称谓部分的"来宾"主要是根据参加宴会的叔叔、阿姨的身份确定，"前辈"主要是指参加宴会的高年级熟人，"同学"主要指与过生日的人同级的学生。

正文第一自然段是开头，欢迎来宾们的到来；第二自然段至第九自然段是主体部分，其中第二、三自然段是向父母、亲朋好友等表达他们在生活和学习上给予自己的帮助、关爱和理解；第四自然段至第九自然段向同学、好友等表达欢迎和感谢之情，同时抒发自己年满 20 岁以后的感想。

最后一个自然段再次感谢参加宴会的来宾、前辈和同学，并希望他们也能拥有一个难忘的快乐时光，即美好祝愿。实际致辞时，落款处无须进行发言。

## 2. 公事往来欢迎词

公事往来欢迎词一般在较庄重的公共事务中使用，文字措辞上要求比私人交往欢迎词更正式、更严格。

**范本内容展示**

◉ 资源 |Chapter11| 厂庆活动欢迎词 .docx

### 欢迎词

女士们、先生们：

值此××厂×周年厂庆之际，请允许我代表××厂，向远道而来的贵宾们表示热烈的欢迎。

朋友们不顾路途遥远，专程前来贺喜并洽谈贸易合作事宜，为我厂×周年厂庆更添了一份热烈和祥和，我由衷地感到高兴，并对朋友们为增进双方友好关系做出努力的行动表示诚挚的谢意！今天在座的各位来宾中，有许多是我们的老朋友，我们之间有着良好的合作关系。我厂建厂×年能取得今天的成绩，离不开老朋友们的真诚合作和大力支持，对此，我们表示由衷的钦佩和感谢。同时，我们也为能有幸结识来自全国各地的新朋友感到十分高兴，在此，我再次向新朋友们表示热烈欢迎，并希望能与新朋友们密切协作，发展相互间的友好合作关系。

有朋自远方来，不亦乐乎。在此新朋老友相会之际，我提议：

为今后我们之间的进一步合作，

为我们之间日益增进的友谊，

为朋友们的健康幸福，

干杯！

致词人：×××

××××年××月××日

**范本内容精讲**

**根据本范本正文第二自然段的内容可知，该欢迎词产生的原因是公司与来宾之间有业务合作关系，因此属于典型的公事往来欢迎词。**

标题直接用"欢迎词"3个字，来宾与公司之间没有隶属关系，也没有雇用与被雇用关系，因此最合适的称呼就是"女士们、先生们"。社交礼仪讲究女士优先，因此写称呼时通常也先称呼女士。正文第一自然段为开头，说明活动的名称、致辞人所代表的人物或组织同时向来宾们表示欢迎；第二自然段为主体，阐明此次活动的举办意义，同时概括说明了来宾给予公司的支持，表达感谢，也提出了希望日后双方能发展友好合作关系的意愿；最后是结尾部分，表达良好祝愿。由于是现场致辞，并且配合宴会、酒会和舞会等特殊活动的氛围，结尾处通常会书写"干杯！"二字来邀请来宾举杯庆祝。由于该欢迎词的正文第一自然段已经提及了致辞单位的名称，因此落款处只署致辞人姓名和成文日期。

另外，该篇欢迎词是在厂庆活动现场进行致辞，因此属于现场讲演欢迎词，一般在来宾到达现场且活动正式开始后使用。

**提示：欢送词**

"欢送词"与"欢迎词"是两个相对概念，欢送词是客人应邀参加了宴会或者活动，主人为表达对客人的欢送之意，在一些会议、重大庆典活动或者参观访问等结束时的发言，其写作结构与欢迎词完全相同。但内容不同，欢送词的正文应表达对来访者的来访活动圆满成功表示祝贺，同时表达对对方的离开感到依依不舍的情感。如果双方是工作上的合作关系，则还可以说明双方之间的友好合作关系会日益加强，增进彼此的好感，为自己以后的事业、工作铺路。而从特点来看，欢送词应具有惜别性和口语化的特点，所以文稿感情基调不应热情洋溢，而应以情动人、委婉含蓄、依依惜别，但也不能太低沉，应力求营造一个友好、亲切和轻松的气氛。

# 11.5 答谢词

■写作格式　■要求　■注意事项　■范例解析

答谢词指特定的公共礼仪场合，主人致欢迎词或欢送词后，客人所发表的对主人的热情接待和关照等表示谢意的发言。它也指客人在举行必要的答谢活动中所发表的感谢主人盛情款待的发言。

## 11.5.1 答谢词的写作格式和要求

答谢词与一般的讲话类公文的格式一样，主要包括标题、称谓、正文和落款4个部分，其中，正文也可划分为开头、主体和结尾这3个部分，每个部分应写明的内容如表11-6所示。

表 11-6 答谢词的组成结构

| 结　构 | 内　容 |
|---|---|
| 标题 | 通常直接使用文种名称作为标题，即"答谢词" |
| 称谓 | 在标题下方另起一行顶格书写致辞对象的姓名、头衔或职务，既可以是广泛的对象，也可以是具体的对象，如"尊敬的各位来宾、各位同人、各位家属"或"女士们、先生们"等 |
| 正文 | ①开头：对主人的盛情表示感谢；<br>②主体：对对方的优越性予以肯定，表达自己的荣幸和激动心情，要对对方的情况作比较详细的介绍，以示尊重；<br>③结尾：提出希望与主人进一步发展关系的强烈意愿，同时再次向主人表示感谢 |
| 落款 | 致辞人的姓名和职务，致辞的日期。实际致辞时，落款处的内容不必说出 |

撰稿者在写作答谢词时，应保证答谢词符合如下几点写作要求。

◆ **内容与结构要合乎规范**：答谢词可具体分为两类（在本节范例解析中详讲），所涉及的写作内容和所运用的结构形式，各有其相对稳定的模式，写作时不能混淆，更不可随心所欲地"独创"，要尽可能地符合写作规范，否则会张冠李戴。

◆ **感情要真挚、坦诚且热烈**：答谢就应该动真情、吐真言，虚情假意、言不由衷或矫揉造作只会引起对方的反感。

◆ **评价要适度且恰如其分**：一般来说，对于对方的行动，"谢遇型"致辞（本节范例解析时详讲）不宜妄加评论、说三道四；而"谢恩型"致辞（本节范例解析时详讲）则可以就其"精神"或"风格"等作出评价，但要适度、恰如其分，不可故意拔高、无限升华，以免有"虚情假意"之嫌。

◆ **篇幅要简短、语言要精练**：礼仪仪式不是开大会，致辞一般应尽量简短，绝不可以像某些领导的会议报告那样冗长，最多不超过 1 000 字。相应地，语言就必须精练，尽可能地将可有可无的字、词、句、段删掉，努力做到"文约旨丰"、言简意赅。

## 11.5.2　答谢词的写作注意事项

为了能更好、更有效率地完成写作，撰稿者不只是要了解答谢词的结构和写作要求，一些注意事项也至关重要，如果忽略它们，可能导致答谢词不规范，甚至引起矛盾或误会。答谢词的写作注意事项如图 11-1 所示。

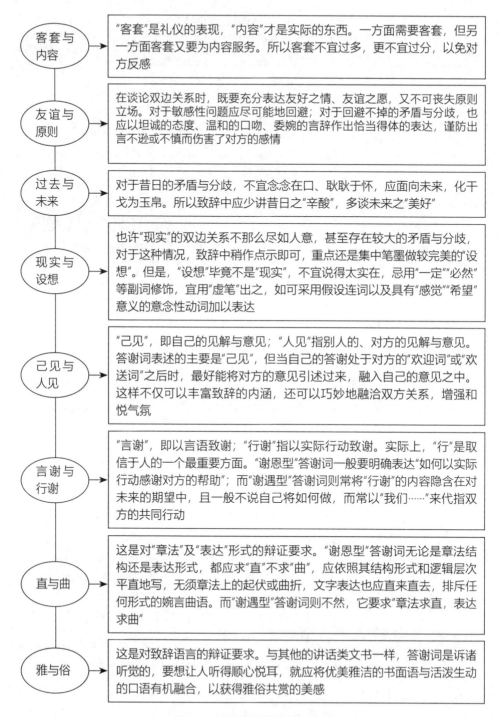

图 11-1　答谢词写作注意事项

## 11.5.3 答谢词的范例解析

根据不同的致谢缘由和致谢内容，答谢词可划分为两个基本类型："谢遇型"答谢词和"谢恩型"答谢词。

### 1."谢遇型"答谢词

"遇"，表示招待、款待，即"谢遇型"答谢词是用来答谢别人的招待的致辞，常用于宾主之间，既可用于欢迎仪式、会见仪式，此时与欢迎词对应；也可用于欢送仪式、告别仪式，此时与欢送词对应。

范本内容展示

◎资源 |Chapter011| 欢送仪式上的答谢词 .docx

### 答谢词

尊敬的××集团公司的朋友们：

首先，请允许我代表全体成员对××先生及××集团公司对我们的盛情接待表示衷心的感谢。

我们一行5人代表××公司首次来贵地访问，此次来访时间虽短，但收获颇大。仅3天时间，我们对贵地的电子业有了比较全面的了解，与贵公司建立了友好的技术合作关系，并成功地洽谈了××电子技术合作事宜。这一切，都得益于主人的真诚合作和大力支持。对此，我们表示衷心的感谢。

电子业是新兴的产业，蒸蒸日上，有着广阔的发展前景。贵公司拥有一支由网络专家组成的庞大队伍，技术力量相当雄厚，在网络工作站市场中一枝独秀。我们有幸与贵公司建立友好的技术合作关系，为我地电子业的发展提供了新的契机，必将推动我地的电子业迈上一个新台阶。

最后我代表××公司再次向××集团公司表示感谢，并祝贵公司迅猛发展，再创奇迹。更希望彼此继续加强合作，共创明天。

最后，我提议：

为我们之间正式建立友好合作关系，为今后我们之间的密切合作，干杯！

致词人：×××

××××年××月××日

范本内容精讲

该范本是一篇直接以文种名"答谢词"为标题的答谢词，结合正文第二自然段和结束语部分的表述可知，这是一篇在欢送仪式上所做的答谢词，属于"谢遇型"答谢词。

正文第一自然段对"××先生及××集团"东道主的盛情接待表示衷心的感谢，同时说明了对方（主人）的单位名称，是正文开头；第二自然段概括地说明了己方（客人）在访问活动中的总人数、访问天数以及访问的最终结果"我们对贵地的电子业有了比较全面……洽谈了××电子技术合作事宜"，同时对于主人此次访问活动中给予的支持表示感谢；第三自然段很明显是在肯定主人的优越性，表达自己的荣幸，同时概述了对方公司的情况；紧接着第四自然段是正文的结尾部分，提出希望与主人继续加强合作的强烈意愿，并再次向主人表示感谢。

由于欢送仪式一般类似于宴会，因此答谢词的最后会有特殊的结束语，如本范本所展示的"最后，我提议：……干杯！"，这是比较常见的结束语用法。

虽然"谢遇型"答谢词是用来答谢他人的招待的，但对招待的答谢往往说不了多少话，说多了反而会显得浅薄或俗气。由于它用于宾主之间，"客情"来自双方的交往，因此应"借题发挥"，在双方关系上"大做文章"。

### 2．"谢恩型"答谢词

"恩"，表示受到的好处或别人的帮助，即"谢恩型"答谢词是用来答谢别人的帮助的致辞，常用于捐赠仪式或某种送别仪式上。由此可见，上一个范本中举例说明的答谢词也可勉强归类为"谢恩型"答谢词，因为它也表达了访问者对被访问者提供的支持表示感谢。

"谢恩型"答谢词往往涉及的是施恩、助人、急人之难、"雪中送炭"式的义举，受恩或受助者最感动甚至是终生难忘的，是义举发生的背景和来由（致谢缘由）。因而他们在表达谢意时，自然会将这种"致谢缘由"从根到梢地说清楚，很容易长篇大论。而从施恩或施助者的心理角度来看，他们的义举本不图回报、不求回谢，所以当面对答谢人的致辞时，他们并不想听到过多的感谢话，而是希望听到"为什么要谢我"相关的话，即明确说明施恩或施助者所做的义举是什么，因为俗语有云"无功不受禄"，致谢人只有将"致谢缘由"说清楚，才便于施恩或施助者接受。因此，"谢恩型"答谢词的写作重点应该是"致谢缘由"。下面来看看具体实例。

**范本内容展示**

◉ 资源 |Chapter011| 在爱心捐赠仪式上的答谢词 .docx

**答谢词**

尊敬的各位来宾、老师们、同学们：

　　刚刚进入火红的 6 月，今天，我们 ×× 小学非常荣幸地迎来了一批尊贵的远道来宾，他们是 ×× 科技有限公司的爱心代表。一行而来的还有长期协助此次活动的 ×× 计划 ×× 分社 ×× 志愿者们，我在此代表学校全体师生员工，对他们的到来表示热烈的欢迎。

　　至今天为止，一个多月的时间里，在 ×× 志愿者的无闻付出下，贵公司为我们学校捐赠了大量、多样的体育设施和用品，丰富了学生和教师的课余生活，让我们的操场上更添了活泼生机。万物书为贵，贵公司还为我们的所有班级配置了图书柜、展板，合计 2 000 多本崭新的图书，让我们的每个教室变成了书籍的超市、知识的海洋、学习的乐园。自古寒门多学子，贵公司还将亲临学生家门，为我校的贫困家庭学生从物质和精神上给他们送去关注和关爱。明天，他们将为我们全校学生和老师带来丰富多彩的第二课堂，激发我们的学习热情和教育热情，我想明天将会把学生心中的梦想课堂变为现实的课堂。

　　我相信，在贵公司的爱心资助和鼓励下，我们的学校将越来越漂亮，我们的学生学习和生活将越来越快乐，我们的教师也将以更浓的教育热情投入工作中，把我们的学校办成人民群众心中的满意学校。

　　大音希声、大爱无言。对贵公司再多的感恩，我们将在今后以行动证明，也恳请贵公司今后能继续指导工作，带来大都市的"东风"，让我们学校和学生走得更远，飞得更高。

　　最后，我代表我校全体师生，再一次对贵公司的爱心道声"谢谢"，并祝 ×× 科技有限公司事业蒸蒸日上，贵公司领导员工及 ×× 志愿者们身体健康、事业顺利、家庭和睦、万事如意！

致词人：× × ×

× × × × 年 × × 月 × × 日

**范本内容精讲**

该范本展示的正文第一自然段阐明了接受捐赠方"× × 小学"、捐赠方"× × 科技有限公司"以及参加捐赠仪式的外来嘉宾"× × 科技有限公司的爱心代表"和"捐赠活动 × × 计划 × × 分社 × × 志愿者们"，由此可见，该仪式涉及义举，因此答谢词归类为"谢恩型"答谢词。

第二自然段具体介绍了捐赠方 × × 科技有限公司向学校捐赠的实物，有"大量、多样的体育设施和用品""所有班级的图书柜""展板""2 000 多本崭新的图书"，以及向学校的贫困家庭学生给予的物质和精神上的关注和关爱。该答谢词没有过多、过分的感谢话，也没有重点突出"致谢缘由"，但也没有忽视缘由，字里行间都有充分体现，如"丰富了学生和教师的课余生活，让我们的操场上更添了活泼生机""万物书为贵""让我们的每个教室变成了书籍的超市、知识的海洋、学习的乐园""自古寒门多学子"等。

第三自然段对捐赠方给予的帮助所带来的意义给予肯定；第四自然段是接受捐赠方向捐赠方表达如何回报这一捐赠义举，并提出希望捐赠方今后能继续对学校做指导工作的意愿；最后一个自然段再次向捐赠方表示感激之情，同时向对方发出美好的祝愿。

从该范本的立足点来看，举办捐赠仪式的单位是××小学，而捐赠者（被答谢者）是被邀请参加仪式的人，答谢者是举办仪式的一方。有时，答谢者是参加仪式的一方，如欢送仪式一般是招待方举办，而被招待一方是参加仪式的人，显然此时由被招待方致答谢词。

因此，无论是举办仪式或活动的一方，还是参加仪式或活动的一方，只要是接受帮助、好处或款待的人，就是需要致答谢词的人。

拓展
范本

会议开幕词　　活动开幕词　　培训会闭幕词　　领导讲话稿

会议讲话稿　　活动欢迎词　　入职欢迎词　　庆典答谢词

课后
练习

扫码看习题　　　　　　扫码看答案

# 诉讼类公文写作与范例

对于老百姓来说，诉讼文书并不常见，它们主要出现在一些涉及法律、民事行为和刑事责任等情况中。如申诉状、答辩状、公证书和仲裁申请书等。本章就将认识这些诉讼类公文。

申诉状的申诉范围和申诉条件
申诉状的特点与格式
答辩状的意义和作用
答辩状的范例解析
公证书内容、格式及注意事项
仲裁申请书的内容和格式
……

# 12.1 申诉状

■申诉范围　■申诉条件　■特点与格式　■范例解析

申诉状又称"诉状"，是指公民或法人因自身合法权益遭受侵害而向人民法院提起诉讼请求的文书。它是诉讼当事人认为已生效的裁定、判决和调解书等有错误，请求原审人民法院或上级法院给予复查纠正而写的司法文书。

## 12.1.1 申诉状的申诉范围和申诉条件

根据相关诉讼法的规定，以下是申诉状的申诉范围和申请诉讼的条件。

### 1. 申诉范围

申诉状的申诉范围就是指能够提起诉讼请求的人，具体包括如表 12-1 所示的 3 类人群。

表 12-1　可提起诉讼请求的人

| 人　群 | 解释说明 |
| --- | --- |
| 当事人 | 包括被害人、自诉人、犯罪嫌疑人、被告人、附带民事诉讼的原告人和被告人。由于他们对案件最了解，对已经发生法律效力的判决或裁定是否有错误也是比较清楚的。如果他们认为原裁判确有错误，有权用申诉的方式表示自己的意见，此时原审所有情况和资料是再审材料来源的最重要渠道 |
| 法定代理人 | 当事人的法定代理人指被代理人的父母、养父母、监护人以及负有保护责任的机关、团体的代表。他们对被告人的犯罪事实也比较了解，对已经发生法律效力的判决或裁定，如果发现有错误，可以向人民法院或人民检察院提出申诉 |
| 近亲属 | 当事人的近亲属指当事人的夫、妻、父、母、子、女、同胞兄弟或姊妹等，他们对被告人的犯罪事实一般也比较了解，若发现已经生效的判决或裁定等有错误，也可以向人民法院或人民检察院提出申诉 |

除了表 12-1 所示的法律规定外，在司法实践中，机关、团体和企事业单位提出了意见以及司法机关内部主动对案件进行复查等，都可以发现有错误的判决或裁定，这是再审的另一个材料来源。

### 2. 申诉条件

一般来说,民事案件的申诉人只能是当事人及其法定代理人,其再审的申请应在判决、裁定或调解书发生效力后的 6 个月内提出。申请诉讼具体应符合下列条件。

◆ 有足以推翻原判决或裁定的新证据出现。

◆ 原判决、裁定认定事实的主要证据不足的。

◆ 原判决、裁定等适用的法律确有错误的。

◆ 人民法院违反法定程序,可能影响案件正确判决或裁定的。

◆ 审判人员在审理案件时有贪污受贿、营私舞弊、枉法裁判行为的。

◆ 当事人对违反自愿原则的调解协议有异议和调解协议内容违法的。

## 12.1.2　申诉状的特点与格式

虽然申诉的请求可以引起当事人与司法机关发生诉讼的法律关系,司法机关必须依照相关诉讼法的有关规定进行审查处理,但申诉状只是提起审判监督程序的一种材料来源,而案件重新审判与否,取决于司法机关对申诉的审查。只有通过审查确认原审生效判决或裁定有错误,申诉符合重新审判的条件,而且由有权提起审判监督程序的人民法院、人民检察院依法提起,才能对案件重新审判。因此,申诉不具有直接引起审判监督程序的效力。由此可见,申诉状具有如表 12-2 所示的特点。

表 12-2　申诉状的特点

| 特　点 | 阐　述 |
|---|---|
| 提出不受时间限制 | 不论相关的裁定、判决或调解书是否经过上诉,也不论这些裁定、判决或调解书是否已经执行完毕,申诉人都可以不受时间限制而提交申诉状 |
| 是否引起审判监督程序发生 | 申诉状只能被视为人民法院决定是否启动审判监督程序的主要参考资料,可能由此引起这一程序发生,也可能不引起这一程序发生 |
| 无法停止裁定、判决等的执行 | 由于申诉不具有直接引起审判监督程序的效力,因此申诉状的提出并不能停止原判决、裁定或调解书的执行。只有在人民法院对案件经过重新审理,并决定撤销或变更原裁定、判决时,才能依法停止原判决、裁定或调解书的执行 |
| 申诉原因和理由要充分 | 申诉状是一种申诉的书面形式,应将申诉的原因和理由书写清楚、写充分 |

申诉状包括标题、首部、正文、结束语和落款 5 个部分，每个部分都有非常明确需要写明的内容，具体介绍内容如下所示。

### 1. 标题

为了让申诉状的使用者快速了解其申诉事项的性质，申诉状的标题通常根据申诉的性质确定，如"刑事申诉状""民事申诉状""刑事附带民事申诉状""行政申诉状""行政附带民事申诉状"等。

### 2. 首部

申诉状的首部一般写明相关当事人的基本信息，如申诉人、法定代理人和被申诉人等的姓名、性别、民族、文化程度、出生日期、工作单位、职业、身份证号码、住址以及联系方式等信息。若申诉人或被申诉人为单位，应写明单位名称、法定代表人姓名和职务以及单位地址。

### 3. 正文

申诉状的正文分为开头、主体和结尾 3 部分。开头部分一般是一句总起正文的话，如"申诉人因××一案不服××人民法院××第×号××判决，现提出申诉，申诉请求及理由如下。"主要写明案由（纠纷的性质）和原终审法院名称。主体部分主要包括请求事项以及事实和理由，即写明提出申诉所要达到的目的、申诉的事实依据和法律依据，以及应针对原终审判决认定事实、适用法律或审判程序上存在的问题和错误陈述理由。结尾部分表明希望人民法院支持申诉人的申诉请求并依法改判的意愿。

### 4. 结束语

申诉状的结束语与一般公文的结束语不同，此处的结束语只写"送达语"，即"此致"，不写礼貌语，即"敬礼"，而是在送达语的下一行书写受文者，如"此致 ×× 高级人民法院"。

### 5. 落款

申诉状的落款处应署申诉人的姓名或者单位名称，同时注明提交申诉状的日期。

需要注意的是，这里的日期不再是申诉状的成文日期。若有需要，有些申诉状的落款之后还有附注或附件说明，写明本诉状副本的份数、书证和物证的名称与件数、证人的姓名和住址等信息。

## 12.1.3 申诉状的范例解析

申诉状根据内容和性质的不同，可分为多种类型，下面具体介绍民事申诉状和刑事申诉状。

### 1. 民事申诉状

民事申诉状指民事诉讼当事人及其法定代理人，对人民法院作出的已经发生法律效力的判决、裁定等认为确有错误，而向人民法院提交的，请求其对该案重新审理的法律文书。

**范本内容展示**

◉ 资源 |Chapter12| 民事申诉状 .docx

**民事申诉状**

申诉人（一审原告、二审上诉人，再审申请人）：广西××族自治县××乡××村第一村民小组。住所地：广西××族自治县××乡××村。申诉代表人：×××，该组组长。电话：×××××××。

申诉人（一审原告、二审上诉人，再审申请人）：广西××族自治县××乡××村第二村民小组。住所地：广西××族自治县××乡某村。申诉代表人：××，该组组长。电话：×××××××。

被申诉人（一审被告、二审上诉人，再审被申请人）：××有限公司，住所地：广西××族自治县××镇××街道×号。法定代表人：××，该公司执行董事。

案由：申诉人不服××市中级人民法院××××年×月××日作出（201×）桂×民终×号民事判决书，依法向广西××自治区高级人民法院提起申诉。

请求事项：

1. 请求撤销××市中级人民法院（201×）桂×民终×号民事判决书，并重新审理本案。

2. 请求改判被申诉人违反××××年×月×日所签订协议的违约行为。

3. 本案一二审以及本案诉讼费用由被申诉人承担。

事实与理由：

一审与二审法院多次在合同效力与土地权属之间游离徘徊，没有定性；却又以土地权属有无作为判决依据，且以"有损国家利益和他人利益"作为协议无效的认定。其实，合同是否有效与土地是否争议无关；"处分行为"有无并不影响"处分合同"的效力；合同相对方没有存在土地权属争议，也不是土地权属争议的主体；合同相对方不能以有无权属证明作为违约的抗辩理由；土地权属争议不是本案处理范围。

1. 二审法院适用法律错误

（1）本案是合同是否有效的认定与判决，不能超越审理范围对土地权属进行认定，也不能以土地权属作为证据对案件进行考量，是否具有土地权属，不是认定合同是否有效的关键，有土地权属，则属于有权处分；若没有土地权属，则属于无权处分。在尚且无法确定有权处分之前，即使以无权处分认定，也不能就认定"有损国家利益和他人利益"。

合同尊重当事人意思自由，就表现在合同当事人处分权的有无，不影响合同的效力。必须要确定无权处分行为的合同的效力，因为其是法律精义。合同法第×条是我国立法首次规定无权处分问题：无权处分，即没有处分权而处分他人财产，其类型可以包括出卖他人之物、出租他人之物、以他人财产设定抵押或其他权利负担、共有人未经其他共有人同意而处分共有财产等。在无权处分场合，当然应该保护真正的权利人的利益，这是社会经济秩序的一个根基。但是，在保护财产关系静态安全的同时，也出现了如何对待财产关系的动态安全，即交易安全的问题。在现代社会，市场经济发达的国家已不再单纯地奉行"所有权高于一切"的法则，而将保护交易安全作为一项非常重要的法律价值来追求。1994年国际私法统一协会制定的《国际商事合同通则》第×条（自始不能）第×款规定："合同订立时一方当事人无权处置与该合同相关联之财产的事实本身不影响合同的效力。"《欧洲合同法原则》第×条（自始不能）规定："仅仅由于合同成立时所负债务的履行不能或由于一方当事人无权处分合同关涉的财产，合同并不无效。"从这些规范法来看，合同当事人对于作为合同标的物的财产无处分权，并不影响合同的效力。在《买卖合同解释》实施之前的司法政策曾普遍认定此类合同无效。但《买卖合同解释》第×条第×款规定，首次明确了无权处分合同的效力仍为有效，从而对该《合同法》未予

**范本内容精讲**

从本范本申诉状的标题可知申诉的性质为"民事"，标题下方为首部，列明了各位申诉人和被申诉人的具体信息。这里因为申诉人和被申诉人都是集体或公司，因此没有写明具体人员的姓名、性别和身份证号码等信息，而是直接概括申诉人和被申诉人的身份，同时注明住所地、代表人姓名、职务和联系电话。另外，为了突出每个部分的内容，对关键字进行了加粗。

正文开头部分是案由，本范本申诉状已经通过加粗字体的手法突出显示，写明了纠纷性质是"不服××市中级人民法院××××年××月××日作出（201×）桂×民终×号民事判决书"，并向当地高级人民法院提起申诉。"请求事项"和"事实与理由"这两个部分为正文的主体，也是申诉状的核心内容，详细、具体地阐述提出申诉所要达到的目的、申诉的事实依据和法律依据，以及原终审判决认定事实、适用法律或审判程序上存在的问题和错误的理由。当请求事项和事实与理由等较多时，可分点列明，如本范本所展示的。

正文最后一个自然段是结尾，通过"综上所述……"的句式承上启下，郑重地向相关人民法院提出申诉的请求，并恳请相关人民法院支持申诉人的申诉请求并依法改判。该范本的结束语用了"此致广西××自治区高级人民法院"，而不是"此致 敬礼"，如图 12-1 所示。落款处署了申诉人姓名和提交诉状的具体日期。另外，从整体内容可知，该申诉状的申诉人是原终审的原告人。

> 综上所述，由于原终审法院在认定事实、证据及适用法律上均有
> 错误，且违反诉讼程序，特向贵院提出申诉，恳请贵院支持申诉人的
> 申诉请求，并依法改判。
> 　　此致
> 广西××自治区高级人民法院

图 12-1　申诉状结束语

### 2. 刑事申诉状

刑事申诉状又称"刑事申诉书"，指刑事案件的当事人及其法定代理人、近亲属对已经发生法律效力的判决、裁定等认为有错误，而向人民法院提出申诉时制作并使用的文书。

**范本内容展示**

⊙资源 |Chapter12| 交通肇事的刑事申诉状 .docx

### 刑事申诉状

申诉人：×××，女，××××年××月××日出生于××省×
×市××区，汉族，大专文化，农民，身份证号×××××××，
住××市××区××乡××村×号。

委托代理人：×××，××律师事务所执业律师。

申诉人因××涉嫌交通肇事罪一案，对××市××区人民法院
（201××）××刑初字第×号刑事判决不服，特提出申诉。

**请求事项：**

1.撤销××市××区人民法院（201××）××刑初字第×号刑事判
决书。

2.依法判决被告人×××无罪。

**事实与理由：**

原审认定被告人×××在涉案交通事故中负事故全部责任、其行
为已构成交通肇事罪，事实不清，证据不足。原审未对涉案交通事故
的事实进行审查，未对事故原因和责任划分进行分析论证，仅凭××
市××区公安局交通警察大队作出的交通事故认定书，就得出被告人
对事故负有全部责任的认定，属于有罪推定，既不符合事实，也不符
合法律。具体理由如下。

1.原审将未经审查的交通事故认定书作为控罪证据使用，是违背
法律精神的。

首先，根据我国《刑事诉讼法》的规定及基本精神，交通事故认
定书不属于我国刑事诉讼法规定的7类法定证据的任何一种，不属于
法定证据，没有证据效力。公安机关根据《中华人民共和国道路交通
安全法》第×条和《中华人民共和国道路交通安全法实施条例》第×
条规定，对交通事故进行责任划分，性质上是一种行政执法行为，不
是刑事侦查、鉴定行为。公安机关对交通事故责任的划分，实质上是
一个认定（违法行为与危害后果）因果关系的过程，其认定结论只是
该办案人员的主观分析。交通事故认定书中认定的责任，属于交通行

政管理上的责任，而不是刑事法律上的责任。

其次，交通事故认定书对审判机关不具有约束力。在刑事诉讼过
程中，检、法机关不应将交通事故认定书作为一种特殊的"鉴定结论"，
迷信其证明效力而直接授交法庭定证。刑事诉讼法赋予检、法两院的
案件审查权（分别是审查起诉权和审判权）决定了在交通肇事案件的
审理中，对当事人违法行为、法定危害后果的存在及其因果关系进行
审查，是检、法两院固有的审查内容，也是法律赋予的职权。因此，
在交通肇事罪案件中，检、法机关仍然有责任对公安机关作出的事故
责任认定进行重新审查，必须结合全案证据、根据刑法所规定的交通
肇事罪的犯罪构成要件进行细致分析，全面考虑罪过、行为、因果关
系。对于不符合刑事诉讼原则的事故认定，应当予以否定其结论。作
为审查、审理结果的起诉书或判决书，其内容根本不需要也不可能接
受事故认定书的约束。

2.原审认定被告人×××负事故全部责任，属于有罪推定，不符
合事实和法律。

被告人承认，在涉案交通事故发生的当时，被告人驾驶轿车沿×
×工业大道（××国道）由北向南行驶，在××集团公司门口的路口
（该路口有斑马线）左转弯行驶，但被告人驾驶车辆转弯的行驶速
度是很慢的，而且左转弯之前已经开启了大灯和转向指示灯。另外还
有一个事实，就是事故受害人××当时驾驶二轮摩托车由南向北行驶
的速度非常快，且在行驶中没有开启摩托车灯光，与被告人驾驶的轿
车相撞后当即飞出很远，轿车和摩托车当场严重损毁。该摩托车损毁
的程度非常严重，公安机关无法对该摩托车的性能进行检测。（该
事实应有交警队的现场照片、现场勘查图和车辆性能检测结论告知书
等证据可供查证）

事实上，本次交通事故的发生，既有被告人左转弯的原因，更有
事故受害人××驾驶二轮摩托车高速行驶且遇路口不减速的原因，也
有其骑车不开灯光导致被告人未提前察觉的原因，还有可能是事故受
害人驾驶性能不合格车辆上路行驶的原因，也有可能是事故受害人在

**范本内容精讲**

  本范本申诉状的标题"刑事申诉状"体现了申诉的性质为"刑事"，同样标题
下方的首部列明了申诉人和法定代理人的身份信息。由于刑事案件的申诉通常是针
对有关人民法院作出的判决不服而提起的，因此被申诉人一般不在首部中写明。

  正文中的格式与民事申诉状的格式相同，只是语言表达上有所不同，因为刑事
案件的申诉状会更加严谨、严格。但由于现实生活毕竟与理想状态有区别，因此写作
申诉状时，其内容可能也会涉及一些口语化的表达，如本范本中有一处用了"退一万
步说"。无论是哪种申诉状，正文结尾部分都需要有总结性的话来向负责再审的人民
法院提出希望其支持申诉人的申诉请求和依法改判的意愿，通常使用的句式就是"综
上所述……"。最后，落款处要署申诉人的签名和提起申诉的具体日期。

  从本范本的整个内容看（这里只展示部分），该申诉状的申诉人是原审的被告人，
向法院提起自己无罪的申诉。也就是说，申诉状的申诉人可以是原审原告或被告。

# 12.2 答辩状

■意义和作用　■写作格式　■范例解析

答辩状是被告（人）、被反诉人、被上诉人、被申诉人针对起诉状、反诉状、上诉状和再审申诉状的内容，在法定期限内根据事实和法律进行回答和辩驳的文书，在诉状中使用频率很高。

由此可见，写作答辩状的目的是回答、反驳对方诉状的诉讼请求，以减免答辩人的责任。很显然，该目的与起诉状、反诉状、上诉状和再审申诉状的写作目的是相反的。

## 12.2.1　答辩状的意义和作用

答辩状是法律赋予处于被告地位的案件当事人的一种权利，其有处置答辩权的自由，可以答辩，也可以沉默。但由于答辩状具有不可忽视的意义，因此应该对答辩权给予足够的重视，积极以答辩状的形式提出答辩。具体意义有如下两点。

◆　答辩状有利于保护被告（人）的正当合法权益。

◆　答辩状有利于人民法院在全面了解案情的基础上，明辨是非，作出正确的判决。

被告人和被上诉人等通过答辩状，可以针对原告或上诉人等提出起诉或上诉的事实、理由、根据以及请求事项，进行有的放矢的答辩，阐明自己的理由和要求，并提出事实和证据证实自己的观点。这样一来，人民法院可以全面了解诉讼双方当事人的意见和要求，对如何合理、合法、及时地处理好案件有着重大意义。

## 12.2.2　答辩状的写作格式

答辩状主要由首部、正文、结语、落款和附项本构成 3 部分，每个部分的写法和内容如下。

### 1. 首部

答辩状的首部包括标题和答辩人的基本情况。其中，标题一般根据起诉状、反诉状、上诉状和再审申诉状等的性质确定，主要有"刑事答辩状"、"民事答辩状"和"行政答辩状"，以及"刑事被上诉答辩状"、"民事被上诉答辩状"和"行政被上诉答辩状"。前三种为第一审案件答辩状，后三种为上诉案件答辩状。

答辩人的基本情况，即当事人栏目，直接列明答辩人的基本情况。具体写法如下。

◆ 被告人是公民的，就列明答辩人姓名、性别、年龄、民族、籍贯、职业和住址等。

◆ 有代理人的，还要另起一行列明代理人，并注明是法定代理人、指定代理人，还是委托代理人，同时写明这些人的姓名、性别、年龄、民族、籍贯、职业和住址。如果是法定代理人，还要写明其与答辩人的关系；如果是委托律师代理，只写明其姓名和职务即可。

◆ 被告人或被上诉人是企事业单位、机关或团体（法人）的，先列明答辩人及其单位全称和所在地，另起一行列明该单位的法定代表人及其姓名和职务，然后再列明代理人的相关信息。

需要注意的是，答辩状中的对方当事人情况可以像说明答辩人的基本情况一样，在首部单独列写；也可以不单独列写，而直接在正文叙述答辩理由时说明起诉人或上诉人是谁，起诉或上诉的案由是什么。

### 2. 正文

答辩状的正文内容比较纯粹，主要写明答辩事由，即答辩人因何案的起诉状或上诉状提出答辩。但是，第一审案件答辩状和上诉案件答辩状的答辩事由的写法是不同的。

◆ **第一审案件答辩状**：这类答辩状的答辩人是被告人，答辩事由的具体行文为"因××（案由）一案，现提出答辩如下："。

◆ **上诉案件答辩状**：这类答辩状的答辩人是被上诉人，答辩事由的具体行文为"上诉人×××（姓名）因××（案由）一案不服××人民法院××××年××月××日×字第×号×事判决/裁决，提起上诉，现提出答辩如下："。

答辩事由是答辩状的核心部分，其写法没有统一的规定，但一定要针对原告在诉状中提出的事实和理由，或者上诉人在上诉状中提出的上诉请求和理由等进行答辩，并可以提出相反的事实、证据和理由，以证明自己的理由和观点是正确的，提出的要求是合理的。

正文的结尾部分要表明答辩人明确的答辩态度，如接受起诉或上诉（或保持沉默）、不接受起诉或上诉等。

### 3. 结语

答辩状的结语部分与申诉状、上诉状、起诉状和反诉状等的结束语部分一样，写明诉状的呈送机关。一般写法是"此致 ×× 人民法院"。

### 4. 落款

在答辩状的结语下方空两行居右书写答辩人的姓名（签名或盖章），同时注明提请答辩的日期。

### 5. 附项

答辩状的附项用来注明证物、书证等的名称和件数 / 份数。如"附：本答辩书副本 × 份""附：证据清单"等。实际写作时，答辩状的篇幅不宜过长，但必须抓住重点，尤其是抓住起诉或上诉状中那些与事实不符、证据不足或缺少法律依据的内容，进行系统辩驳，以利于法院审理时判明原告或上诉人的诉讼请求是否符合事实，是否有法律依据，从而作出正确的裁判。

## 12.2.3 答辩状的范例解析

在学习答辩状的标题写作格式时，我们就已经知道了答辩状的分类情况，这里针对常见的类型作详细的分析讲解。

### 1. 民事答辩状

民事答辩状包括"民事答辩状"和"民事被上诉答辩状"，是民事被告、被上诉人针对原告、上诉人的起诉或上诉，阐述自己认定的事实和理由，予以答复和辩驳的一种书状。

▢ 范本内容展示

◎资源 |Chapter12| 买卖合同纠纷的民事被上诉答辩状 .docx

### 民事被上诉答辩状

答辩人：××单位　　　　所在地：××市××区××街×号

法定代表人：××部长

被答辩人：××有限公司　　所在地：××市××县××街×号

法定代表人：××经理

上诉人（被答辩人）××有限公司因单位买卖合同纠纷一案不服××区人民法院××××年××月××日×字第×号民事判决，提起上诉，现提出答辩意见如下。

**一、被答辩人所诉与事实不符。**

1.我单位从未派人到被答辩人处赊购商品，接到诉状后，经详细调阅财务档案，从来都没有被答辩人所诉的财务档案或欠款记录。前几任单位领导更换并进行财务交接时也从来都没有被答辩人所诉债务的交接手续。

2.我单位作为国家机关，遵循单位严格的财务制度和报销流程，不可能指派工作人员到没有签订挂账协议的商店随意挂账。我单位与被答辩人没有采购合同，没有授权工作人员到被答辩人处采购商品。

**二、被答辩人提供的证据有重大瑕疵，不能采信。**

1.关于被答辩人所诉×元的欠条，证据瑕疵一，我单位印章的全称应为"××单位"，而被答辩人提供的欠条证据中的印章为"××单位"。此印章不属于我单位印章。证据瑕疵二，该欠条仅加盖了公章，没有任何经办人员、财务人员或单位领导的签字，被答辩人没有提供购物明细。经查，我单位既没有该笔欠款的财务记录，也没有相关物资的入账资料。证据瑕疵三，欠条下半部分所谓的还款记录，仅有部分个人签字，没有加盖我单位公章。

因此，被答辩人提供的该证据与我单位没有关联性，我单位不应

承担责任。

2.关于被答辩人提供的有个人签字的×张"销货清单"。我单位从未授权任何人到被答辩人处购商品，也没有收到销货清单上的任何商品。根据《中华人民共和国民法通则》第×条的规定："没有代理权、超越代理权或者代理权终止后的行为，只有经过被代理人的追认，被代理人才承担民事责任。未经追认的行为，由行为人承担民事责任。"所以，该赊购行为的民事责任不应由我单位承担。

**三、被答辩人提供的×张"销货清单"的记载日期均为××××年和××××年。**

根据合同法第×条之规定："买受人应当按照约定的时间支付价款。对支付时间没有约定或者约定不明确，依照本法第×条的规定仍不能确定的，买受人应当在收到标的物或者提取标的物单证的同时支付。"上述销货清单的诉讼时效起算时间应以销货清单上记载的时间为准，到今早已超过两年的诉讼时效。即使买卖事实成立，被答辩人也早已丧失胜诉权，人民法院应驳回其诉讼请求。

综上，被答辩人所诉无事实依据，证据有重大瑕疵，与待证事实毫无关联，不能证明其主张。被答辩人的各项诉讼请求均应予以驳回。

此致

××市人民法院

答辩人：××单位

××××年××月××日

附：1.本答辩状副本×份。

2.证据清单。

**范本内容精讲**

根据本范本答辩状的标题可知，这是一份关于上诉案件的答辩状，且涉及的是民事案件。再由首部的答辩人基本情况可知，被上诉人是企业，即"答辩人：××单位"，上诉人也是企业，即"被答辩人：××有限公司"。这里的被答辩人基本情况也像答辩人基本情况那样进行了单独列写。因为双方都是企业，因此注明了法定代表人的姓名和职务。

在基本情况下方，即答辩状的正文开头部分，以"上诉人×××（姓名）因××（案由）一案不服××人民法院××××年××月××日×字第×号×事判决/裁决，提起上诉，现提出答辩如下。"的写法总起正文主体部分，详细阐述答辩事由，这里主要划分了3个大点，即"被答辩人所诉与事实不符"、"被答辩人提供的证据有重大瑕疵，不能采信"以及"被答辩人提供的×张'销货清单'的记载日期均为××××年和××××年"。

正文最后一个自然段为结尾，概括说明被答辩人的上诉没有事实依据、证据有重大瑕疵且与待证事实毫无关联等，以此作为答辩人请求人民法院驳回其上诉的事由，同时郑重地向人民法院提出驳回上诉人的诉讼请求的请求。实际运用中，一审民事答辩状中的答辩请求主要有4种：①要求人民法院驳回起诉，不予受理；②要

求人民法院否定原告请求事项的全部或一部分；③提出新的主张和要求，如追加第三人；④提出反诉请求。对于上诉状，答辩请求应为支持原判决或原裁定，反驳上诉人的要求。

结语部分用常见的格式"此致 ×× 市人民法院"，落款处署答辩人单位名称，并署答辩日期，之后还有附项，涉及答辩状的份数和相关证据清单的说明。

### 2. 刑事答辩状

由于很多刑事案件的当事人在是非对错上并不是黑白分明的，被害人为了自身利益也可能捏造事实，夸大伤害后果，因此为公平起见，法律规定对于被害人提起自诉的案件，被告人也可针锋相对地进行反驳，以表明自己没有犯罪或情节轻微，这在法律上就叫作刑事答辩。刑事答辩状是相对于刑事自诉状而言的刑事答辩文书。

**范本内容展示**

◉资源 |Chapter12| 被指控犯诽谤罪的刑事答辩书 .docx

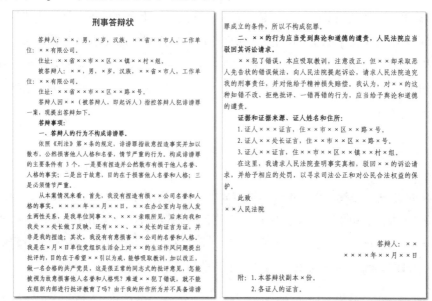

**范本内容精讲**

实际运用中，答辩状也可称为"答辩书"。由首部的答辩人和被答辩人基本情况可知，该份答辩状涉及的当事人双方都是个人。

正文第一自然段仍然是开头部分，以"答辩人因××（案由）一案，现提出答辩如下。"的句式总起下文，引出答辩状的答辩事由，本范本所展示为"答辩事项"。由开头部分的叙述内容可知，这是一份第一审案件答辩状。与前一份答辩状范本不同的是，该答辩状不仅包括了答辩事由，还列明了证据和证据来源、证人姓名和住址等信息。答辩人要针对自诉人的指控进行辩解，可写明自诉状中陈述的事实和依据证据的不实之处，提出相反的事实和证据；也可写明答辩人的行为合法，或虽违法但不犯罪；还可写明自诉人起诉程序不合法，或举证不合法，或不属于自诉案件范围等。针对自诉人的诉讼请求，可列举有关法律规定，论证自己主张的正确性，请求人民法院保护自己的合法权益。落款之后的附项包括了答辩状副本份数的说明和各证人证言的说明。

法律的宗旨是平等地保护每一个公民的合法权益，包括被控告犯罪的人。但必须注意的是，刑事案件中只有自诉的部分案件，如侮辱、诽谤、虐待和遗弃家庭成员等才可对自诉人提出答辩，其他严重的刑事犯罪由公安与检察机关负责追究，被告人不能提出答辩，但可进行辩护。被告人进行答辩的书面依据就是刑事答辩状。

# 12.3 公证书

■内容 ■格式 ■注意事项 ■范例解析

公证书是指公证机构根据当事人申请，依照事实和法律，按照法定程序制作的具有特殊法律效力的司法证明书，是司法文书的一种，也是法律界常用的应用文体之一。

## 12.3.1 公证书的内容、格式及注意事项

公证机构应按照司法部规定或批准的格式制作公证书，制作时应使用中文。在少数民族聚居或多民族共同居住的地区，除涉外公证事项外，可使用当地民族通用文字。根据需要或当事人的要求，公证书可附外文译文。下面分别学习公证书应包含的内容、写作格式和注意事项。

### 1. 公证书应包含的内容

公证书应包含的内容有 5 大部分：公证书编号、当事人的基本情况、公证证词、承办公证员的签名或盖章以及公证处印章，还有出证日期。

其中，公证证词的内容包括：公证证明的对象、公证证明的范围和内容、证明所依据的法律法规等。公证证明对象、范围等不同，公证的条件、内容和适用的法律也有所不同，这些都要在证词中有所反映。当公证证词所涉及的组织名称第一次出现时，必须使用全称；所涉及的日期要采用公历，涉及农历时间时应用括号注明。另外，出证日期一般以公证处审批人审核批准的日期为准。

### 2. 格式

公证书的大小一般为 16 开，由首部、正文和落款 3 部分组成。如表 12-3 所示的是公证书每个组成部分的写法和内容。

表 12-3　公证书的结构和内容

| 结　构 | 内　容 |
| --- | --- |
| 首部 | 写明标题、公证书编号，即"××公证书"和"（201×）×公证字第×号"。若是继承、收养和亲属关系公证书，还应写明当事人的姓名、性别、出生年月日和住址等身份信息 |
| 正文 | 证词部分，公证员应根据当事人申请证明的事项，写明公证机关确认的法律行为或法律事实。需要注意的是，没有强制执行效力的公证书，应在公证证词中注明，并注明债务人履行债务的期限 |
| 落款 | 写明制作公证书的机关单位全称，并由经办公证员签名或盖章，注明公证书签发的日期，同时加盖公证机关的公章 |

### 3. 写作注意事项

公证员在撰写公证书时一定要注意以下 5 个方面。

- ◆ 公证证词中注明的文件是公证书的组成部分。
- ◆ 公证书不得涂改、挖补，必须要修改的，应加盖公证处的校对章。
- ◆ 要熟练掌握公证书的使用文字，不得乱用。
- ◆ 除法律另有规定外，公证书从审批人批准之日起生效，因此，审批人的批准日期就是出证日期。

◆ 公证书需要办理领事认证的，应由承办公证处送交有关部门认证，并代收代认证费。

**提示：公证书的公证效力**

关于公证书的公证效力，有三点需要说明：①办理公证时，公证员必须问清楚当事人是否在订立时具有法律规定的民事权利能力和民事行为能力，且要将协议给双方看，若一方不识字，可以由公证员念给他听，同时在公证存档的谈话笔录中写明；②法院没有权利解除公证，只有采纳与不采纳，而公证书只有出具公证书的公证机构和司法局有权撤销；③赠与自己财产给他人，无须他人同意。对依法办理的房屋赠与与公证，依法具有法律效力，其证明力高于其他一般书证。

## 12.3.2　公证书的范例解析

根据公证事项的不同，公证书可分为出生公证书、收养公证书、遗嘱继承公证书、合同公证书和委托公证书等。下面，具体介绍遗嘱继承公证书和委托公证书。

### 1. 遗嘱继承公证书

遗嘱继承公证是公证机关按照法定程序证明遗嘱人设立遗嘱的行为真实且合法的活动，由此，公证机关会向遗嘱人出具一份遗嘱继承公证书。

**范本内容展示**

◉资源 |Chapter12| 遗嘱继承公证书 .docx

**范本内容精讲**

由本范本内容中的公证事项可知，该公证书公证的事项为遗嘱继承权，说明这是一份遗嘱继承公证书。

标题直接体现公证书的公证事项，在标题后、首部之前，需要注明公证书的字号，且靠右书写。本范本中的首部包括继承人、

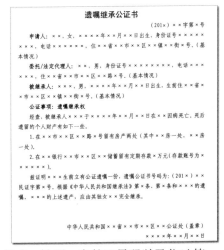

委托 / 法定代理人和被继承人的基本情况，如姓名、性别、身份证号码以及住址等。正文主要列明需要公证的事项，由于是遗嘱继承问题，因此公证事项包括被继承的

遗产事项和遗嘱有效的事项。也就是说，要使遗嘱继承事项能够公证，必须保证其对应的遗嘱是有效的、合法的，这就会涉及遗嘱公证。遗嘱继承公证书的重点在于"继承"的公证，以遗嘱公证为前提。

落款处要写明公证处名称并加盖公章，经办公证员也要签名或盖章，同时注明公证书的签发日期。

### 2. 委托公证书

委托公证一般指委托书公证，是国家公证机关根据当事人的申请，依法证明委托人授权他人以自己的名义实施某种法律行为的意思表示的真实性、合法性的活动。由此，公证机关会向当事人出具委托公证书。

**范本内容展示**

◎资源 |Chapter12| 委托公证书 .docx

**范本内容精讲**

本范本公证书直接以"公证书"3 个字作为标题，是比较常用的写法。同样地，在标题下方另起一行居右书写公证书的字号。首部写明了申请委托公证人的基本情况，当委托和受托人同时约定到公证处公证时，就会出现首部有两个申请人的情况。

由正文的公证事项可知这是一份委托公证书。根据具体的内容可知，公证书的正文应写明申请人是谁、什么时间到公证处、在哪位公证员的面前做了什么、表示知悉相关事项的法律意义和法律后果等内容。最后，还要由公证处郑重说明委托行为符合政策、法律、法规的规定，以此公证委托事宜的合法性和真实性。

无论是哪种公证书，申请办理的前提是要向公证处提供证明材料。有些公证书还有封面，此时"公证书"或"××公证书"这样的标题会直接写在封面上，而内页可直接书写公证书的正文内容，最后落款。

# 12.4 仲裁申请书

■内容和格式　■范例解析

仲裁申请书是当事人向仲裁机构提交的要求进行仲裁审理的书面文件，我国仲裁法规定，当事人申请仲裁应向仲裁委员会递交仲裁协议、仲裁申请书及其副本。

## 12.4.1 仲裁申请书的内容和格式

仲裁申请书的内容应包括：申请人和被申请人的姓名、性别、年龄、职业、工作单位和住址，法人或其他组织的名称、住所和法定代表人或主要负责人的姓名、职务，委托代理人的姓名、职务及工作单位，申请人的要求和所依据的事实和理由、证据和证据来源，证人的姓名和住址等。具体写作格式如表 12-4 所示。

表 12-4 仲裁申请书的格式

| 结　构 | 内　容 |
| --- | --- |
| 标题 | 一般直接以文种名称作为标题，如"仲裁申请书"，有时会以"仲裁事项＋文种"的形式写标题，如"经济仲裁申请书" |
| 首部 | 写明当事人的姓名、性别、年龄、职业、工作单位和住址，法定代表人的姓名、职务和电话等 |
| 正文 | ①开头部分：概括写明案由，即因为什么事需要申请仲裁；<br>②正文部分：写明仲裁请求和事实、理由，即申请仲裁的具体事项，要求达到的最终目的，同时概括叙述纠纷事实的经过，说明请求仲裁的法律依据，指出有关证据和证据来源、证人姓名和住址等信息；<br>③结尾部分：向仲裁机构郑重提出希望受理仲裁申请并作出公正裁决的愿望 |
| 结语 | 写明呈送仲裁机构的名称，一般按信函的格式写为"此致 ×× 仲裁委员会" |
| 落款 | 落款处要写明申请人的姓名，或者盖私章，同时注明仲裁申请书的成文日期 |
| 附项 | 一般包括"本仲裁申请书 × 份""书证 × 份""物证 × 份"和证人姓名与住址等信息 |

撰写仲裁申请书时，叙述事实纠纷要实事求是、条理清晰、准确简练，申请理由必须以事实为依据；要求通过仲裁达到的目的应合理、合法、合情；语言要得体，避免使用过激语言进一步扩大矛盾。

## 12.4.2 仲裁申请书的范例解析

仲裁申请书的类别同样以具体事项进行分类,如货物买卖纠纷仲裁申请书、财产分配纠纷仲裁申请书和劳动争议仲裁申请书等,一般只有民事案件才能申请仲裁。接下来,我们了解一些常见的仲裁申请书。

### 1. 货物买卖纠纷仲裁申请书

货物买卖纠纷主要体现为合同纠纷,签订合同的双方当事人按法定程序向仲裁机构提交的要求进行仲裁审理的文书,即货物买卖纠纷仲裁申请书。

范本内容展示

◉资源 |Chapter12| 货物买卖纠纷仲裁申请书 .docx

范本内容精讲

由仲裁申请书中的案由可知,这是一份因为货物买卖纠纷而提请的仲裁申请书。紧接着案由下方就写明具体的请求事项,即"终止合同"和"赔偿因被申请人所交货物的低质给申请人造成的损失 × 万元人民币"。请求事项说明后,接着说明事实和理由,实际写作时,该部分内容要尽量做到翔实,一般还会提供相应的合同副本。最后要求仲裁机构基于事实维护申请人的合法权益,郑重地向仲裁机构提出希望其予以仲裁的愿望,如"基于上述事实……予以仲裁"。

**仲裁申请书**

申请人:××省××县××经贸公司
地址:××省××县××路×号
法定代表人:×××                     职务: 经理
仲裁代理人:××,×律师事务所律师
被申请人:××省××县××有限公司
地址:××县××路×号
法定代表人:×××                     职务: 经理
案由: 货物买卖纠纷
请求事项:
1. 终止合同。
2. 赔偿因被申请人所交货物的低质给申请人造成的损失×万元人民币。
事实和理由:
(应详述,此略)
基于上述事实,为维护申请人合法权益,根据合同中约定的仲裁条款,特
向××仲裁委员会予以仲裁。
证据和证据来源,证人姓名和地址:
×××年××月××日申请人与被申请人签订的货物买卖合同;×××
年××月××日××食品研究所的质检报告。
证人:×××,地址:××省××市××县××村×组。
证人:×××,地址:××省××市××县××村×组。
此致
××市仲裁委员会

申请人(盖章):××县××经贸公司
法定代表人:×××
×××年××月××日

附: 货物买卖合同一份; 质检报告一份; 本申请书副本×份。

仲裁申请书的首部写明了申请人、被申请人以及仲裁代理人的基本信息,即单位名称、法定代理人姓名和职务、地址和仲裁代理人的姓名与工作单位。本范本在说明证人、证据和证据来源时,将其放置在正文位置而不是落款之后,实际运用时可以这样书写。而此时落款之后只需注明附项内容,通常是一些证据、材料的名称和份数的说明。仲裁申请书的结语格式也为"送达语+受文机关",即"此致 ××仲裁委员会"。

### 2. 劳动争议仲裁申请书

劳动争议仲裁申请书是当事人向劳动争议仲裁委员会申请仲裁提交的法律文书，申请人一般是受雇于企业的职工。

**范本内容展示**

⊙ 资源 |Chapter12| 劳动争议仲裁申请书 .docx

**范本内容精讲**

由本范本的标题可知，该仲裁申请书涉及事项是劳动争议。在实际工作和生活中，这类仲裁申请很常见，主要由在企业工作的职工提出申请。

由于劳动争议仲裁申请书的提出者一般是职工个人，因此首部要写明申请人信息时，包括其姓名、性别、民族、出生日期、身份证号码、住址以及联系电话等；而被申请人一般是企业这一组织，因此要写明公司全称、地址和法定代表人等信息。

首部之后就提出具体的申请要求，若要求较多，则可参考本范本所示的写作手法分点列明。然后写事实和理由，主要叙述劳动争议的发生过程以及相关的法律依据，如本范本所展示的第一点至第六点。最后结尾部分以"综上所述……"的句式，总括被申请人侵犯了申请人的合法权益，并应承担相应法律责任的事实，同时郑重地请求仲裁委员会支持申请人的诉请并维护其合法权益。

虽然本范本所展示的劳动争议仲裁申请书的落款之后没有写明附项，即相关证明材料的名称和份数，但因为该争议发生的条件之一就是公司没有与申请人签订法定的劳动合同，所以就无法写明劳动合同相关的附项说明。如果签订了劳动合同，但因为其中的某些条款引起争议，则此时申请劳动争议仲裁就需要向仲裁机构提供相应的劳动合同。

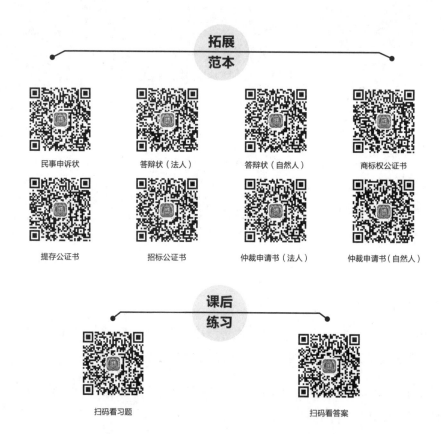

拓展
范本

民事申诉状　　　　答辩状（法人）　　　　答辩状（自然人）　　　　商标权公证书

提存公证书　　　　招标公证书　　　　仲裁申请书（法人）　　　　仲裁申请书（自然人）

课后
练习

扫码看习题　　　　　　　　　　　扫码看答案